콘텐츠력을 키우는 고전소설 2

빅데이터 시대에 10대가 꼭 읽어야 할

콘텐츠력을 키우는 고전소설 2

초판 인쇄일 2025년 12월 16일
초판 발행일 2026년 1월 5일

지은이 박지원 외
펴낸이 김순일
펴낸곳 주니어미래
신고번호 제2024-000016호
주소 경기도 고양시 덕양구 삼송로 222, 현대헤리엇 업무시설동(101동) 301호
전화 02-715-4507
팩스 02-713-4805
이메일 mirae715@hanmail.net
홈페이지 www.miraepub.co.kr
블로그 blog.naver.com/miraepub

ISBN 978-89-7299-590-6 (44140)
ISBN 978-89-7299-565-4(세트)

주니어미래는 미래문화사의 청소년 브랜드입니다.

빅데이터 시대에 10대가 꼭 읽어야 할

콘텐츠력을 키우는 고전소설 2

박지원 외 **지음**

미래문화사
MIRAE

일러두기

1. 중요한 내용만 발췌하고 나머지 줄거리는 짧게 실은 부분이 있습니다.

2. 한자가 많아서 지나치게 어려운 부분은 다소 쉽게 풀어 썼습니다.

3. 각 작품의 뒤에는 작품 소개와 작품 해설, 단어 해설이 있습니다.

4. 어려운 단어나 한자어는 각 작품의 마지막에 달아두었습니다.

심청전 沈淸傳

작자 미상

  황주 도화동桃花洞에 심학규沈鶴圭라는 봉사가 있으니, 대대로 내려오며 벼슬하던 거족巨族[1]으로 명망名望이 자자하더니 가운이 기울어 가난해지고 어려서 눈을 못 보게 되어 시골에서 곤궁하게 지내었다. 도와주는 일가친척도 없고 아울러 눈까지 멀고 보니 누구 하나 대접하는 이 없건마는 본래 양반의 후손으로서 행실이 청렴하고 정직하며 지조와 기개가 고상하여 일동일정一動一靜[2]을 경솔히 하지 아니하므로 그 동네의 눈뜬 사람은 모두 칭찬해 마지않았다.

  심 봉사의 아내 곽씨 부인도 또한 현철하여 덕과 아름다움과 절개를 갖추었고, 《예서禮書》와 《시경詩經》 중에 본받을 대목은 모르는 것이 없고 제사를 받드는 법이나 손님을 대접하는 법을 비롯하여 동네 사람과 화목하고 가장을 공경하고 살림하는 솜씨며 무슨 일이고 못 하는 것이 없이 다 잘하였다.

  그러나 가세가 빈한하니 곽씨 부인은 몸을 아끼지 않고 품팔이를 했다. 삯바느질, 삯빨래, 삯길쌈, 삯마전, 염색일이며, 혼상대사婚喪大事[3]에 음식 만들기, 술 빚기, 떡 찧기하며, 1년 삼백예순 날을 잠시라도 놀지 아니하고 품을 팔아 모으는데, 푼을 모아 돈[4]이 되면 돈을 모아 냥을 만들고 냥을 모아 관貫[5]이 되면 이 동네 저 동네에서 실수 없이 받아들여 춘추로 시제時祭[6]와 집안 제사를 받드는 것이며, 앞 못 보는 가장을 공경하고 시중드는 것이 한결같으니 가난과 병신은 조금도 허물 됨이 없고 먼 마을 사람까지도 부러워하고 칭찬하는 중에 재미 나게 세월을 보내었다.

그러나 그같이 지내는 중에도 심학규의 가슴에는 한 가지 품은 억울한 한이 있으니, 슬하에 혈육이 하나도 없음이었다. 하루는 심 봉사가 마누라를 곁에 불러 앉히고 말한다.

"여보 마누라, 거기 앉아 내 말 좀 들어보오. 나는 편하다 하려니와 마누라의 고생살이 도리어 불안하니 괴로운 일일랑 너무 하지 말고 사는 대로 삽시다. 그러나 내 마음에 매우 원통한 일 하나 있소. 우리 양주兩主[7] 이미 나이 사십이나 슬하에 혈육이라고는 하나도 없어 조상의 향화香火[8]를 끊게 되니 죽어 저승으로 돌아간들 무슨 면목으로 조상을 대할 것이며, 우리 양주 죽은 후에 장사치레와 소대상이며, 해마다 돌아오는 기제사에 뉘 있어 밥 한 그릇 물 한 모금 떠놓겠소? 병신 자식일망정 남녀 간에 낳아본다면 평생 한을 풀듯하니 어찌하면 좋을는고 명산대천名山大川에 치성이나 들여보오."

"지성껏 하오리다."

이렇게 대답하고 그날부터 품을 팔아 모은 재물로 온갖 정성을 다 들인다. 이렇게 치성을 다 지내니 그 어찌 공든 탑이 무너지며 힘든 나무 부러지랴.

갑자년 사월 초파일에 꿈 하나를 얻었는데 이상할 뿐 아니라 맹랑기과하였다. 천지가 명랑하고 서기瑞氣[9]가 허공에 서리며 오색 꽃구름이 피더니 선인옥녀仙人玉女가 하늘에서 내려오는데 머리에는 화관이요, 몸에는 하의霞衣[10]로다. 둥근 옥패를 그 몸에 차고 옥패 소리 쟁쟁하며, 계화桂花[11] 가지를 손에 들고 내려오더니 부인 앞에 재배하고 곁으로 와서, "소녀는 다른 사람이 아니라 서왕모西王母[12]의 딸인데 상제上帝께 죄를 받아 인간계로 정배되어 갈 바를 모르던 중 태상노군太上老君[13]과 후토부인后土夫人[14], 제불 보살 석가님이 댁으로 지시하기로 지금 찾아왔사오니 어여삐 여기소서".

품에 와 안기기에 곽씨 부인이 놀라서 잠을 깨었다.

심 봉사 내외가 꿈 이야기를 의논하니 둘의 꿈이 똑같았다. 태몽인 줄 짐작하고 마음에 희한하여 못내 기꺼이 여기는데 그달부터 태기가 있으니 이는 신불의 힘인가, 하늘의 도움인가? 아마도 부인의 정성이 지극하므로 역시 하늘이 감동하심이렷다.

하루는 해산할 기미가 있어 순산하기를 바랄 때 향기가 진동하며 꽃구름이 비끼더니 얼떨결에 아이를 낳으니 선녀 같은 딸이다.

"아가, 아가, 내 딸이야! 아들 겸 내 딸이야! 금을 준들 너를 사며 옥을 준들 너를 사랴? 어둥둥, 내 딸이야! 은하수 직녀성이 네가 되어 내려왔나? 어둥둥, 내 딸이야!"

심학규는 이같이 주야로 즐거워하는데 마음에서 우러나 이렇듯이 좋아하였다.

슬프다, 세상사여. 슬픔과 즐거움에 수가 있고, 죽고 삶에 명이 있는지라, 운수가 다하면 가련한 몸을 용서치 않는다. 뜻밖에 곽씨 부인에게 산후 탈이 일어나 호흡을 헐떡이며 식음을 전폐하고 정신없이 앓는데, "애고[15], 머리야, 애고, 허리야!"

심 봉사 겁을 먹고 의원을 찾아 약을 쓰며 경도 읽고 굿도 하여 백 가지로 서둘러도 죽기로 든 병이라 인력으로 어찌 구하리요?

심 봉사는 기가 막혀 부인 곁에 앉아서 온몸을 만져보며 말했다.

"여보, 여보 마누라, 정신 차려 말을 하오. 식음을 전폐하니 속이 비어 어찌하오. 삼신님께 탈이 되어 제석님이 탈이 났나? 도리 없이 죽게 되었으니 이게 웬일이오? 만일 불행하여 마누라가 죽게 되면 눈 어두운 이놈의 팔자, 일가친척 하나 없는 혈혈단신 외로운 이내 몸은 올데갈데없어지니 그도 또한 원통한

데, 강보에 싸인 딸아이는 어찌한단 말이오?"

　곽씨 부인 생각해보니 스스로 아는 병세라 살아나지 못할 줄을 짐작하며 봉사에게, "여보시오 서방님, 내 말씀 들어보오. 우리 부부 같이 늙어 백 년을 같이 살자 하였거늘 명한命限[16]을 못 이기고 필경은 죽을 테니, 죽는 나는 서럽지 아니하나 장차 가군의 신세 어찌하면 좋으리요. 내 평생 마음먹기를 앞 못 보는 가장님을 내가 조심 아니하면 고생되기 쉽겠기로 더위, 추위, 비바람을 가리지 아니하고 동네방네 품을 팔아 밥도 받고 반찬 얻어 식은밥은 내가 먹고 더운밥은 가군 드려 곯지 않고 춥지 않게 극진 공경하였는데 천명이 이뿐인지 인연이 끊겼는지 도리 없이 죽게 되었네. 내가 만일 죽게 되면 의복치레 뉘 거두며 조석 공궤朝夕供饋[17] 뉘라 할까? 사고무친四顧無親[18] 외로운 몸이니 의탁할 곳 전혀 없는지라, 지팡막대 거머잡고 더듬더듬 다니다가 도랑에 떨어지고 돌에도 발길 채여 넘어져 신세를 자탄하여 우는 모양이 눈으로 보는 듯하고 기한飢寒[19]을 못 이기어 이 집 저 집 다니면서 '밥 좀 주오!' 슬픈 소리가 귀에 쟁쟁히 들리는 듯하니 죽은 혼이 차마 어찌 듣고 보며, 밤낮없이 바라다가 사십 후에 낳은 자식 젖 한 번 못 먹이고 죽다니 무슨 일인고! 어미 없는 어린것을 뉘 젖 먹여 길러내며, 춘하추동 사시절을 무엇 입혀 길러내리! 이 몸이 뜻밖에 죽게 되면 머나먼 황천길을 눈물이 가려 어찌 가며, 앞이 막혀 어찌 갈꼬! 여보시오 봉사님, 저 건너 김동지 댁에 돈 열 냥을 맡겼으니 그 돈일랑 찾아다가 내 죽은 초상에 쓰시고, 항아리에 넣은 양식 해산 쌀로 두었다가 못다 먹고 죽어가니 장사나 치른 다음 양식으로 쓰시고, 진 어사댁 관대冠帶[20] 한 벌, 흉배胸背[21]에 수놓다가 끝내지 못하고서 보에 싸 농 안에다 넣었으니 남의 귀중한 의복일랑 나 죽기 전에 보내시고, 뒷마을 귀덕 어미는 나와 친한 사람이니 내가 죽은 뒤에라도 어린아이 안고 가서 젖 좀 먹여달라 하면 괄시는 아니하리다. 하늘이 도와 저 자식

심청전 沈清傳

이 죽지 않고 살아나서 제 발로 걷거들랑 앞세우고 길을 물어 내 무덤에 찾아와서, '아가, 아가, 이 무덤이 너의 모친 무덤이다'라고 또렷하게 가르쳐서 모녀 상봉시켜주오. 천명을 못 이겨 앞 못 보는 가장에게 어린 자식 떼쳐두고 영이별로 돌아가니 가군의 귀하신 몸 애통하여 상치 말고 천만 보중千萬保重[22]하소서. 이승에서 미진한 일 후생에서 다시 만나 이별 없이 살고 싶소".

유언하고 한숨 쉬며 돌아누워 어린아이에게 낯을 대고 혀를 찬다.

"아차, 내가 잊었구려. 이 애 이름을 청淸이라 불러주오. 이 애 주려고 만든 굴레 진 옥판, 붉은 술에 진주 드림[23] 붙여 달아 함 속에 넣었으니, 아기가 엎치락뒤치락하거들랑 나 본 듯이 씌워주오."

말을 마치매 딸꾹질 두세 번에 숨이 덜컥 그쳤다. 슬프다. 곽씨 부인은 이미 다시 이승 사람이 아니었다.

슬프다. 사람의 수명을 어찌 하늘이 돕지 못하는가! 심 봉사는, "애고, 마누라, 참으로 죽었는가?"

가슴을 꽝꽝, 머리를 탕탕 치며 발을 동동 구르면서 울며 부르짖는다.

울다가도 기가 막힌 심 봉사는 머리를 방바닥에 부딪치며 몸부림치니 이리 덜컥 저리 덜컥, 치둥글 내리둥글 엎어져 슬피 통곡하니 이때 도화동 사람들이 이 소식을 듣고 남녀노소 할 것 없이 누가 아니 슬퍼하리!

비록 가난한 집안의 초상이라도 동네가 힘을 모아 정성껏 차렸으니 상여 치레는 매우 현란하였다. 상두꾼은 두건, 제복, 행전까지 생포로 호사하게 차려입고 상여를 얼메고 갈지자로 운구한다.

"댕그렁 댕그렁 어와 넘차 너호."

그때 심 봉사는 어린아이 강보에 싸 귀덕 어미에게 맡겨두고, 제복을 얻어 입고 상여 뒤채를 거머잡으며 미친 듯 취한 듯 겨우 부축을 받아 나아간다.

"애고, 여보 마누라, 날 버리고 어디로 간단 말인가? 나도 갑세, 나와 가! 만리라도 나와 가세! 어찌 그리 무정한가? 이제는 자식도 귀하지 않소. 얼어서도 죽을 테요, 굶어서도 죽을 것이니 나와 함께 갑세다."

"어화 넘차 너호!"

그럭저럭 건너가 안산으로 돌아 들어 양지바른 자리를 가려서 깊이 안장한 후에 평토제平土祭24를 지내는데, 심 봉사가 본래부터 맹인이 아니라 이십 후의 실명이라 머릿속에는 들어 있는 학식이 많으므로 원한이 사무치는 축문을 지어 몸소 읽는다.

"슬프다, 부인이여! 이토록 요조한 숙녀를 맞아 좋은 때에 짝으로 삼고서 백년을 같이 늙자 하였거늘, 이제 갑자기 죽으니 부인의 혼백은 아주 갔노라. 젖먹이를 남겨두고 영 이별하니 장차 내 무슨 수로 기를 수 있으리요? 돌아오지 못할 길을 부인이 떠나가니 어느 때고 다시는 오지 못하겠기에 소나무와 가래나무가 무성한 언덕에 깊이 묻었으니 푸른 묏부리와 더불어 길이 쉴지어다. 생전에 듣던 음성과 모습이 아득히 멀어지니 슬프다! 이제는 보지도, 듣지도 못하리라. 백양나무 가지 밖으로 달이 지니 산이 적적하고 밤은 깊은데, 어디서 귀신 우는 소리가 들리는 듯하니 무슨 말씀이든 하소한들 저승과 이승이 가로막혀 길이 다르니 그 뉘라서 위로할 수 있으리요? 후유! 주과와 포혜로 간략히 차려놓았으니, 부인이여, 부디 많이 먹고 돌아가주소서."

심 봉사는 부인을 매장하여 공산 야월空山夜月25 쓸쓸한 곳에 혼자 두고 허둥지둥 돌아오니, 부엌 안은 쓸쓸하고 방 안은 텅 비었는데 분향은 그저 피어 있었다. 횅뎅그렁한 빈 방 안에 벗도 없이 혼자 앉아 온갖 슬픔을 짓씹고 있을 때 이웃집 귀덕 어미가 사람 없는 동안에 아기를 데려다 돌보아주었다가 건너와 아기를 주고 가는지라. 심 봉사는 이를 받아 품 안에 안고서 지리산 갈가마귀 게

발 물어다 던진 듯이[26] 혼자 우뚝 앉았으니 슬픔이 하늘에 사무치거늘 품 안의 어린것은 자지러져 울어댄다.

그렁그렁 그날 밤을 넘기는데 아기는 젖 못 먹어 기진하니 심 봉사는 어두운 눈이 더욱 침침하여 어찌할 바를 모를 때, 동녘이 밝아지매 우물가에 두레박 소리가 귀에 얼른 들리기에 날이 새었음을 짐작한지라. 문을 펄덕 열어젖히며 단숨으로 우둥퉁 밖에 나가 애걸한다.

"우물가에 오신 부인, 뉘신 줄은 모르나 칠 일 만에 어미 잃고 젖 못 먹어 죽게 된 이 아기를 젖 좀 먹여주오."

그러나 그 부인 대답한다.

"나는 젖이 없소마는 젖 있는 여인네가 이 동네에 많으므로 아기 안고 찾아가서 젖 좀 먹여달라 하면 누가 괄시하겠소?"

심 봉사는 그 말을 듣자 품속에다 한 손으로 아기 안고 한 손에는 지팡이를 거머잡고 더듬더듬 걸어가서 젖먹이 있는 집을 찾아 사립문을 밀치고 안으로 들어서며 애걸복걸 빈다.

"이 댁이 뉘시온지 사뢸 말씀 있나이다."

"어쩐 일로 오셨소?"

"현철하던 우리 아내 인심을 생각하나 눈먼 나를 보더라도 어미 잃은 우리 아기 이 아니 불쌍하오! 댁의 아기 먹고 남은 젖이 있거들랑 이 애 젖 좀 먹여주오."

근방의 부인네들 심 봉사의 사정을 알므로 한없이 측은히 여겨서 아기 받아 젖을 먹이고 돌려주며 말한다.

"여보시오, 봉사님, 어렵게 생각 말고 내일도 안고 오고 모레도 안고 오면 이 애를 설마 굶게 하겠소."

백배百拜[27]로 치하하고 아기를 품에 안고 집으로 돌아와서는 요를 덮어 뉘어

놓고, 아기가 노는 사이에 심 봉사는 동냥을 다닌다.

이렇듯이 구걸하여 매월 초하루 보름의 삭망朔望[28]과 소상을 빠뜨리지 아니하며 지나갈 때, 심청이는 크게 될 사람이라 천지신명이 도와주어 잔병 없이 자라나니 세월은 흐르는 물 같은지라. 그의 나이 육칠 세가 되어가니 소경 아비의 손을 잡고 앞에 서서 인도한다.

다시 심청의 나이 십여 세가 되어가니 얼굴은 일색이요 효행이 지극하였다. 소견도 능통하고 재주도 매우 빼어나서 부친께 바치는 조석 반찬과 모친의 기제사에 지극한 정성을 기울이므로 어른을 넘어설 지경이니 칭찬하지 않는 이 없다.

세상에 덧없는 것은 세월이요, 무정한 것은 가난이라. 심청이 나이 열한 살이 되었을 무렵에는 가세도 군색하고 늙은 부친은 병으로 시달리니, 어리고 연약한 몸이 무엇을 의지하고 살리오.

하루는 심청이 부친께 여쭙는다.

"아버님, 들으십시오. 눈 어두우신 아버지가 험한 길 큰길을 다니시면 다치기 쉬우며, 비바람을 무릅쓰고 나다니시면 병환 나실까 염려되오니, 오늘부터 아버지는 집에 앉아 계시오면 소녀 혼자 밥을 얻어 조석 걱정 덜겠습니다."

심청이는 그날부터 밥을 빌러 나섰다. 이렇듯이 봉양하여 춘하추동 사시절을 쉬는 날이 없이 밥을 빌어 왔고 나이 점점 들수록 바느질과 길쌈으로 삯을 받아 부친 공경을 한결같이 하였다.

세월은 흐르는 물 같아서 심청이가 열다섯 살이 되니 얼굴이 나라에서 첫손 꼽는 국색國色[29]이요 효행이 극진한데, 재질마저 비범하고 문필도 넉넉하니 여자 중에 군자요, 새 무리 중에 봉황이요, 꽃 중에서는 모란에 비길 만했다.

원근에 이 소문이 퍼지매 저 건넛마을 무릉촌의 장 승상 부인이 심 소저를 청하니, 시비를 따라갈 때 천천히 발을 옮겨 승상댁에 당도한다.

"네가 틀림없는 심청이냐? 과연 듣던 말과 같이 아름답구나."

자리를 주어 앉힌 후에 승상 부인이 자세히 살펴보니 별로 단장한 바도 없거늘 타고난 자태가 아리따워 나라에서 으뜸가는 미녀였다.

"심청아, 내 말 듣거라. 승상이 이미 세상을 떠나시고 아들은 삼형제이나 모두 다 황성皇城[30]에 가 객지에 벼슬살이요, 다른 자식과 손자는 없다. 슬하에 말벗이 없으니 자나 깨나 적적한 빈방에서 대하느니 촛불이요, 기나긴 겨울밤에 보는 것이 고서古書로다. 네 신세를 생각하니 양반의 후예로서 저렇듯 빈곤하니, 내 집의 수양딸 되면 여공女工[31]도 손 익히게 하고 문자도 학습시켜 친딸같이 출가시켜 말년 재미를 보고자 하는데 너의 뜻이 어떠하냐?"

"팔자가 기구하여 저 낳은 지 칠 일 만에 모친이 세상을 뜨셨기로 앞 못 보는 늙은 부친이 저를 싸 안고 다니면서 동냥젖을 얻어먹여 겨우겨우 길러내어 이토록 컸으나, 모친의 모습과 몸가짐을 전혀 몰라 철천의 한이 되어 그칠 날이 없기로 내 부모를 생각하여 남의 부모 공경하였거늘, 오늘날 승상 부인 존귀하신 처지로서 미천함을 불고不顧[32]하시고 이 몸을 딸로 삼자 하시니 어미를 다시 본 듯 반갑고 황송합니다. 부인 은혜 입으면 이 몸은 부귀영화 누리려니와 앞 못 보는 우리 부친 사철 의복, 조석공양 뉘 있어 하오리까? 길러내신 부모 은덕 사람마다 있거니와 이 몸은 더욱 부모 은혜 견줄 바 없으니 잠시라도 슬하를 떠날 수 없습니다."

심청이는 목이 메어 말을 잇지 못하고 눈물이 흘러내려 옥 같은 얼굴을 적시니, 봄바람 보슬비에 복사꽃 떨어지듯 하는지라. 부인이 가상히 듣고 이른다.

"네 말을 들으니 과연 하늘이 낸 효녀로다. 망령된 이 늙은이 미처 그 일을 생각지 못하였구나."

부인은 애틋이 여겨 비단과 패물이며 양식을 후히 주고 시비와 함께 보내며 말씀하신다.

"심청아, 내 말 듣거라. 너는 나를 잊지 말고 모녀간의 굳은 의를 지켜라."

이리하여 심청이는 하직하고 돌아왔다. 그 무렵 심 봉사는 무릉촌에 딸을 보내고서 말벗 없이 홀로 앉아 딸 오기만 기다리는데, 아무리 기다려도 발자취는 전혀 없다. 심 봉사는 갑갑하기에 지팡막대 거머잡고 딸 마중 나가본다.

더듬더듬 주춤주춤 사립문 앞에 나가다가 비탈에 발이 삐긋 밀려 개천물에 풍덩 하고 떨어지니, 얼굴에는 진흙이요 의복이 다 젖었다. 두 눈을 희번덕, 두 팔을 허위적, 나오려면 빠지고 사방 물이 출렁출렁 물소리만 요란하니, 심 봉사 겁을 먹고 외친다.

"아무도 거기 없소? 사람 살리오!"

몸은 점점 깊이 빠져 허리 위로 물이 돈다.

"아이고, 나 죽는다!"

차츰 물이 올라와서 목덜미를 감돈다.

"허푸허푸, 아이고, 사람 죽소!"

아무리 소리를 친들 오가는 사람이 그쳤으니 뉘 있어 건져줄까.

이때 몽운사夢雲寺의 화주승化主僧[33]이 지나가다가 소리나는 곳을 찾아가니 어떤 사람이 개천물에 떨어져 거의 죽게 되었으므로 그 중은 깜짝 놀라 굴갓, 장삼을 훨훨 벗어 되는대로 버려두고, 짚고 있던 구절죽장九節竹杖[34]은 되는대로 내던지고, 행전 대님을 다 벗고 누비바지 아래를 똘똘 말아 올려붙이고는 백로가 고기 새끼 노리듯 징검징검 들어가서 심 봉사의 가는 허리를 후려쳐 담쑥 안고 "어뚜름 이어차!" 끌어내어 밖에다 앉힌 후에 자세히 보니 낯이 익은 심 봉사였다.

"허허, 이게 웬일이오?"

"나 살린 이 그 뉘시오?"

"소승은 몽운사 화주승이올시다."

그 중이 손을 잡고 심 봉사를 인도하여 방 안으로 들어가서 젖은 의복을 벗겨 놓고 마른 옷을 입힌 후에 물에 빠진 내력을 물으매 심 봉사가 신세를 한탄하며 전후 사정을 말하니 중이 다시 일러준다.

"우리 절 부처님은 영검이 많은지라, 빌어서 아니 되는 일 없고 구하면 응하시니 부처님께 공양미 삼백 석을 시주로 올리고 지성으로 비시면 살아생전에 눈을 떠서 천지 만물 두루 보고 성한 사람 됩니다."

심 봉사는 그 말을 듣더니 신세 처지는 생각지 않고 눈 뜬다는 말이 반갑다.

"여보소, 대사! 공양미 삼백 석을 권선문勸善文[35]에 적어 가소."

그 중은 허허 웃는다.

"적기는 적겠으나 댁의 가세를 둘러보니 삼백 석을 주선할 길 없을 듯합니다."

심 봉사가 화를 낸다.

화주승이 다시 허허 웃으며 권선문에, '심학규 미 삼백 석' 대서특필하고는 하직하고 돌아갔다.

심 봉사가 중을 보내놓고 곰곰이 생각하니, 이는 긁어 부스럼이요 도리어 후환이라 홀로 앉아 스스로 탄식한다.

"내가 공을 드리려다 만약에 죄가 되면 이를 장차 어찌하잔 말인고?"

묵은 근심, 새 걱정이 불같이 일어나 신세를 탄식하며, "천지가 아주 공평하여 별로 치우침이 없건마는 이내 팔자 어찌하여 형세 없고 눈도 멀어 해달같이 밝은 것을 분별할 수 전혀 없고, 처자 같은 정든 사이도 마주 대하여 못 보는가? 우리 망처亡妻 살았으면 조석 근심 없을 것을, 다 커가는 딸자식이 동네 품을 팔아 겨우 풀칠하는 중에 공양미 삼백 석이 어디 있어 호기 있게 적어놓고 백 가지로 궁리하나 방책이 전혀 없으니 이를 어찌할 것인고? 장독·그릇 다 팔아도 한 되 곡식 못 살 것이며, 장롱·합을 방매放賣해도 단돈 닷 냥에도 사지 않으리라. 집이라도 팔자 하나 비바람을 못 가리니 나라도 아니 사리라. 내 몸이나 팔자 한들 눈 못 보는 이 잡것을 어느 누가 사 가리오? 애고애고, 서러워라, 애고애고, 서러워라".

한동안 이리 슬피 울고 있을 때에 심청이가 급히 들어와서 닫힌 방문을 벌떡 열고, "아버님!" 부르더니, 저의 부친의 모양 보고 깜짝 놀라 달려든다.

"애고, 이게 웬일이시오?"

승상댁 시비에게 방에 불을 때달라고 부탁하고 치마를 걷어 쥐고 눈물을 씻으면서 얼른 밥을 지어 부친 앞에 상을 놓는다.

"아버지, 진지 잡수시오."

"나 밥 안 먹으련다. "

"무슨 근심이라도 계시오?"

"네 알 일 아니로다."

"아버지, 무슨 말씀이오? 소녀 비록 불효이나 말씀을 속이시니 마음이 서럽습니다."

"아가, 아가, 울지 마라. 너 속일 리 없지마는 네가 만일 알고 보면 지극한 네 효성에 걱정이 되겠기로 진작 말 못 하였다. 아까 너 오는가 문밖에 나가다가 개천물에 빠져들어 거의 죽게 되었더니 몽운사 화주승이 나를 건져 살려놓고, 몽운사 부처님이 영검하기 다시없으니 공양미 삼백 석을 부처님께 시주하면 생전에 눈을 떠서 성한 사람이 된다기로, 형편은 생각지 아니하고 홧김에 적었으니 이 어찌 될 말이냐? 도리어 후회로다."

심청이 그 말 듣고 반기어 웃으면서 대답한다.

"이제 새삼 후회하시면 정성이 못 되니 아버님 어두우신 눈 정녕 밝혀보게 공양미 삼백 석을 아무쪼록 마련하여보겠습니다."

심청이는 부친의 소원을 들은 그날부터 뒤뜰을 정히 하고 황토로 단을 모아 좌우로 금줄 매고 정화수 한 동이를 소반 위에 받쳐놓고 북두칠성 호반號盤[36]에 향 피우고 재배한 다음에 공손히 두 무릎 꿇고 두 손 모아 빈다.

이렇듯이 밤낮으로 빌었더니 도화동 심 소저는 하늘이 아는 바라 흠향歆饗[37] 하시고 앞일을 인도하시었다.

하루는 유모 귀덕 어미가 오더니, "아가씨, 이상한 일 보았나이다".

"무삼 일이 이상하오?"

"어떠한 사람인지 십여 명씩 다니면서, 값은 고하간에 15세 처녀를 사겠다고 다니니 그런 미친 놈들이 있소?"

심청이 속마음으로 반겨 듣고, "여보, 그 말 진정이오? 정말로 그리될 양이면, 그 다니는 사람 중에 노숙하고 점잖은 사람을 불러오되, 말이 밖에 나지 않게 조용히 데려오오".

귀덕 어미 대답하고 과연 데려왔는지라, 처음은 유모를 시켜 사람 사려는 까닭을 물은즉 그 사람의 대답이, "우리는 본디 황성 사람으로서 장사차로 배를 타고 만 리 밖에 다니더니, 배 갈 길에 인당수라 하는 물이 있어 변화 불측하여 자칫하면 몰사를 당하는데, 15세 처녀를 제수로 제사를 지내면, 수로만리水路萬里[38]를 무사히 왕래하고 장사도 흥왕하옵기로 생애가 원수로 사람 사러 다니오니, 몸을 팔 처녀 있사오면 값을 관계치 않고 주겠나이다".

심청이 그제야 나서며, "나는 본촌本村[39] 사람으로, 우리 부친 안맹하여 세상을 분별 못 하기로 평생에 한이 되어 하느님 전 축수하더니, 몽운사 화주승이 공양미 삼백 석을 불전에 시주하면 눈을 떠서 보리라 하되, 가세가 지빈至貧[40]하여 주선할 길 없삽기로 내 몸을 방매하여 발원하기 바라오니 나를 삼이 어떠하오? 내 나이 15세라 그 아니 적당하오?"

선인船人[41]이 그 말 듣고 심 소저를 보더니, 마음이 억색하여[42] 다시 볼 정신이 없어 고개를 숙이고 묵묵히 섰다가, "낭자 말씀 듣자오니, 거룩하고 장한 효성 비할 데 없삽내다".

이렇듯이 치하한 후에, 저의 일이 긴한지라, "그리하오" 허락하니 심 소저가 묻기를, "행선 날이 언제이니까?"

"내월 15일이 행선할 날이오니, 그리 아옵소서."

피차에 상약相約[43]하고, 그날에 선인들이 공양미 300석을 몽운사에 보냈다.

심 소저는 귀덕 어미를 백번이나 단속하여 말 못 나게 한 연후에, 집으로 들어와 부친 전에 여짜오되, "아버지".

"왜 그러느냐?"

"공양미 삼백 석을 몽운사로 올렸나이다."

심 봉사 깜짝 놀라서, "그게 어쩐 말이냐? 삼백 석이 어디 있어 몽운사로 보냈어?"

심청이 같은 효성으로 거짓말을 하여 부친을 속일까마는, 사세부득事勢不得[44]이라 잠깐 속여 여쭙는다.

"일전에 만나뵈온 무릉촌 장 승상댁 부인께서 소녀보고 말씀하기를 '수양딸 노릇하라' 하되 아버지 계시기로 허락을 아니하였는데, 사세부득하여 이 말씀 아뢰었더니 부인이 반겨 듣고 쌀 삼백 석 주시기로, 몽운사로 보내옵고 수양딸로 팔렸습니다."

심 봉사 물정 모르고 소리내어 웃으며 즐거워한다.

"어허, 그 일 잘되었다. 언제 데려간다더냐?"

"내월 15일에 데려간다 하옵데다."

"네 게 가서 살더라도, 나 살기 관계찮지! 어, 참으로 잘되었다."

부녀간에 이같이 문답하고 부친을 위로한 후, 심청이는 그날부터 선인을 따라갈 일을 곰곰 생각하니, 사람이 세상에 생겨나서 한때를 못 보고 이팔청춘에 죽을 일과 안맹하신 부친 영결하고 죽을 일이, 정신이 아득하여 일에도 뜻이 없어 식음을 전폐하고 시름없이 지내다가, 다시 생각하여보니 엎질러진 물이 되고 쏘아놓은 살이었다.

"내 몸이 죽어지면, 춘하추동 사시절에 부친 의복 뉘라 다 할까? 아직 살아 있을 때에 아버지 사철 의복 망종亡終45 지어드리리라" 하고 춘추 의복과 하동 의복 보에 싸서 농에 넣고, 갓망건도 새로 사서 걸어두고 행선 날을 기다릴 제, 하룻밤이 격한지라.

밤은 깊어 삼경46인데, 은하수는 기울어져 촛불이 희미할 제, 두 무릎을 쪼그리고 아무리 생각한들 심신이 난정難定47이라. 부친의 벗은 버선볼이나 망종 받으리라, 바늘에 실을 꿰어 손에 들고 하염없는 눈물이 간장에서 솟아올라, 복받쳐 오르는 울음을 부친 귀에 들리지 않게 속으로 느껴 울며 부친의 낯에다가 얼굴을 가만히 대어보고 수족도 만지면서, "오늘 밤 모시면 다시는 못 뵐 테지. 내가 한 번 죽어지면 여단 수족如斷手足48 우리 부친, 누굴 믿고 사실까? 애닯도다, 우리 부친. 내가 철을 안 연후에 밥 빌기를 하였더니, 이제 내 몸이 죽어지면 춘하추동 사시절을 동네 걸인 되겠구나. 눈총인들 오죽하며, 괄시인들 오죽할까? 부친 곁에 내가 모셔 백 세까지 공양하다가 이 별을 당하여도 망극한 이 설움이 측량할 수 없을 텐데, 하물며 이러한 생이별이 고금 천지간 또 있을까? 우리 부친 곤한 신세, 적수단신赤手單身49 살자 한들 조석공양 뉘라 하며, 고생하다 죽사오면 또 어느 자식 있어 머리 풀고 애통하며, 초종장례初終葬禮50, 소대기小大朞51

며 연년 오는 기제사에 밥 한 그릇, 물 한 그릇 뉘라서 차려놓을까? 몹쓸 년의
팔자로다, 이레 안에 모친 잃고 부친마저 이별하니 이런 일이 또 있는가? 우리
부녀 이 이별은, 내가 영영 죽어 가니 어느 때 소식 알며 어느 날에 만나볼까?
돌아가신 우리 모친 황천으로 들어가고, 나는 이제 죽게 되면 수궁으로 갈 터이
니, 수궁에 들어가서 모녀 상봉하자 한들 황천과 수궁 길이 수륙이 현수懸殊[52]하
니 만나볼 수 전혀 없네. 수궁에서 황천 가기 몇천 리나 된다는지? 황천을 묻고
물어 불원천리 찾아간들 모친이 나를 어이 알며, 나는 모친 어이 알리? 만일 알
고 뵈옵는 날, 부친 소식 묻자오면 무슨 말로 대답할꼬? 오늘 밤 오경 시를 함
지咸池[53]에 머무르고, 내일 아침 돋는 해를 부상扶桑[54]에 매었으면 하늘 같은 우
리 부친 한 번 더 보련마는, 밤 가고 해 돋는 일 그 뉘라서 막을쏜가?”

천지가 사정없어 이윽고 닭이 우니, 심청이 기가 막혀, “닭아, 닭아, 우지 마
라. 네가 울면 날이 새고, 날이 새면 나 죽는다. 나 죽기란 섧지 않으나, 의지 없
는 우리 부친 어찌 잊고 가잔 말가?”

밤새도록 섧게 울고 동방이 밝아 오니, 부친 진지 지으려고 문을 열고 나서
보니 벌써 선인들이 사립문 밖에서 주저주저하며, “오늘 행선 날이오니, 수이
가게 하옵소서”.

심청이 그 말 듣고, 대번에 두 눈에서 눈물이 빙 돌아 목이 메어 사립문 밖에
나가서, “여보시오, 선인네들, 오늘 행선하는 줄은 내가 이미 알거니와 부친이
모르오니 잠깐 지체하옵시면, 불쌍하신 우리 부친 진지나 하여 상을 올려 잡순
후에 말씀 여쭈옵고 떠나게 하오리다”.

선인들이 가긍하게 여기어, “그리하오” 허락하니, 심청이 들어와서 눈물 섞
어 밥을 지어 부친 앞에 상을 올리고, 아무쪼록 진지 많이 잡수시도록 하느라고
상머리에 마주 앉아 자반[55]도 뚝뚝 떼어 수저 위에 올려놓고 쌈도 싸서 입에 넣

어, "아버지, 진지 많이 잡수시오".

"오냐, 많이 먹으마. 오늘은 각별하게 반찬이 매우 좋구나. 뉘 집 제사 지냈느냐?"

심청이 기가 막혀 속으로만 느껴 울며 훌쩍훌쩍 소리 나니, 심 봉사는 물색없이[56] 귀 밝은 체 말을 한다.

"아가, 너 몸 아프냐? 감기가 들었나 보구나. 오늘이 며칠이냐? 오늘이 열닷새지, 응?"

부녀의 천륜이 중하니 몽조夢兆[57]가 어찌 없을쏘냐? 심봉사가 간밤 꿈 이야기를 하되, "간밤에 꿈을 꾸니 네가 큰 수레를 타고 한없이 가 보이니, 수레라 하는 것은 귀한 사람 타는 것이라. 아마도 오늘 무릉촌 승상댁에서 너를 가마 태워 가려나 보다".

심청이 들어보니 분명히 자기 죽을 꿈이로다. 속으로 슬픈 생각 가득하나, 겉으로는 아무쪼록 부친이 안심하도록, "그 꿈이 장히 좋소이다" 대답하고, 진짓 상을 물려내고 담배 피워 물려드린 후에, 사당에 하직차로 세수를 정히 하고 눈물 흔적 없앤 후에 정한 의복 갈아입고 후원에 들어가서, 사당문 가만히 열고 주과를 차려놓고 통곡재배[58] 하직할 제, "불효 여식 심청이는 부친 눈 뜨게 하오려고 남경 장사 선인들께 삼백 석에 몸이 팔려 인당수로 떠나오니, 소녀가 죽더라도 아비의 눈 뜨게 하고 착한 부인 작배作配[59]하여 아들 낳고 딸을 낳아 조상 향화 전하게 하소서".

이렇게 축원하고 문 닫으며 우는 말이, "소녀가 죽사오면 이 문을 누가 여닫으며, 동지, 한식, 단오, 추석 사명절이 온들 주과포혜를 누가 다시 올리오며, 분향재배 누가 할꼬? 조상의 복이 없어 이 지경이 되옵는지, 불쌍한 우리 부친 강근지친强近之親[60] 전혀 없고, 앞 못 보는 형세 없어 믿을 곳이 없이 되니 어찌 잊고 죽어갈까?”

우르르 나오더니 자기 부친 앉은 앞에 철썩 주저앉아, “아버지!” 부르더니 말 못 하고 기절한다.

심 봉사 깜짝 놀라, “아가, 웬일이냐? 봉사의 딸이라고 누가 정가[61]하더냐? 이것이 회동하였구나. 어쩐 일이냐? 말 좀 하여라”.

심청이 정신 차려, “아버지!”

“오냐.”

“제가 불효 여식으로 아버지를 속였소. 공양미 삼백 석을 누가 저를 주오리까? 남경 장사 선인들께 삼백 석에 몸을 팔아 인당수 제수로 가기로 하와, 오늘 행선 날이오니 저를 오늘 망종 보오.”

사람의 슬픔이 극진하면 가슴이 막히는 법이라, 심 봉사 하도 기가 막혀놓으니 울음도 아니 나오고 실성을 하는데, “애고, 이게 웬말이냐, 응? 참말이냐, 농담이냐? 말 같지 아니하다. 나더러 묻지도 않고 네 마음대로 한단 말가? 네가 살고 내 눈 뜨면 그는 응당 하려니와 자식 죽여 눈을 뜬들 그게 차마 할 일이냐? 너의 모친 너를 낳고 이레 안에 죽은 후에 눈조차 어둔 놈이 품 안에 너를 안고, 이 집 저 집 다니면서 동냥젖 얻어먹여 그만큼이나 자랐기로 한시름 잊었더니, 이게 웬말이냐? 눈을 팔아 너를 살지언정 너를 팔아 눈을 산들 그 눈 해서 무엇하랴? 어떤 놈의 팔자로서 아내 죽고 자식 잃고 사궁지수四窮之首[62]가 된단 말가? 네 이 선인놈들아! 장사도 좋거니와, 사람 사다 제수하는 걸 어디서 보았느냐? 하느님의 어지심과 귀신의 밝은 마음, 앙화가 없을쏘냐? 눈먼 놈의 무남독녀 철모르는 어린것을 나 모르게 유인하여 산단 말이 웬 말이냐? 쌀도 싫고 돈도 싫고, 눈 뜨기 내 다 싫다. 네 이 독한 상놈들아! 생사람 죽이면 대전통편大典通編[63] 율律에 걸리렷다!”

이렇듯이 심 봉사는 홀로 큰소리하더니 이를 갈며 죽기로 기를 쓰는지라, 심청이가 허겁지겁 부친을 붙잡는다.

"아버지! 아버지! 이 일은 남의 탓이 아니오니 그리 마소서."

부녀가 서로 붙잡고 뒹굴며 통곡하니 도화동의 남녀노소 뉘 아니 슬퍼하리요. 뱃사람들도 모두 눈물진다. 그중의 한 사람이, "여보시오, 영좌領座64 영감! 하늘이 낸 큰 효 심 소저는 말할 것도 없거니와 심 봉사 저 영감이 참으로 불쌍하니, 우리 선인 삼십 명이 밥 열 숟가락 모아 한 그릇 밥이 된다 하니 저 양반 남은 여생일랑 우리들이 굶지 않도록 주선해주도록 하세".

발설하니 모두들 고개를 끄덕이며, "그 말 옳소!"

돈 300냥, 백미 100석, 무명 삼베 각 한 바리를 동중洞中65으로 들여놓으며 말한다.

"삼백 냥은 논을 사서 착실한 사람 주어 토지를 경작하고, 백미 열닷 섬은 당년 양식하게 하고, 나머지 팔십여 석은 해마다 풀어놓고 장리로 추심하면 양미糧米66가 풍족하니 그렇게 하시고, 무명 삼베 각 한 바리는 사철 의복 짓게 하소서."

동중에서 의논하여 그리하고 그 연유를 통문通文67 내어 균일하게 구별하였다.

이때 무릉촌의 장 승상 부인이 심청이가 몸을 팔아 인당수로 간다는 말을 그제야 듣고 시비를 시켜 심청을 불렀다.

"이 무정한 인간아, 내가 너를 안 후로는 자식으로 여겼는데 너는 나를 잊었느냐? 말을 들으니 선인들에게 몸을 팔아 죽으러 간다 하니 너의 효심은 지극하나 네가 죽어 될 일이냐? 그토록 일이 되었거든 나에게 건너와서 그 연유를 말했던들 이 지경을 당하지는 않았을 것을! 어찌 그리 철없이 굴었느냐?" 하며 손을 잡아 이끌고 방 안으로 들어가서 심청이를 앉힌 다음에 타이른다.

"쌀 삼백 석 내줄 터이니 선인 불러 도로 주고 망령된 생각일랑 다시는 품지 마라."

심청이는 이 말 듣고 한동안 생각하더니 천연스레 여쭙는다.

"당초에 아뢰지 못한 일을 이제 와서 후회한들 어찌하며 또 이 한 몸 어버이를 위하여 정성을 다하자면 어찌 명색 없는 남의 재물을 바라리까? 이제 와서 백미 삼백 석을 돌려준다면 선인들도 뜻하지 않은 낭패가 될 것이니 그도 또한 어렵고, 한편 사람이 남에게다 한 몸을 허락하여 값을 받고 팔았다가 수삭이 지난 다음 차마 어찌 낯을 들고 보리까? 늙은 아비 두고 죽는 것이 도리어 불효됨을 모르는 바 아니로되 그것이 천명이니 할 수 없습니다. 부인의 높은 은혜와 어질고 자별하신 말씀, 황천에 돌아가 결초보은結草報恩[68]하겠습니다. "

승상 부인은 이 말을 듣고 애석한 마음에 차마 놓지 못하고 통곡한다.

"네가 잠깐 지체하면 화공畫工[69]을 불러들여 네 얼굴, 네 태도를 그대로 그려두고 내 생전에 두고두고 볼 것이니 잠시 머물러 있어라."

화공이 그림을 그리니 심 소저가 둘이었다. 심청이 울며 여쭙는다.

"정녕 부인께서는 전생에 내 부모였으니 오늘날 물러가면 언제 다시 모실 수 있으리까? 소녀 글 한 수 지어내어 부인 앞에 바치리니 걸어두면 증험證驗[70]이 있으오리다."

부인이 매우 반겨 붓과 벼루를 내놓는다.

부인이 또한 두루마리 한 축을 끌어내어 글 한 수를 단숨에 내리쓴다.

심청이는 두 손으로 그 글을 받고 눈물로 이별하니, 무릉촌의 남녀노소 뉘 아니 통곡하랴. 심청이가 돌아오니 심 봉사 달려들어 딸아이의 목을 껴안고 뛰며 통곡한다.

"나도 가자, 나하고 가! 혼자 가지는 못한다. 이제는 죽어도 같이 죽고 살아도 같이 살자! 나 버리고는 못 간다. 고기밥이 되려거든 너와 나와 같이 되자!"

"우리 부녀간에 천륜을 끊고 싶어 끊고, 죽고 싶어 죽습니까? 불효 여식 청이는 생각지 마시고 아버지 눈을 떠서 광명 천지 다시 보고 착한 사람 배필로 삼아 아들 낳고 딸을 낳아 후사를 전케 하소서."

심 봉사 펄쩍 뛴다.

"애고애고, 그 말 하지 마라. 처자 있을 팔자라면 이런 일을 당하겠느냐? 나 버리고는 못 간다."

심청이는 사람을 시켜 부친을 붙들어 앉혀놓고 울며 당부한다.

"동네 어른님들, 외로운 홀몸인 우리 부친을 내맡기고 죽으러 가는 이 몸은 오직 동중만 믿사오니 굽어살피소서."

이렇듯이 하직할 때 하느님이 아셨던지 백일은 어디 가고 검은 구름 자욱하다. 이따금 빗방울이 눈물같이 떨어지고 휘늘어져 곱던 꽃은 이울고자 빛이 없고 청산에 섰는 초목 수색愁色71을 띠어 있고 녹수에 드리운 버들 수심을 돕는 듯, 우짖는 저 꾀꼬리 너 무슨 회포던가? 너의 깊은 한을 내가 알지는 못하여도 통곡하는 내 심사는 네가 혹시 짐작할까?

한 걸음에 눈물 지고 두 걸음에 돌아보며 드디어 떠나가니 명도命途72의 풍파가 이제부터 험난하다. 강가에 다다르니 뱃사람이 몰려들어 뱃머리에 좌판 놓고 심 소저를 모셔 올려 빗장 안에 앉힌 다음 닻 감고 돛을 달아 소리하며 북을 둥둥 울리면서 지향 없이 떠나간다. 배 타고 한가운데 떠서 흘러가니 망망한 창해 중에 가없는 물결이다.

한곳에 당도하여 닻을 주고 돛을 내리니 이곳이 인당수다. 고기와 용이 싸우는 듯 큰 바다 한가운데 돛도 잃고 닻도 끊기며, 노도 잃고 키도 빠지며, 바람 불고 물결치고 안개마저 자욱한 날에 아직도 갈 길은 천만 리가 넘으며 사면이 검게 어둑 저물어 천지와 지척이 똑같이 막막한데 산 같은 파도가 뱃전을 땅땅 치니 당장에 위태로운지라, 도사공 이하가 크게 겁을 먹고 어쩔 바를 몰라 하며 혼비백산하여 고사 절차를 차린다.

섬쌀로 밥을 짓고 큰 돼지를 잡아 큰 칼 꽂아서 정하게 받쳐놓고 삼색 실과 오색 당속糖屬73에 큰 소 잡고 동이 술을 곁들여 방향을 가려 갖다 놓고서 심청이를 목욕시켜 의복을 정히 입히고 뱃머리에 앉힌 다음 도사공이 고사를 올리는데, 북채를 갈라 쥐고 북을 둥둥둥둥 두리둥둥 울린다.

"헌원씨軒轅氏74가 배를 만들어 가지 못하던 길을 통하게 한 후로 뒷사람들이 본받아 저마다 이로써 업을 삼으니 막대한 공이 아닙니까? 하우씨夏禹氏75는 구년치수九年治水에 배를 타고 다스려 오복五服76을 구제하고 다시 구주九州77로 돌아들 때 배를 타고 기다렸으며, 제갈공명의 높은 조화도 동남풍을 불러일으켜 조조의 백만 수군을 주유를 시켜 불을 질러 적벽 대전할 적에 배 아니면 어찌하였으리오? 우리 동무 스물네 명 상고商賈[78]로 업을 삼아 십오 세에 배를 타서 열해를 거듭하여 사남방을 떠돌다가 오늘날 인당수에 제물을 바치오니 동해신 아명阿明이며, 남해신 축융祝融이며, 서해신 거승巨勝이며, 북해신 우강禹彊이며 모든 강물의 신과 모든 냇물의 신이 이 제물을 드시고 여러 신령께서 한결같이 굽어살피시어 비렴飛簾[79]으로 하여금 바람 주시고 해약海若[80]으로 하여금 인도케 하여 황금 더미로 우리의 소망을 이루어주소서. 고수레[81]! 둥둥.”

빌기를 마치고 심청이더러 물에 들라 하며 뱃사공들이 재촉하니, 심청이는 뱃머리에 우뚝 서서 두 손을 합장하고 하느님께 빈다.

“비나이다, 비나이다. 심청이 죽는 것은 추호도 서럽지 않으나 앞 못 보는 우리 부친 천지에 사무치는 원한을 살아생전에 풀어드리려고 죽음을 당하오니 하느님이 굽어살피시어 우리 부친 어두운 눈을 불원간 밝게 하시어 광명 천지를 보게 하소서.”

다시 뒤로 펄쩍 주저앉더니 도화동을 향하면서, “아버지, 나 죽소! 어서 눈을 뜨소서!”

손을 짚고 일어서서 사공들에게, “여러 선인 상고님네들, 평안히 가시고 억만금의 이를 얻어 이 물가를 지날 때면 나의 혼백 넋을 불러 떠돌이 귀신을 면케 하여주오”.

이르고 빛나는 눈을 감고 치마폭을 뒤집어쓰고 이리저리 저리이리 뱃머리로 와락 나가 푸른 물에 풍덩 빠지니, 물은 인당수요, 사람은 심 봉사의 딸 심청이라. 인당수 깊은 물에 힘없이 떨어진 꽃 헛되이 고기 뱃속에 장사 지냈단 말인가?

그 배의 영좌는 한숨지며 통곡하고 삿대잡이는 엎드려 운다.

“하늘이 낸 큰 효 심 소저는 아깝고 불쌍하다. 부모 형제 죽었다 한들 이에서 더할쏘냐?”

이 무렵, 한편 무릉촌의 장 승상 부인은 심 소저를 이별하고 애석한 마음을 이기지 못하여 심 소저의 화상 족자를 벽 위에 걸어두고 날마다 살펴보는데, 하루는 족자 빛이 검어지며 화상에서 물이 흐르므로 부인이 놀란다.

“이제는 죽었구나!”

슬픔을 못 이기어 애간장이 끊어지는 듯, 가슴이 터지는 듯 기막혀 슬피 우는데 이윽고 족자 빛이 완연히 새로워지니 마음에 괴이쩍게 여기었다.

“누가 건져내어 목숨을 부지하였는가? 푸른 바다 만 리 밖 소식 어찌 알리?”

그날 밤 삼경 초에 제물을 갖추어 시비에게 들리고 강가에 나가 백사장 정한 곳에 주과포를 벌여놓고 승상 부인은 몸소 축문을 크게 읽어 심 소저의 넋을 위로하며 제사를 지낸다. 강촌에 밤이 깊어 사면이 고요한데, “심 소저야, 심 소저야! 아깝도다, 심 소저야! 앞 못 보는 부친 눈을 뜨게 하려 평생 한이 되는지라. 네 효성이 죽기로써 갚으려고 실낱같은 목숨을 스스로 내던져 고기 뱃속 넋이 되니 가련하고 불쌍코나! 하느님은 어찌하여 너를 내고 죽게 하며, 귀신은 어찌하여 죽는 너를 못 살리나? 네가 나지 말았거나 내가 너를 몰랐거나 할 것이지, 생리사별生離死別[82]이 웬 말인고? 그믐이 되기 전에 달이 먼저 기울었고, 모춘暮春[83]이 되기 전에 꽃이 먼저 떨어지니 오동에 걸린 달은 뚜렷한 네 얼굴이 다시 온 듯, 이슬에 젖은 꽃은 천연한 네 몸가짐 눈앞에 내리는 듯, 대들보에 앉은 제비 아름다운 네 소리로 무슨 말을 하소할 듯, 두 귀밑의 머리털은 이로 하여 희어지고 인간계에 남은 세월 너로 인해 재촉되니 무궁한 나의 수심을 너는 죽어 모르거니와 나는 살아 고생이렷다. 한 잔 술로 위로하니 꽃다운 넋이여, 오호라, 슬프고나! 상향尚饗[84].”

부인이 눈을 씻고 제물을 조금씩 뜯어 물에 띄울 때 술잔이 뒹구니 심 소저의 혼이 온 듯하여 부인은 그지없이 서러워하며 집으로 돌아갔다.

대저 이 세상같이 억울하고 고르지 못한 것은 없으리라. 가난하고 약한 사람은 그 부모가 낳은 몸과 하늘이 주신 귀중한 목숨도 보전치 못하고 심청이 같은 하늘이 낸 큰 효가 필경에는 인당수 물에 가련한 몸이 잠기게 되었다. 그러나 그가 잠긴 곳은 물속이 아니라 이 인간계를 영 이별하고 간 하늘의 상계上界이니, 하느님의 능력이 한없이 큰 세상이다. 이욕에 눈이 어두운 인간계의 사람들과 말 못 하는 부처는 심청이를 돕지 못하였으나 인당수의 물귀신이야 심청이를 알아보지 못하리요?

그때 옥황상제께서는 사해용왕에게 분부를 내리시었다.

"명일 오시午時[85] 초각에 인당수 바닷속으로 하늘이 낸 큰 효 심청이가 떨어질 터이니, 그대들은 등대하였다가 수정궁水晶宮[86] 영접하고, 다시 영을 기다려 도로 그를 인간계로 보내되 만일에 시각을 어기는 날에는 사해의 수궁제신水宮諸神들이 죄를 면치 못하리라."

이렇듯 분부가 지엄한지라 사해의 용왕들이 황급하여 원참군 별주부와 백만의 철갑제장鐵甲諸將[87]이며 무수한 시녀들로 하여금 백옥 교자를 채비하고 그 시각을 기다릴 때 오시 초각이 되자 백옥 같은 한 소저가 바다 위로 떨어지매 여러 선녀들이 이를 옹위하여 심 소저를 고이 모셔 교자에 앉히니, 심 소저는 정신을 가다듬고 사양한다.

"나는 속세의 천한 몸이니 어찌 황공하여 용궁의 교자를 탈 수 있겠습니까?"

여러 시녀가 여쭙는다.

"옥황상제께서 분부를 내리셨습니다. 만약에 지체하시면 사해 수궁에 탈이 나니 지체 마시고 타십시오."

심청이는 사양하다 못 하고 교자에 올라앉으니, 여러 선녀들이 옹위하여 수정궁으로 들어갈 때 위의가 굉장하다. 옥황상제의 명이거늘 어찌 거행함이 범연하랴. 사해의 용왕들이 각기 선녀를 보내어 조석으로 문안하고 번갈아가며 시위할 때 3일에 소연小宴이요, 5일에 대연大宴[88]으로 극진히 위로한다.

심 소저가 이렇듯이 수정궁에 머무를 때 하루는 하늘에서 옥진 부인玉眞夫人이 오신다 하나, 심 소저는 누구인지 모르고 일어서 바라보니 오색구름이 푸른 하늘에 서리며 요란한 풍악이 궁중에 낭자하더니, 멀리 바른쪽에는 단계화丹桂花[89]요 왼쪽에는 벽도화碧桃花[90]로, 청학과 백학이 옹위하고 공작새는 춤을 추고 안비는 인도하며 천상 선녀 앞을 서고 용궁 선녀 뒤를 서서 엄숙하게 내려오니 보던 중 처음이다. 이윽고 다다르자 교자에서 옥진 부인이 내려 안으로 들어온다.

"청아, 너의 어미 내가 왔다."

"애고, 어머니!"

심 소저는 우르르 달려들어 모친 목을 덥썩 잡고 웃다 울다 하면서 말한다.

"변변치 못한 소녀 몸이 부친 덕에 아니 죽고, 십오 세를 다하도록 모녀간에 어머니가 중하거늘 이날 이때껏 얼굴을 모르기로 평생에 한이 되어 잊을 날이 없더니, 오늘에야 모녀가 상봉하여 나는 한이 없거니와 외로우신 아버지는 누구 보고 반기실까?"

그러구러 모녀가 어울려서 여러 날을 수정궁에 머물러 있더니 하루는 옥진 부인이 심청이한테 말한다.

"반가운 마음이야 한량없건마는 옥황상제의 처분으로 맡은 직분이 허다하므로 오래 지체를 못하겠구나. 오늘은 너와 이별하고 네가 장차 부친을 만나게 될 줄 네 어찌 알랴만, 후일에 서로 반길 때가 있으리라."

옥진 부인 일어서서 손을 잡고 작별하더니, 공중을 향하여 홀연 삽시간에 사라지니 심청이는 할 수 없이 눈물로 하직하고 계속 수정궁에 머물러 있었다.

이럴 즈음 옥황상제께서는 심 낭자의 출천대효出天大孝[91]를 가상히 여기시고 수정궁에 오래 둘 도리가 없는지라, 사해용왕에게 다시 전교를 내리셨다.

"대효 심 낭자를 옥정 연화玉井蓮花 꽃봉 속에 아무쪼록 고이 모셔 오던 길인 인당수로 도로 내보내라."

꽃봉 속의 심 낭자는 가는 바를 모르는데 수정문 밖 떠날 적에 하늘에는 사나운 비바람이 없이 맑게 개었으며 바다 또한 잔잔하여 파도가 일지 않는다. 때는 봄이라 해당화는 바닷물에 피어 있고, 동풍에 푸른 버들은 바닷가에 가지를 드리웠는데 고기 낚는 저 어옹은 시름없이 앉았구나. 한곳에 다다르니 날씨가 명랑하고 사면이 광활하다. 심청이가 정신을 가다듬고 둘러보니 용궁 가던 인당수라. 슬프다, 이 역시 꿈을 꾼 것이 아닐까?

바로 그 무렵에, 남경으로 장사하러 갔던 선인들이 심 낭자를 제수로 바친 덕에 그 행비에 이利를 남겨 돛대 끝에 큰 기 꽂고 웃음으로 지껄이며 춤추고 돌아오다 인당수에 다다르니, 큰 소 잡고 동이 술에 각종 과실 차려놓고 북을 치며 제사 지내던 참이다.

해상을 바라보니 난데없는 꽃 한 송이 물 위로 덩실덩실 떠내려오기에 선원들이 내닫으며 말한다.

"이 애야, 저 꽃이 웬 꽃이냐? 천상의 월계화냐, 요지의 벽도화냐? 천상 꽃도 아니요 세상 꽃도 아닌데 해상에 홀로 있을진대 아마도 심 낭자의 넋인가 보다."

이같이 공론이 분분할 때 백운이 자욱한 가운데 산뜻하게 푸른 옷을 떨쳐입은 선관仙官[92] 하나가 공중에 학을 타고 외쳐 이른다.

"해상에 떠 있는 선인들아, 꽃 보고 떠들지 마라. 그 꽃은 천상의 귀한 꽃이니 타인은 일절 접근치 말 것이며 각별 조심하여 고이 모셔다가 천자께 진상토록 하라. 만일 그리 아니하면 뇌성보화천존으로 하여금 생벼락을 내리도록 하련다.”

뱃사람들 그 말 듣고 황겁하여 벌벌 떨면서 그 꽃을 고이 건져 빈칸에 모신 후에 청포장을 둘러치니 내외 제례가 분명하였다. 닻을 감고 돛을 다니 순풍이 절로 일어 서울 남경을 순식간에 당도하여 해안에 배를 대었다.

때는 바로 경진년庚辰年 삼월이라. 당시 송宋 천자는 황후의 상사를 당하였으니, 억조창생 만민들은 이를 것도 없거니와 조공하는 열두 나라 사신들은 황황급급 분주한데, 천자는 마음이 어지러워 슬픔을 가라앉히려고 각색 화초를 고루고루 구하여서 상림원上林苑에 채우고 황극전皇極殿 앞뜰에 골고루 심었으니, 기화요초琪花瑤草[93]가 이 아니랴!

이렇듯 여러 가지 화초가 만발한데 꽃 사이로 쌍쌍이 범나비는 꽃을 보고 반기며 너울너울 춤을 출 때 천자는 슬픔을 잠시 잊고 마음에 기꺼워 꽃을 보고 즐거워하시었다.

마침 이때 남경 장사 선인들이 희귀한 꽃 한 송이를 진상하니, 천자는 이를 보고 매우 기꺼워하시며 옥 쟁반에 받쳐 들고 진종일 그 꽃을 사랑하시니 구름 같은 황극전에 날이 가고 밤이 들어도 들리는 것은 시각을 알리는 경점更點 소리뿐이었다.

천자가 잠자리에 드시고 비몽사몽간에 봉래산 선관이 학을 타고 분명히 내려와서 천자 앞에 돌연히 이른다.

“황후가 돌아가셨음을 상제께서 아시고 인연을 보내셨으니 폐하께서는 어서 바삐 살피소서.”

천자가 잠을 깨시고 자리에서 일어나 천천히 거닐다가 궁녀를 급히 불러 옥 쟁반의 꽃을 살피시니, 보던 꽃이 없고 한 낭자가 앉아 있으매 천자는 매우 기꺼워한다.

이튿날 아침에 삼태육경三台六卿[94]을 비롯하여 만조백관 문무 제신을 불러놓고 천자께서 이르신다.

"짐이 간밤에 꿈을 꾼 후 기이하기로, 어제 선인들이 진상한 꽃을 보니 그 꽃은 간 곳이 없고 다만 한 낭자가 앉았는데 황후의 기상인지라 짐은 이를 하늘이 정한 연분으로 여기거니와 경들의 뜻은 어떠한가?"

문무 제신이 일제히 아뢴다.

"황후께서 승하하셨음을 상천上天[95]이 아시고 인연을 보내셨으니 국운이 무궁하여 하늘이 보호하심입니다. 국가의 경사 이에 더함이 없는 줄로 아뢰오."

이리하여 대례大禮[96]를 마친 다음 심 낭자를 금덩[97]에 고이 모셔 황후전에 들게 하니 위의와 예절이 거룩하고 화사했다.

이로부터 심 황후의 어진 덕이 천하에 고루 퍼지니, 조정의 문무백관과 각성 자사刺史와 열읍列邑[98] 태수와 만백성이 엎드려 축원한다.

"우리 황후 어진 성덕 만수무강하소서."

이즈음 심 봉사는 딸을 잃고 실성하여 날마다 탄식할 때 봄이 가고 여름 되니 녹음방초도 원망스럽고 자연을 노래하는 새도 심 봉사를 비웃는 듯하여 눈물지며 허송세월하였다.

인간에 있어 가장 절실한 정은 천륜이라, 심 황후는 귀한 몸이 되었으나 앞 못 보는 부친 생각이 무시로 솟아올라 홀로 앉아 근심과 탄식하는 날이 많았다.

이럴 즈음 천자께서 내전內殿[99]에 들어와 황후를 보시고, 눈에 눈물이 서려 있고 얼굴에 수심이 가득하기에 천자께서 물으신다.

"황후는 미간에 수심이 가득하니 어인 일이오?"

황후가 꿇어앉으며 나직이 여쭙는다.

"신첩은 본래 용궁인이 아니라 황주 도화동에 사는 심학규의 딸인데, 첩의 부친이 앞을 보지 못하는지라 철천지한이더니, 부처님께 공양미 삼백 석을 시주하면 감은 눈을 뜬다 하기로 남경 장사 선인들에게 이 몸을 팔아 인당수에 빠졌습니다. 하늘이 굽어살피시어 몸은 귀하게 되었으나 천지 인간 병신 중에는 소경이 제일 불쌍하니 맹인 불러 음식을 내려주시면 첩의 천륜을 찾을까 합니다.”

황제가 즉시 근신을 불러 연유를 하교하시며 금월 만일 황성에서 맹인 잔치를 베푼다는 칙지를 선포하여 모든 맹인들을 상경토록 하였다.

그러나 심 봉사는 어디 갔기로 이 경사를 모르는가?

이때 몽운사 부처가 영험이 없었는지 딸 잃고, 쌀 잃고, 눈도 뜨지 못해 지금껏 심 봉사는 봉사 그대로 있는지라. 그중에 눈만 못 떴을 뿐 아니라 생애의 고생이 세월을 따라 더욱 깊어간다. 도화동 사람들은 당초의 남경 장사 부탁도 있고 곽씨 부인을 생각하든지 심청의 정곡을 생각하여도 심 봉사를 위하여는 마음 극진히 써 돕는 터라. 그때 선인이 맡긴 전곡을 착실히 이삭을 늘려가며 심 봉사의 의식을 넉넉케 하고 형세도 차차 늘어가더니, 이때 마침 본촌에 뺑덕 어미라 하는 계 집이 있어 행실이 괴악한데, 심 봉사의 가세 넉넉한 줄 알고 자원하여 첩이 되어 심 봉사와 사는데 이 계집의 버릇은 아주 인중지말人中之末[100]이라. 그렇듯 어둔 중에도 심 봉사를 더욱 고생되게 가세를 결딴내는데, 쌀을 주고 엿 사 먹기, 벼를 주고 고기 사기, 잡곡으로 돈을 사서 술집에서 술 먹기와 이웃집에 밥 부치기, 빈 담뱃대 손에 들고 보는 대로 담배 청키, 이웃집에 욕 잘하고 동무들과 싸움 잘하고 정자 밑에 낮잠 자기, 술 취하면 한밤중 긴 목 놓고 울음 울고, 동리 남자 유인하기, 1년 360일을 입 잠시 안 놀리고는 못 견디어 집 안의 살림살이를 홍시 빨듯 홀짝 없이 하되, 심 봉사는 다년 공방 지내던 터라 기중 실가지락室家之樂[101]이 있어 삯 받고 관가 일을 하듯 하되, 뺑덕 어미는 마음먹기를 형세를 털어 먹다 이삼 일 양식할 만큼 남겨놓고 도망할 작정으로,

유월 까마귀 곤 수박 파먹듯 불쌍한 심 봉사의 재물을 주야로 퍽퍽 파던 터라.

하루는 심 봉사 뺑덕 어미를 불러, "여보소, 우리 형세가 매우 착실터니 지금 남은 살림 얼마 아니 된다 하니, 내 도로 빌어먹기 쉬운즉 차라리 타관에 가 빌어먹세. 본촌에는 부끄럽다 남의 책망 어려우니 이사하면 어떠한가?"

"매사를 가장 하라는 대로 하지요."

"당연한 말이로세. 동리 남에게 빚이나 없나?"

"내가 줄 것 조금 있소."

"얼마나 되나?"

"뒷동리 높은 주막에 가 해정주 한 값이 마흔 냥."

심 봉사 어이없어, "잘 먹었다. 또 어데?"

"저 건너 불똥이 함씨에게 엿값이 서른 냥."

"잘 먹었다. 또."

"안촌 가서 담뱃값이 쉰 냥."

"이것 참 잘 먹었네."

"기름 장사한테 스무 냥."

"기름은 무엇 했나?"

"머릿기름 했지."

심 봉사 기가 막혀 하도 어이없어, "실상 얼마만큼 아니 되네".

"고까짓 것 무엇이 많소?"

한참 이렇듯 문답하더니 심 봉사는 그 재물을 생각할 적이면 그 딸의 생각이 더욱 뼈가 울리며 간절한지라. 여광여취如狂如醉[102]한 듯 홀로 뛰어나와 심청 가던 길을 찾아 강변에 홀로 앉아 딸을 불러 우는 말이, "내 딸 심청아, 너는 어이 못 오느냐. 인당수 깊은 물에 네가 죽어 황천 가서 너의 모친 뵈옵거든 모녀간의 혼이라도 나를 어서 잡아가거라”.

이렇듯이 낙루할 때, 관차官差[103]가 심 봉사 강두에서 운단 말을 듣고 강두로 쫓아와서, “여보, 봉사, 관가님께서 부르시니 어서 바삐 가옵시다”.

심 봉사 이 말 듣고 깜짝 놀라, “나는 아무 죄가 없소”.

“황성에서 맹인님 불러올려 벼슬을 주고 좋은 가택을 많이 준다 하니, 어서 급히 관가로 갑시다.”

심 봉사 관차 따라 관가에 들어가니 관가에서 분부하되, “황성 맹인 잔치 한다니 어서 급히 올라가라”.

심 봉사 대답하되, “옷 없고 노자 없어 황성 천리 못 가겠소”.

관가에서도 심 봉사 일을 다 아는지라 노자를 내어주고 옷 일습 내어주며 어서 바삐 올라가라 하니, 심 봉사 하릴없어 집으로 돌아와 마누라를 부른다.

“뺑덕이네.”

뺑덕 어미는 심 봉사가 홧김에 물에 빠진 줄 알고 남은 살림 내 차지라고 속으로 은근히 좋아하더니 심 봉사가 들어오니까 급히 대답하되, “네, 네”.

“여보게, 마누라, 오늘 관가에 갔더니 황성서 맹인 잔치를 한다고 날더러 가라 하니 내 갔다 올 터이니 집안을 잘 살피고 나 오기를 기다리시오.”

“여필종부라니 가군 가는데 내 아니 갈까? 나도 같이 가겠소.”

“자네 말이 하도 고마우니 같이 가볼까? 건넛말 김 장자에게 돈 삼백 냥 맡겼으니 그 돈 중에 오십 냥 찾아 가지고 가세.”

“애그, 봉사님, 딴소리하네. 그 돈 삼백 냥 벌써 찾아 이달의 살구값으로 다 없앴소.”

심 봉사가 기가 막혀, “삼백 냥 찾아온 지 며칠 아니 되어 살구값으로 다 없앴단 말이야?”

“고까짓 돈 삼백 냥을 썼다고 그같이 노여워하나?”

“네 말하는 꼴 들어본즉 귀덕이네 집에 맡긴 돈도 또 썼겠구나.”

뺑덕 어미 또 대답하되, “그 돈 백 냥 찾아서는 떡값, 팥죽값으로 벌써 다 썼소”.

심 봉사 더욱 기가 막혀, “애고, 이 몹쓸 년아, 천출 대효 내 딸 심청이 인당수에 망종 갈 때 사후에 신세라도 의탁하라 주고 간 돈, 네년이 무엇이라고 그 중한 돈을 떡값, 살구값, 팥죽값으로 다 녹였단 말이냐?”

“그러면 어찌하여요? 먹고 싶은 것 안 먹을 수 있소?”

뺑덕 어미가 살망을 푸이며[104], “어쩐 일인지 지난달에 몸 구실[105]을 거르더니, 신 것만 구미에 당기고 밥은 아주 먹기가 싫어요”.

그래도 어리석은 사내라 심 봉사 이 말을 듣고 깜짝 놀라, “여보게, 그러면 태기가 있나베. 그러하나 신 것을 많이 먹고 그 애를 나면 그놈의 자식이 시큰둥하여 쓰겠나? 남녀 간에 하나만 낳소. 그도 그러려니와 서울 구경도 하고 황성 잔치 같이 가세”.

이렇듯 말하며 행장을 차릴 적에, 심 봉사 거동 보소. 제주 양태[106], 굵은 베로 중추막에 목전대 둘러 띠고, 노수路需[107] 냥을 보에 싸서 어깨 너머 둘러메고, 소상 반죽瀟湘斑竹 지팡이를 왼손에 든 연후에, 뺑덕 어미 앞세우고 심 봉사 뒤를 따라 황성으로 올라간다. 한곳을 다다라서 한 주막에서 자노라니, 그 근처에 황 봉사라 하는 소경이 뺑덕 어미 잡것인 줄 인근 읍에 자자하여 한번 보기를 원하였는데, 뺑덕 어미네가 으레 그곳 올 줄 알고 그 주인과 의론하고 뺑덕 어미를 유인할 제 뺑덕 어미 속으로 생각하되, ‘심 봉사 따라 황성 잔치 간다 해도 눈뜬 계집이야 참예도 못할 터이요, 집으로 가자니 외상값에 졸릴 테니 집에 가 살 수 없은즉, 황 봉사를 따라갔으면 일신도 편코 한철 살구는 잘 먹을 터이니 황

봉사를 따라가리라'.

심 봉사의 노자 행장까지 도적해 가지고 밤중에 도망을 하였더라.

불쌍한 심 봉사는 아무것도 모르고 식전에 일어나서, "여보소, 뺑덕 어미, 어서 가세. 무슨 잠을 그리 자나".

말을 한들 수십 리나 달아난 계집이 대답이 있을 수 있나.

"여보소, 마누라."

아무리 하여도 대답이 없으니 심 봉사 마음에 괴이하여 머리털을 더듬은즉 행장 노자 싼 보가 없는지라. 그제야 도망한 줄 알고, "애고, 이 계집 도망하였나?"

심 봉사 탄식한다.

"여보게, 마누라, 나를 두고 어데 갔나? 나도 가세, 마누라, 나를 두고 어데 갔나? 황성 천리 먼먼 길을 누구와 함께 동행하며 누구를 믿고 가잔 말인가. 나를 두고 어데 갔나? 애고 애고, 내 일이야."

이렇듯이 탄식하다가 다시 생각하고, "아서라, 그년 생각하니 내가 잡놈이다. 현철하신 곽씨 부인 죽는 양도 보았으며, 출천 대효 내 딸 심청 생이별도 하였거든, 그 망할 년을 다시 생각하면 내가 또 잡놈이다. 다시는 그년을 생각하여 말도 아니하리라".

그래도 또 못 잊어, "애고, 뺑덕 어미" 부르며 그곳에서 떠났더라.

외로운 나그네로 그렁그렁 가노라니 때는 마침 오뉴월 더운 때라 무더위는 불같은데 비지땀 흘리면서 한곳에 당도하니 희맑은 시냇가에 멱 감은 아이들이 저희끼리 재담하며 물소리를 내는지라 심 봉사, "에라, 나도 목욕이나 하여야겠다".

고의적삼[108] 활활 벗고 시냇물에 들어앉아 목욕을 한참 하고 물가로 나오면서 옷을 찾아 더듬으니 심 봉사보다 더 궁한 도둑놈이 집어 들고 달아났다.

벌거벗은 알봉사가 불같이 따가운 볕에 땀을 뻘뻘 흘리면서 홀로 앉아 탄식한들 그 뉘가 옷을 주랴?

그럴 즈음 무릉 태수 황성 갔다 오는 길에 벽제 소리 요란하다.

벌거벗은 알봉사가 불두덩만 감싸 쥐고 소리친다.

"아뢰어라! 아뢰어라! 급창아, 아뢰어라! 황성 가는 봉사다. 진정陳情[109]차로 아뢰어라."

행차가 머물렀다.

"소맹은 황주 도화동에 사는데, 맹인 잔치에 가다가 하도 덥기로 이 물가에서 목욕하던 사이에 의복과 행장 일체를 잃었으니 세세히 두루 찾아주시오."

옷을 얻어 입고 심 봉사가 겨우 황성에 당도하니 각도 각읍 소경들이 들거니 나거니로 객사마다 들끓었다. 소경이란 소경들은 장안에 그득하니 눈이 성한 사람마저 병신으로 보였다. 분부받은 군사들이 푸른 영기슈旗[110] 둘러메고 골목 골목 두루 돌며 큰소리로, "각도 각읍 소경님네, 맹인 잔치 끝막이니 바삐 가서 참례하오" 알리며 자나가매, 객사에서 한숨 쉬던 심 봉사 바삐 떠나 대궐로 찾아드니 수문장이 좌기하고 낱낱이 오는 소경 점고하여 들이었다.

이때에 심 황후는 나날이 오는 소경들의 거주 성명을 받아보나 목을 늘여 고대하는 부친 성명 없는지라 눈물 흘리며 탄식했다. 3천 궁녀 시위하니 크게 울지 못하고 옥 난간에 나앉아서 문설주에 옥면을 대고 혼잣말로, "불쌍하신 우리 부친 세상에 사셨나, 죽으셨나? 부처님이 영검하여 그동안에 눈을 떠서 맹인 잔치 빠지셨나? 당년 칠십 노환으로 병이 들어 못 오시나? 오시다가 멀고 먼 길 노중에서 무슨 낭패 보셨는가? 이 몸이 살아나서 귀하게 되었음을 아실 리가 만무하니 안타깝고 원통하다".

이렇듯 탄식하는데, 이윽고 모든 소경들이 궁중으로 들어와서 벌려 앉거늘 말석에 앉은 소경을 유심히 바라보니 머리는 백발이나 귀밑에 검은 때가 있는 것이 부친이 분명했다.

심 황후는 시녀를 불러 분부한다.

"저기 앉은 늙은 소경 이리로 데려와서 거주 성명을 아뢰게 하라."

심 봉사는 더듬더듬 일어나서 시녀를 좇아 조심조심 탑전榻前[111]으로 들어가서, "소생은 본래 황주 도화동에 거주하는 심학규라 합니다. 이십에 소경이 되고 사십에 상처하여 강보에 싸인 딸을 동냥젖을 얻어먹여 근근히 키워내어 십오 세가 되었는데 이름은 심청이요, 효성이 지극하였습니다. 그것이 밥을 빌어 연명하며 살아갈 때 몽운사 부처님께 공양미 삼백 석을 지성으로 시주하면 감은 눈을 뜬다기로 남경 장사 선인들께 공양미를 얻으려고 아주 영영 팔려 가서 인당수에 죽었으나 딸만 죽고 눈 못 뜨니 몹쓸 놈의 팔자소관 진작 죽자 하다가 탑전에서, 세세한 연유를 낱낱이 아뢰고 죽어 갈 모양으로 불원천리 왔습니다".

원통한 신세 사연을 낱낱이 아뢰고 엎어져 백수풍진白首風塵[112] 고루 겪은 두 눈에서 피눈물이 흐르더니, "애고, 내 딸 청아!" 땅을 치고 통곡함을 마지않았다.

심 황후는 이 말을 들으시매 말을 다 마치지도 아니하여 눈에서는 피가 돋고 뼈는 녹는 듯하기에 부친을 부축하여 일으켰다.

"애고, 불쌍한 아버지! 어서 눈을 떠서 나를 보소서."

이 말을 들은 심 봉사가 어찌나 반갑던지, "으흐흐! 이게 웬일인고? 출천 대효 내 딸 청이 살았다니 그게 웬 말이냐? 내 딸이면 어디 보자!"

흰 구름이 자욱하며 청학, 백학, 난봉, 공작이 운무 중에 오고가며 심 봉사의 머리 위로 안개마저 서리며, 심 봉사의 두 눈이 번쩍 뜨이매 천지 일월 밝아진다.

심 봉사 마음에 흐뭇하나 어찌할 바 모르면서 큰 소리를 질렀다.

"에구머니! 애고, 어쩐 일로 양쪽 눈이 환하더니 온 세상이 허전하구나! 감았던 눈 번쩍 뜨니 천지 일월 반갑도다!"

딸의 얼굴 쳐다보니 칠보화관七寶花冠[113]이 황홀하여 뚜렷하고 어여쁘다.

심 봉사는 그제야 눈뜬 줄을 알아차려 사방을 둘러보니 형형색색 반갑도다. 어찌나 반갑던지 심 봉사는 와락 달려들었다.

"이분이 누구뇨? 갑자 시월 초파일날 꿈에 보던 얼굴일세. 음성은 같다마는 얼굴은 초면일세. 허허, 세상 사람들아, 고진감래 흥진비래興盡悲來[114]는 나를 두고 한 말일세. 얼씨구절씨구, 지화자 좋을씨구! 어두컴컴한 빈 방 안에 불 켠 듯이 반가우며 산양수山陽水 큰 싸움에 조자룡 본 듯 반갑도다! 어둡던 두 눈 뜨니 황성 대궐이 웬 말이며, 궁중을 살펴보니 내 딸 청이 황후라니 이는 천만뜻밖일세! 창해 만 리 먼 길 떠나 인당수에 죽은 몸이 한세상에 황후 되고 사십여 년 긴긴 세월 앞못 보던 내 두 눈을 홀연히 다시 뜨니 이는 모두 옛글에도 없는 일. 허허, 세상 이런 말을 들었는가? 얼씨구절씨구, 지화자 좋을씨구! 이런 경사 어디 있나? 칠십 평생 처음일세!"

심 황후도 진심으로 기뻐하며 부친 손을 이끄시고 삼천 궁녀 옹위하여 내전으로 들어가니 황제 또한 기꺼움을 못 이기며 소경 아닌 심학규를 부원군에 봉하시고 저택이며 전답이며 남녀 종을 내리셨다.

심 부원군이 선영과 곽씨 부인 산소에 영분營墳[115]을 한 연후에 황성 올라오다 중로에서 인연 맺은 안씨 맹인을 맞아들여 그에게서 칠십에 생남하고, 심 황후의 어진 성덕 천하에 가득하니 만백성들 천세, 만세를 부른다. 그리하여 만백성이 심 황후를 본받으니 효자 열녀가 곳곳에서 나왔다.

저자 소개

작자와 연대를 알 수 없는 판소리계 소설이다. 일명 '심청왕후전'이라고도 하며 2권 1책으로 되어 있다.

이 작품은 전래하던 민담과 불교 설화가 조선조 숙종 이후에 한글소설로 만들어진 듯하다. 가장 대표적인 효녀소설이기도 하다.

이본으로 국문본 3종이 있고, 한문본 2종이 있다. 전주 토판이 원본에 가까운 운문체로 되어 있다. 이해조의 《강상련》과 여규형의 《잡극 심청왕후전》, 신재효의 판소리, 〈심청가〉 등도 있다.

주제

눈먼 아버지에 대한 딸의 희생적인 효도

작품 해설

이 작품은 사람을 제물로 바치던 원시 신앙이 오랜 시일을 두고 변형되어 조선 후기 판소리계 소설로 정착된 것으로 보인다. 죽음과 환생을 인과율로 묶어 행·불행의 순환을 보여줌으로써 한국적 의식과 정서에 바탕을 두었다고 하겠다.

오랫동안 일반 서민의 심성이 작품으로 굳어진 〈심청전〉에는 〈숙향전〉의 구절이 나오기도 하고, 《대전통편大典通編》에 관한 이야기가 나오기도 한다.

이 소설의 주제를 흔히 불교적 각도에서 인과응보로 보기도 하나, 동양 사상을 바탕으로 하여 심청의 지극한 효성을 그린 것은 유교적 윤리관이 주제라고 할 수 있을 것이다. 한편 인도의 불교 설화인 전동자 설화, 관음사의 연기 설화 등이 근원 설화다. 이러한 불교적인 개안開眼 설화가 우리 고유의 효녀 설화와 합쳐져 장엄한 고전이 되었다.

줄거리

황주 도화동에 심학규라는 사람이 살았는데, 소년 시절에 그만 눈이 멀었다. 그러나 그의 부인 곽씨는 현숙하여 마을 사람들이 모두 칭찬하였다.

그들 슬하에 혈육이 없어 온갖 정성을 다해 아이를 낳고 보니 딸이었다. 그러나 곽씨 부인은 산후 처리를 잘못하여 그만 세상을 뜨고 말았다. 심 봉사는 할 수 없이 동네 사람들의 도움을 받아 아기를 키워냈다.

동네 젖을 얻어먹여 키운 심청이 나이 15세가 되자, 인물이 빼어나고 재질이 비범해 장 승상댁으로 불려 갔다. 날이 저물도록 심청이 돌아오지 않자 심 봉사는 딸을 찾아 나서다가 개천물에 빠지고 만다. 이를 구해준 몽운사 화주승이 공양미 300석을 부처님께 올리면 눈을 뜰 것이라고 하자, 심 봉사는 엉겁결에 약속을 해 버린다.

남몰래 고민하는 아버지의 사정을 알게 된 딸 심청은 아버지의 눈을 뜨게 하기 위해 뱃사람들에게 쌀 300석에 팔려 간다. 뱃길 인당수에 몸을 던진 심청은 용궁에서 어머니를 만나고, 용왕의 도움으로 연꽃 속에 인도되어 천자의 황후가 된다.

한편 심 봉사는 고약한 뺑덕 어미를 만나 재산을 모두 빼앗긴다. 어느 날, 심 봉사는 황성에서 맹인 잔치가 열린다는 말을 듣고 우여곡절 끝에 황성에 당도한다. 심 황후가 소경들 중에서 마침내 심 봉사를 찾아내고, 자신이 물에 빠진 딸 심청이라고 말하자 심 봉사는 두 눈을 번쩍 뜬다. 이후 심학규는 행복한 삶을 보낸다.

일반적으로 고대 소설이 주인공을 귀족계급으로 설정하는 데 반하여, 이 작품에서는 하층계급을 주인공으로 하는 것이 특징이다. 우리의 고대 소설은 대부분이 유교의 가르침을 기반으로 하는데, 심청의 효도와 춘향의 정절과 흥부의 우애가 그것이다.

재미있는 것은, 이 작품이 여성들에게 많이 읽혔다는 것이다. 신분이 낮은 사람이 귀인이 되고 평민이 왕후가 될 수도 있다는 여성의 동경과 야망을 대리 충족하기 때문이다. 그러기에 〈심청전〉은 〈춘향전〉과 아울러 조선 여성들의 이상을 그린 작품이라고도 하겠다.

이 소설의 주제가 비극적이면서도 소재나 분위기는 희극적인 특성을 갖는다. 이와 비슷한 설화가 중국과 일본 등지에도 전한다. 이 소설의 무대인 황주는 황해도 황주라고 하는 사람도 있는데, 소설의 내용이 우리 것이라서 그럴 것이다. 그러나 심청이 황후가 되었다는 등의 문장으로 보아 중국 호북성의 황주로 보인다.

비교 작품

비슷한 설화로 인도의 전동자 설화와 전라도 성덕산 관음사의 연기 설화가 있다. 또한 《삼국사기》의 연권녀, 효녀 지은 설화와 《삼국유사》의 거타지居陀知, 빈녀양모貧女養母 설화 등이 결합돼 신화에서 설화로, 설화에서 소설로 발전한 것이다. 효행 소설로는 〈장한절효기〉가 있다.

1 대대로 번창하고 문벌이 좋은 집안.

2 하나하나의 동정.

3 혼인과 상을 치르는 등 인륜지대사.

4 무게 단위. 한 돈은 한 냥의 10분의 1이고, 한 푼의 열 배.

5 무게 단위일 때는 한 근의 열 배. 혹은 엽전을 묶어 세던 단위로 엽전 열 냥.

6 철마다 사당에 지내는 집안 제사.

7 바깥주인과 안주인, 부부.

8 제사.

9 상서로운 기운.

10 노을로 만들어진 옷.

11 계수나무 꽃.

12 중국 신화에 나오는 선녀.

13 도교에서 노자를 신격화하여 일컫는 말.

14 토지를 맡아 다스린다는 여신.

15 '아이고'의 준말.

16 목숨의 한도.

17 아침저녁으로 음식을 줌.

18 의지할 데가 도무지 없음.

19 굶주리고 헐벗음.

20 관복과 허리띠.

21 관복 앞뒤 배부분에 수놓은 장식.

22 몸을 아끼길 당부함.

23 매달아서 길게 늘이는 물건. 드리개.

24 시체를 묻고 봉분을 만든 뒤 지내는 제사.

25 빈 산에 밤에 달이 뜬 풍경.

26 갈가마귀가 게 발을 물어왔으나 단단해서 먹지 못하고 산에다 버린 것처럼, 아무도 거들떠보지 않는 외로운 처지를 뜻함.

27 여러 번 절을 함.

28 음력 초하룻날과 보름날. 상을 치르는 중에 매달 초하룻날과 보름날 아침에는 제사를 지낸다.

29 나라 안에서 가장 아름다운 여자.

30 황제가 있는 서울.

31 과거에 여성에게 필요하다고 여긴 재주. 길쌈이나 바느질, 음식 등.

32 돌아보지 않다. '불구하다'는 이 말의 오기.

33 돌아다니며 시주를 받아 절에 공양을 대는 승려.

34 아홉 마디가 진 승려가 짚는 대지팡이.

35 신자들에게 보시를 청하는 글.

36 정화수를 떠놓은 소반.

37 신명이 제물을 받음.

38 매우 먼 뱃길.

39 이 마을.

40 매우 가난함.

41 뱃사람.

42 억울하거나 원통하여 가슴이 답답하여.

43 서로 약속함.

44 어쩔 수 없는 상황 때문에 그렇게 할 수밖에 없음.

45 사람의 목숨이 끊어지는 때. 혹은 일의 마지막.

46 밤을 다섯으로 나눴을 때 셋째 부분. 밤 11~1시.

47 정하기 어려움.

48 손발이 잘린 것과 같음.

49 맨손과 홀몸. 재산도 없고 의지할 데도 없는 외로운 몸.

50 초상이 난 뒤 마칠 때까지 치르는 온갖 일이나 예식.

51 죽은 지 1년 만에 지내는 소상과 2년 만에 지내는 대상.

52 현격하게 다름. 또는 거리가 멀어서 동떨어져 있음.

53 해가 진다고 하는 서쪽의 큰 연못.

54 해가 뜨는 동쪽 바다에 있다는 중국 전설 속 큰 나무.

55 생선을 소금에 절여 만든 반찬감. 또는 그것을 굽거나 쪄서 만든 반찬.

56 말이나 행동이 형편이나 조리에 맞는 데 없이.

57 꿈에 나타나는 길흉의 징조.

58 슬피 울며 두 번 절함.

59 남녀가 짝을 지음. 배필을 정함.

60 도움을 줄 만한 아주 가까운 친척. 강근지족.

61 허물을 들추어 흉봄.

62 사궁의 첫째, 늙은 홀아비를 이른다. 사궁은 늙은 홀아비, 늙은 홀어미, 부모 없는 어린아
    이, 자식 없는 늙은이를 통틀어 이르는 말.

63 조선시대에 《경국대전》, 《대전속록》, 《대전후속록》, 《수교집록》, 《속대전》을 한데 모은 책.

64 한 마을이나 단체의 우두머리.

65 동네 안.

66 양식.

67 여러 사람의 이름을 적어 차례로 돌려보는, 통지하는 문서.

68 죽은 뒤에도 은혜를 잊지 않고 갚음. 중국 춘추시대 진나라의 위과란 사람이 아버지가 죽은
    뒤 순장당하지 않게 새어머니를 개가시켰는데, 나중에 전쟁터에서 새어머니의 아버지의 혼
    이 적군의 발에 풀을 묶어 적을 넘어뜨려 위과가 공을 세울 수 있도록 했다는 고사에서 유래
    한 말.

69 화가.

70 증거로 삼을 만한 경험. 또는 시험해본 효험.

71 근심스러운 기색.

72 운명과 재수를 아울러 이르는 말.

73 설탕을 넣고 조려서 만든 음식, 사탕 따위를 일컫는 말.

74 중국 고대의 전설 속 제왕. 처음으로 곡식을 재배하는 법을 가르치고 문자와 도량형 등을 정

했다고 한다.

75 중국 하나라 우임금.

76 서울을 중심으로 한 다섯 지방.

77 중국 고대에 전국을 나눈 9개의 주.

78 장사하는 사람.

79 바람 신.

80 바다 신.

81 민간 신앙에서, 산이나 들에서 음식을 먹을 때나 굿을 할 때, 귀신에게 먼저 바친다는 뜻으로 음식을 조금 떼어 던지는 일.

82 살아 있을 때는 멀리 떨어져 있고 죽어서는 영원히 헤어짐.

83 늦은 봄. 음력 3월.

84 제물을 받아서 드시기를 원하는 뜻으로, 축문의 맨 끝에 쓰는 말.

85 예전에 열두 시각으로 나눈 중 일곱 번째 시. 오전 11시에서 오후 1시까지.

86 중국의 기묘한 이야기를 담은 《술이기述異記》에 기록된, 수정으로 장식된 화려한 궁전. 주로 용왕이 살았다는 용궁이라고 전해진다.

87 철갑을 두른 여러 장수. 여기서는 게나 조개처럼 딱딱한 껍질을 가진 생물을 가리킨다.

88 3일마다 작은 잔치를, 5일마다 큰 잔치를 벌이며 매일같이 잔치를 베풂.

89 붉은 계수나무 꽃.

90 푸른 복숭아 꽃.

91 하늘에서 내리신 큰 효.

92 선경에서 벼슬살이를 하는 신선.

93 아름다운 꽃과 풀.

94 삼정승과 육조판서. 모든 고위 관직자를 일컫는다.

95 하늘. 하느님.

96 조정의 중대한 예식. 혼례의 큰 예식.

97 귀부인이 타던 가마.

98 여러 고을.

99 황후가 머무는 곳. 황후.

100 사람 가운데 제일 못난 사람.

101 부부 금슬.

102 미친 듯도 하고, 취한 듯도 함.

103 관아에서 파견하던 아전.

104 변명을 늘어놓으며, 구차하게 해명하며.

105 마땅히 할 것. 여기서는 생리.

106 갓모자의 둘레로 둥글넓적한 부분.

107 먼 길을 떠나 오가는 데 드는 비용. 노자.

108 여름에 입는 홑바지와 저고리.

109 사정을 설명함.

110 군령을 전하는 데 쓰던 깃발.

111 왕의 자리 앞.

112 흰머리와 시련.

113 칠보로 꾸민 화관. 대례복에 갖춰 쓴다.

114 즐거운 일이 다하면 슬픈 일이 닥쳐온다는 말로, 세상일은 돌고 돈다는 뜻.

115 과거에 급제하거나 새로 벼슬한 사람이 그 향리의 조상 묘를 찾아가 풍악을 연주하며 그 영예를 받들어 고하던 일.

양반전 兩班傳

박지원

양반이란 사족土族[1]을 높여서 부르는 말이다.

강원도 정선 고을에 한 양반이 살고 있었다. 그는 성품이 무척 어질고 글 읽기를 매양 좋아했다.

이 고을에 새로 부임해 오는 군수는 으레 이 양반을 먼저 찾아보고 그에게 두터운 경의를 표하는 것이 통례로 되어 있었다. 그러나 워낙 집이 가난해서 관곡官穀[2]을 꾸어 먹은 것이 여러 해 동안에 1천 석이나 되었다. 어느 때 관찰사[3]가 그 고을을 순행하게 되었다. 관곡을 조사해보고 난 관찰사는 몹시 노했다.

"어떤 놈의 양반이 군량에 쓸 곡식을 축냈단 말이냐."

이렇게 호통을 치고 나서 그 양반이란 자를 잡아 가두라고 했다.

명령을 받은 군수는 속으로 그 양반을 무척 불쌍히 여겼다. 하지만 갚을 방도가 없으니 어찌하랴. 차마 잡아다가 가둘 수도 없고 상사의 명령에 복종하지 않을 수도 없어 일이 매우 딱하게 되었다.

이 지경에 이른 양반은 밤낮으로 울기만 할 뿐, 아무런 대책도 세울 수 없었다. 그 아내가 남편에게 푸념을 했다.

"당신이 평생 앉아서 글만 읽더니 이제 관곡을 갚을 방도도 없게 되었구려. 에이! 더럽소. 양반, 양반 하더니 그 양반이란 것이 한 푼 값어치도 못 되는 것이로구려."

그 마을에는 부자 한 사람이 살고 있었다. 양반이 봉변을 당하게 된 내력을 듣고 집안끼리 의논이 벌어졌다.

"양반이란 아무리 가난해도 항상 존귀하고 영화스러운 것. 나는 아무리 돈이 많아도 항상 비천을 면치 못한단 말이야. 말을 한번 타보지도 못하고, 양반만 만나면 쩔쩔매고 코를 끌고 무릎으로 기어야 하니 참으로 더러운 일이란 말이야. 그런데 지금 양반이 관곡을 못 갚아서 군색을 당하게 되었다니, 이제는 그 양반을 지탱할 수가 없을 거야. 그러니 내가 그 양반을 사서 행세하는 게 어떻겠는가."

의논을 매듭지은 부자는 즉시 양반을 찾아가서, 자기가 관곡을 갚겠노라고 자청했다. 양반은 몹시 기뻐했다. 약속대로 부자가 관청에 나가 그 관곡을 모두 갚아주었다.

군수는 영문을 모르고 깜짝 놀라 양반을 찾아 까닭을 물었다. 양반은 벙거지를 쓰고 잠방이 바람으로 땅에 엎드려 쩔쩔매면서 '소인', '소인' 하고 자기를 낮추고 감히 군수를 쳐다보지도 못했다. 군수는 더욱 놀라서 양반을 붙들어 일으키면서 말했다.

"이게 어찌 된 일이요. 대관절 왜 이러는 거요?"

그러나 양반은 더욱 황송해하면서 머리를 조아리고 엎드린 채 말했다.

"황송하옵니다. 소인이 양반을 팔아서 관곡을 갚은 것이옵니다. 하오니 이제부터는 저 건너 부자가 양반입니다. 소인이 어찌 다시 옛 모양으로 거만하게 굴 수가 있겠습니까?"

듣고 나서 군수는 감탄하였다.

"참 군자고 양반이오그려, 그 부자란 사람은! 부자가 되었으면서도 인색하지 않으니 이것은 의리가 있는 것이요, 남의 어려운 일을 자기 일처럼 급하게 여겼으니 이것은 어진 것이요, 낮은 것을 미워하고 높은 것을 사모하니 이는 지혜가 있는 것입니다그려. 이 사람이야말로 참으로 양반이로군요. 그렇지만 양반을 사사로이 두 사람이서만 매매하고 아무런 증서도 만들지 않고 보면 후일에 반드시 소송이 일기 쉽소. 그러니 내가 고을 사람을 모아놓고 증인을 서주고 증서도 만들어야만 모든 사람들이 신용할 게요. 그리고 군수인 내가 서명을 해주겠소.”

이렇게 되어 군수는 마침내 고을 안에 사는 모든 양반들을 불렀다. 그 밖의 농사꾼, 공장工匠4, 장사치까지 모두 모이라 했다.

부자는 오른편 높직한 자리에 앉히고, 양반은 뜰 밑에 세워놓았다. 그러고는 증서를 만들어 읽었다.

“건륭乾隆5 10년 9월에 이 증서를 만든다. 양반을 팔아서 관곡을 갚았으니 그 값이 곡식으로 천 석이나 된다. 원래 양반에는 여러 가지가 있다. 글만 읽는 것은 선비요, 정치에 종사하면 대부라 하고, 덕이 있는 자는 군자라고 한다. 무반은 서쪽에 서고 문반은 동쪽에 선다. 그래서 이것을 양반이라고 한다. 이 중에서 너는 맘대로 고르면 된다. 절대로 비루한 일은 하지 말아야 하고, 옛사람을 본받아 그 뜻을 숭상해야 할 것이다. 새벽 오경이면 일어나 촛불을 돋우고 앉아서 눈으로는 코끝을 내려다보고 무릎을 꿇어 발꿈치는 궁둥이를 받친다.《동래박의東萊博議6를 마치 얼음 위에 박을 굴리듯이 술술 외워야 한다. 배가 고픈 것을 참고 추운 것도 견디어내며 입으로 가난하단 말을 하지 않는다. 이를 마주 부딪치면서 뒤통수를 주먹으로 두드리고 작은 기침에 입맛을 다신다. 소맷자락으로 관을 쓸어서 쓰는데, 먼지 터는 소맷자락이 마치 물결이 이는 듯해야 한다. 손을 씻을 때 주먹을 쥐고 문지르지 말며 양치질을 해서 냄새가 나지 않게 한다. 긴 목소리로 종을 부르고 느린 걸음걸이로 신을 끈다.《고문진보古文眞

寶》[7]나 《당시품휘唐詩品彙》[8]를 베끼는데, 깨알처럼 글씨를 잘게 한 줄에 백 자씩 쓴다. 손으로 돈을 만지지 않고 쌀값을 묻는 법이 없다. 아무리 더워도 버선을 벗지 않고, 밥을 먹을 때 맨상투 바람으로 먹지 않는다. 밥 먹을 때에는 먼저 국부터 마시지 말고 넘어가는 소리를 내지 않는다. 젓가락을 방아 찧듯이 자주 놀리지 않고 날파를 먹지 않는다. 술을 마실 때 수염을 빨지 않고, 담배를 피울 때 볼이 부르도록 연기를 들이마시지 않는다. 아무리 화가 나도 아내를 때리지 않고, 노여운 일이 있다고 해도 그릇을 던지지 않는다. 주먹으로 아이들을 때리지 않고, 종놈을 '죽일 놈'이라고 꾸짖지 않는다. 소나 말을 나무랄 때에 그 주인은 욕하지 않는다. 화로에 손을 쬐지 않고, 말할 때 침이 튀지 않게 한다. 소를 잡아먹지 않고, 돈 놓고 노름을 하지 않는다. 이러한 백 가지 행동이 만일 양반과 틀릴 때에는 이 문서를 가지고 관청에 가서 고치게 할 것이다."

이렇게 쓰고 성주城主[9] 정선 군수가 수결[10]을 하고, 좌수와 별감도 모두 서명을 했다. 이것이 끝나자 통인通引[11]이 도장을 내다가 여기저기 찍었다. 그 소리는 마치 큰북을 치는 소리와 같았고 찍어놓은 모양은 별들이 벌여 있는 것 같았다.

이것을 호장戶長[12]이 다 읽고 나자 부자는 좋지 않은 안색으로 한참 생각하다가 말했다.

"양반이란 겨우 이것뿐입니까. 내가 듣기에 양반은 신선과 같다던데 겨우 이것뿐이라면 별로 신통한 맛이 없군요. 더 좀 좋은 일이 있도록 고쳐주십시오."

이에 군수는 문서를 고쳐 다시 썼다.

"하늘이 이 백성을 낼 때, 네 종류의 백성을 만들었다. 이 네 가지 백성 중에 가장 귀한 것이 선비요, 이것을 양반이라 하는데 이보다 더 좋은 것은 없다. 농사도 짓지 않고 장사도 하지 않아도 된다. 글만 조금 하면 크게는 문과로 나가게 되고 작아도 진사는 된다. 문과의 홍패紅牌[13]라는 것은 크기가 두 자도 못 되지만, 여기에는 백 가지 물건이 갖추어져 있다. 이것을 돈자루라고 부른다. 진사는 나이 삼십에 초사를 해도 이름이 나고 딴 모든 벼슬도 할 수가 있다. 귓머리는 일산日傘[14] 바람에 희고, 배는 종놈들의 '예!' 하는 소리에 부른다. 방에는 기생이나 앉혀두고, 뜰에 서 있는 나무에는 학을 친다. 궁한 선비가 되어 시골에 살아도 자기 맘대로 할 수가 있으니, 이웃집 소를 가져다가 자기 밭 먼저 갈고, 마을 사람을 불러다가 내 밭 먼저 김매게 한다. 이렇게 해도 어느 누구도 욕하지 못한다. 잡아다가 잿물을 코에 들이붓고 상투를 잡아매어 벌을 준대도 아무도 원망하지 못한다."

부자는 그 증서를 받자 혀를 내밀어 보이면서 말했다.

"제발 그만두시오, 맹랑합니다그려. 나를 도둑놈으로 만들 작정이시오?"

이렇게 말하고 부자는 머리를 손으로 싸고서 달아나버렸다. 그러고는 죽을 때까지 다시는 '양반'이란 말을 입 밖에 내지 않았다.

양반전兩班傳

| 작가 소개와 작품 해설 |

저자 소개

박지원朴趾源, 1737~1805은 조선조 22대 정조 때의 문신이자 실학자로, 자는 중미仲美요, 호는 연암燕巖이다. 본은 반남이며, 한양에서 박사유의 아들로 태어나 영양 부사를 지내기도 했다.

정조 4년 진하사進賀使 박명원의 수행원으로 청나라에 다녀와 견문을 정리한《열하일기熱河日記》를 저술하였다. 유려한 문장과 진보적 사상으로 이름을 떨쳤고, 실학파의 우두머리이기도 했다. 당시의 여당인 노론 집안에 태어났으나 전통적인 의식을 버리고 새로운 혁신을 부르짖으며 이국의 문물을 받아들이자고 주장했다.

지금까지 한문으로 된 단편소설 12편이 전하는데 〈허생전〉, 〈양반전〉, 〈호질〉 등이 우수한 작품으로 손꼽힌다. 당시 허세만 앞세우던 양반들의 무능함을 꼬집은 작품이다. 문집으로는《연암집》이 있다. 그 별집인《방경각외전放璚閣外傳》에 실려 있는 〈양반전〉 역시 한문 단편소설로, 저작 연대는 정확히 알 수 없지만 초기 작품으로 추정한다.

주제

양반들의 경제적 무능과 위선적인 생활 폭로

작품 해설

　조선 후기에 들어 명분보다 실리를 추구함에 따라 문학에서도 삶의 진솔한 문제를 다루기 시작했다. 〈양반전〉은 당시의 현실을 날카롭게 풍자하면서, 양반과 사대부 계층의 문제를 검토하려는 의도에서 쓰인 것이다. 시대적 흐름을 반영하여 몰락하는 양반과 부상하는 평민을 등장시킨 해학적인 작품이다.

　무능한 양반과 부자가 된 평민 사이에서 이루어진 양반 매매 사건을 소재로 다룬다. 따라서 이 작품에 나오는 양반은 조선시대의 사회적 모순을 안고 있는 전형적인 양반의 모습이다.

　교묘하고 익살스러운 표현이 속되다는 이유로 당대에 많은 비난을 받기는 했지만, 그러한 표현 때문에 지금은 문학적 가치를 더 높게 인정받고 있다.

줄거리

　강원도 정선 고을에 한 양반이 살고 있었다. 그는 어질고 글 읽기를 좋아하여 군수가 부임하면 반드시 그를 찾아가 예를 표했다.

　그러나 집이 가난하여 해마다 관곡을 꾸어 먹은 것이 여러 해가 거듭되어 그 양이 1천 석에 이르렀다. 관찰사가 이 고을 환곡을 조사하고는, 군수로 하여금 관곡을 축낸 그를 투옥하라고 명령했다. 군수가 양반의 형편을 잘 아는지라 차마 가두지 못하고 난감해하고 있었다. 그때 건넛마을의 어떤 부자가 소문을 듣고 빚을 갚아주는 대신 양반을 사기로 했다. 그 부자도 양반이 되어 대접받으며 살고 싶었기 때문이다.

　마침내 부자는 양반의 빚을 당장 관가에 갖다주고 양반권을 받았다. 이런 경위를 알게 된 군수는 괘씸한 생각이 들어 문권文券[15]을 만들어야 한다며 그 부자를 불러들였다.

　여러 사람이 보는 앞에서 양반이 반드시 지켜야 할 사안을 조목조목 나열했다.

그러자 그는 손을 내저으며 양반 하기를 거부하고 도망가버렸다. 그리고 죽을 때까지 양반이라는 말을 다시는 입 밖에 내지 않았다고 한다.

〈양반전〉은 평민 중에 부농이 등장하여 경제력에 의해 양반 신분을 획득할 수 있었음을 보여준다. 조선 후기 관료 사회의 부정과 양반의 비참한 모습이라는 역사적 상황이 작가의 간결한 필치로 잘 그려진 작품이다.

한편, 신분을 망각하고 양반 사회를 동경하는 상민들의 허황된 망상을 은연중에 풍자하고 있다. 양반의 신분을 아무리 돈을 주고 산다 해도 생리적으로 맞지 않는 양반 노릇을 상민 계급은 할 수 없다고 은연중에 과시함으로써 양반의 천부적인 양태를 암시하기도 한다.

한마디로 이 작품은 양반의 반대편에 상민을 등장시켜 현실적 능력도 없이 허세만 부리는 양반의 위선적 생활을 해학적으로 고발하고 있다. 그것이 작가의 설득력이며, 이 작품의 매력이다.

형태적으로는 중국 왕포王褒의 《동약僮約》[16]을, 사상적으로는 황정견黃庭堅[17]을 본받았다고 할 수 있다. 〈호질〉도 있다.

1 문벌이 좋은 집안. 또는 그 자손.

2 관가의 곡식.

3 여러 고을을 순시하며 잘 다스려지는지 조사하는 관리.

4 공방에서 물건을 만들던 장인.

5 청나라 고종의 연호1736~1795. 건륭 10년은 우리나라 영조 21년, 1745년.

6 1168년에 중국 남송의 동래東萊 여조겸이 《춘추좌씨전》에 대하여 논평하고 주석을 단 책. 주요 기사 168항목을 뽑아 각각 제목을 달고 역사적 사실에 대한 득실을 평론한 것으로, 과 거문에 사용되어 문과 시험의 규범이 되었다.

7 중국 송나라 말기에 황견黃堅이 주周나라 때부터 송나라 때까지의 시문을 모아 엮은 책. 전 집前集에는 시, 후집後集에는 문을 실었다.

8 중국 명나라의 고병高棅이 편찬한 당시唐詩 선집. 5언 고시부터 7언 율시에 이르는 시를 시체 詩體에 따라 나누었다. 620명의 작품 5,769수를 실었고, 빠진 것을 보충한 습유拾遺에는 61 명의 시 954수를 실었다.

9 지방의 수령.

10 자기의 성명이나 직함 아래에 도장 대신에 자필로 글자를 직접 쓰던 일. 또는 그 글자.

11 관아에서 잔심부름하던 이속.

12 고을 구실아치의 우두머리.

13 문과의 회시會試에 급제한 사람에게 주던 증서. 붉은색 종이에 성적, 등급, 성명을 먹으로 적 었다.

14 햇빛을 가리던 큰 우산.

15 소유권이나 권리를 증명하는 문서.

16 중국 전한前漢의 왕포가 기원전 59년에 쓴 문서로, 일종의 노예 계약서인데, 차를 재배하고 마셨다는 기록이 있다.

17 중국 북송의 시인이자 서예가로, 기이하고 파격적인 시를 써서 송시宋詩에 새로운 바람을 일 으켰다. 송대 사대가의 한 사람.

허생전許生傳

박지원

허생은 묵적墨積골에 살았다. 남산 밑 골짜기로 곧장 가면 우물이 있고, 그 위로 해묵은 은행나무가 하늘을 가리고 있다. 허생의 집 사립문은 은행나무를 향해 있고 언제나 열려 있었다. 집이라야 두어 칸 되는 초가집으로 비바람에 거의 다 쓰러져가는 오막살이였다.

허생은 집에 비바람이 새는 것은 아랑곳하지 않고 언제나 글 읽기만을 좋아했으므로 가난하기 짝이 없었다. 그 아내가 삯바느질을 해서 겨우 입에 풀칠을 했다.

어느 날, 허생의 아내는 배고픈 것을 참다 못해 눈물을 흘리며 푸념을 늘어놓았다.

"당신은 한평생 과거도 보러 가지 않으면서, 어쩌자고 글만 읽는단 말입니까?"

그러나 허생은 태연자약 껄껄 웃었다.

"내 아직 글이 서툴러서 그렇다네."

"그렇다면 공장 노릇도 못 한단 말입니까?"

"공장 일을 평소에 배우지 못했으니 어쩌오?"

"그렇다면 하다못해 장사라도 해야지요."

"장사를 하려 해도 밑천이 없으니 어쩌오?"

아내는 드디어 역정을 냈다.

"당신은 밤낮없이 글을 읽더니, 그래 '어쩌오' 하는 것만 배웠수? 공장 일도 못 한다, 장사도 못 한다, 그럼 도둑질은 어떻수?"

허생은 이 말에 책장을 덮고는 벌떡 일어섰다.

"애석한 일이로다. 내 십 년을 작정하고 독서를 하려 했더니 이제 겨우 칠 년이로구나."

그 길로 허생은 문밖으로 나섰다. 그러나 장안 거리에 아는 사람이 있을 턱이 없었다. 그는 종로 거리를 오르락내리락했다. 그러면서 길 가는 사람을 붙들고 물었다.

"한양에서 제일가는 부자가 누구요?"

그 사람은 장안에서 제일가는 갑부라면 변씨라고 일러주었다. 허생은 그 집을 찾아갔다. 주인을 만나 길게 읍한 후 단도직입적으로 잘라 말했다.

"집이 가난하여 장사 밑천이 없소그려. 무엇을 좀 해보고 싶으니 돈 만 냥만 빌려주시오."

"그렇게 합시다."

변씨는 대뜸 승낙하고는 1만 냥을 내주었다.

허생은 고맙다는 말 한마디 없이 가지고 가버렸다.

변씨 집에는 그 자제와 문객이 많이 모여 있었다. 문밖을 나서는 허생의 몰골을 보아하니, 이건 영락없는 거지가 아닌가. 선비랍시고 허리끈을 매기는 했지만 술이 다 빠졌고, 가죽신이라고는 하지만 뒤꿈치가 한쪽으로 다 닳아빠졌다. 다 낡아빠진 망건이며, 땟국이 줄줄 흐르는 두루마기, 거기다가 허연 콧물까지 훌쩍거리는 품이 거지 중에서도 상거지였다. 이런 자에게 1만 냥을 선뜻 내주다니.

"어른께서 아시는 분입니까?"

"모르는 사람일세."

놀라 묻는 말에 대답도 태연했다.

"하루아침에 얼굴도 모르는 사람에게 만금萬金을 내버리시다니. 더구나 그 이름 석 자도 묻지 않으시고 어쩌려고 그러십니까?"

변씨는 정색을 하고 말했다.

"이건 그대들이 알 바가 아닐세. 무릇 돈을 빌리러 오는 사람이라면 자기의 생각을 이것저것 길게 늘어놓게 마련이야. 약속은 꼭 지킨다느니, 염려 말라느니 하고 말일세. 그러면서도 얼굴빛은 어딘가 구겨져 보이고 한 말을 되뇌곤 하지. 그런데 이 사람은 옷이며 신발이 모두 떨어지긴 했지만, 우선 말이 짤막하고 사람을 대하는 눈이 아랫사람을 내려다보는 듯하며 조금도 부끄러워하는 기색이 없네. 물질 따위에는 관심이 없고 벌써 전부터 제 살림에 만족하고 있는 사람임에 틀림없어. 그러니 그가 한번 해보고 싶은 장사라는 것도 작은 일이 아닐 게고, 나 또한 그 사람을 한번 시험해보려는 거야. 게다가 주지 않았으면 모르되, 이미 만 냥을 내주었으니 구태여 그의 이름 석 자를 물어서 무엇 하겠나."

큰 장사꾼만이 할 수 있는 말이었다.

만금을 손쉽게 얻은 허생은 집에도 가지 않고, "안성은 경기와 호남의 갈림길이고 삼남의 요충이렷다" 하면서 그 길로 내려가 안성에 거처를 마련했다.

다음 날부터 그는 시장에 나가서 대추, 밤, 감, 배, 석류, 귤, 유자 따위 과일이란 과일을 모두 거두어 샀다. 파는 사람이 부르는 대로 값을 다 주고, 팔지 않는 사람에게는 시세의 배를 주고 샀다. 그리고 사는 대로 한정 없이 곳간에 저장해두었다.

이렇게 되자 오래지 않아서 나라 안의 과일이란 과일은 모두 바닥이 났다. 대신들의 집에서 잔치나 제사를 지내려고 해도 과일을 구경하지 못해 제사상도 제대로 갖추지 못할 형편이었다.

과일 장수들은 이번에는 허생에게 달려와서 과일을 얻을 형편이 되었고, 저장했던 과일들은 열 배 이상으로 호가하였다.

"허어, 겨우 만 냥으로 이 나라를 기울게 할 수 있다니, 국가의 심천深淺[1]을 알 만하구나!"

허생은 이렇게 탄식했다.

과일을 다 처분한 다음 그는 칼, 호미, 무명, 명주, 솜 등을 모조리 사 가지고 제주도로 건너가서 그것을 팔아 이번에는 말총이란 이름이 붙은 것은 모조리 사들였다.

"몇 해가 못 가서 나라 안 사람들은 상투도 싸매지 못하게 될 게다."

과연 허생이 장담한 대로 얼마 가지 않아서 나라의 망건 값이 열 배나 뛰어올랐다. 말총을 내다 파니 100만 금이 되었다.

어느 날 허생은 늙은 뱃사공 한 사람에게 물었다.

"바다 밖에 혹시 사람이 살 만한 빈 섬이 있지 않던가?"

"있습지요. 옛날에 바람을 만나 곧장 서쪽으로 사흘 밤낮을 가다가 한 섬에 닿았는데, 그곳은 아마도 사문沙門과 장기長崎[2] 사이라고 짐작됩니다. 꽃과 잎이 저절로 피고 과실이며 오이가 철을 따라 여물었습죠. 그뿐입니까. 고라니와 사슴이 떼를 지어 다니고 바닷고기들도 놀라지 않더이다."

허생은 사공의 말을 듣고 크게 기뻐했다.

"사공이 만일 나를 그곳으로 인도해준다면 평생 함께 부귀를 누리도록 해주겠네."

사공은 허생의 말을 좇았다.

이리하여 바람이 알맞게 부는 날을 기다려 동남쪽으로 곧장 배를 몰아 사공이 말한 섬에 이르렀다. 허생은 섬에 상륙하여 높은 바위 꼭대기로 올라가 사방을 바라보고 나서 썩 마음에 들지는 않는 듯 이렇게 말했다.

"땅이 천 리가 채 못 되니 무엇에 쓴단 말이냐. 다만 땅이 기름지고 샘물이 맛이 있으니 한갓 부잣집 늙은이 노릇이나 할 수 있겠다."

사공이 말했다.

"섬이 텅텅 비고 사람 하나 구경할 수 없으니 누구와 더불어 산단 말입니까?"

"덕이 있는 사람에게는 사람들이 저절로 찾아오게 마련이지. 덕이 없는 것이 걱정이지, 어찌 사람이 없는 것을 근심하겠는가."

이때 변산 지방에 수천 명의 도둑이 나타나 노략질을 하고 있었다. 여러 고을에서는 나졸들까지 풀어서 도둑을 잡으려 하였으나 도둑의 무리를 쉽사리 소탕하지 못했다. 그러나 도둑의 무리 역시 각 고을에서 대대적으로 막고 나서니 쉽게 나아가 도둑질하기가 어려워져 마침내 깊은 곳에 몸을 숨기고, 급기야는 굶어 죽을 판국에 이르렀다.

허생은 이 소문을 듣고 도둑의 소굴을 찾아 들어갔다. 그리고 도둑의 괴수를 만나 설득하기 시작했다.

"너희들 천 명이 천 냥을 노략질해서 나누어 가진다면 한 사람 앞에 얼마씩 돌아가느냐?"

"그야 한 사람에 한 냥이지."

"그럼 너희들에게 처는 있는가?"

"없소."

"그럼 논밭은?"

"흥, 밭이 있고 처가 있으면 왜 도둑질을 해?"

"정말 그렇다면 왜 장가를 들어 집을 짓고 소를 사서 농사를 짓지 않나? 그렇게 하면 도둑이란 더러운 이름도 듣지 않을 테고, 살림살이하는 부부의 재미도 있을 것이고, 아무리 밖으로 나가서 쏘다닌다고 해도 아무도 잡아가지 않을 테니 얼마나 좋은가? 길이길이 의식이 풍족할 것이다."

"허허, 누가 그걸 몰라서 그래? 돈이 없으니까 그렇지."

허생은 웃으며 말했다.

"너희들이 도둑질을 하면서 어찌 돈이 없는 것을 근심한단 말이냐? 정 그렇다면 내가 마련해주지. 내일 바다에 나가면 붉은 기를 단 배들이 보일 게다. 그것은 다 돈을 가득 실은 배야. 갖고 싶은 대로 가져가거라."

이렇게 말하고는 어디론가 가버렸다.

도둑들은 하도 말 같지 않아서 모두 미친놈이라고 웃어댔다. 그러나 다음 날 혹시나 해서 바다로 나가보니, 허생은 이미 30만 냥이나 되는 돈을 배에 싣고 기다리고 있지 않은가. 도둑들은 크게 놀라, 이건 보통 사람이 아니라고 생각했다. 모두 줄을 지어 절했다.

"그저 장군님의 분부대로 따르겠습니다."

"그렇다면 어디 너희들이 질 수 있는 대로 가지고 가보아라!"

허생의 말이 떨어지자 도둑들은 앞을 다투어 돈자루에 달려들었다. 그러나 욕심뿐이지 제아무리 기운깨나 쓰는 놈일지라도 100냥을 짊어지지 못했다.

"백 냥도 들지 못하는 주제에 너희들이 무슨 도둑질을 한단 말이냐? 그렇다고 이제 평민으로 돌아가려고 해도 너희들의 이름이 도둑의 명부에 올라 있으니 그것도 안 되고, 그렇다면 갈 곳도 없겠구나. 그럼 잘되었다. 내 여기서 기다리고 있을 터이니, 이제부터 너희들은 한 사람이 백 냥씩 가지고 가서 계집 하나와 소 한 마리를 구해 오너라. 너희들의 실력을 한번 보겠다."

도둑들은 저마다 돈자루를 걸머지고 뿔뿔이 흩어졌다. 허생은 2천 명의 식구가 1년 동안 먹을 양식을 장만해 가지고 도둑들이 오기를 기다렸다.

도둑들은 기일이 되자 모두 모여들었다. 허생은 그들과 부인들을 모두 배에 실었다. 허생이 도둑들을 도거리[3]로 몰아갔으므로 이때부터 나라 안도 잠잠해졌다.

섬에 상륙하자, 곧 나무를 찍어 집을 짓고 대나무를 잘라 울타리를 세우니 순식간에 큰 마을이 생겼다. 그런 다음 다시 밭을 일궜다. 토질이 기름져서 밭갈이, 김매기를 하지 않아도 곡식 이삭이 무겁게 여물었다.

이렇게 되자 식량이 남아돌아 3년 동안 먹을 양식을 저장하고 난 나머지는 모두 배에 싣고 장기로 가서 팔았다. 장기는 일본의 영토로 호수戸數가 31만이었다. 때마침 큰 흉년이 들었으므로 가지고 간 양곡을 모두 처분하고 은 100만 냥을 받아 가지고 돌아왔다.

"이제야 뭘 좀 해본 것 같구나."

허생은 탄식하고 나서 섬에 사는 남녀 2천 명을 모두 한자리에 모이게 했다.

"내 처음 너희들과 이 섬으로 올 때에는 먼저 부자가 되게 한 다음에 따로 문자도 만들고 옷이며 갓 같은 것도 지어 입게 하려고 하였다. 그러나 땅은 좁고 내 덕도 부족하니 이제 나는 이곳을 떠날까 한다. 너희들은 아이를 낳거든 오른손으로 숟가락을 잡도록 가르치고, 또 하루라도 먼저 난 사람이면 서로 음식을 양보하는 따위의 덕을 길러야 한다."

그러고는 다른 배들을 모조리 불을 질러 없애버렸다.

"가지 않으면 오는 사람도 없을 게다."

또 은 50만 냥도 물속에 던져버렸다.

"바다가 마르면 얻는 자가 있을 게다. 백만 냥이라면 나라 안에서도 써먹을 데가 없다. 황차 이 조그마한 섬에서 어디다 쓰겠느냐."

마지막으로 도둑 중에서 글을 아는 자는 모두 불러내어 배에 실었다.

"이 섬에서 화근을 뽑아버려야 한다."

이로부터 허생은 온 나라 안을 두루 돌아다니면서 가난하고 의지할 곳 없는 사람들을 구제했다. 그러고도 10만 냥이나 남았다.

"이것은 변씨에게 빌린 것을 갚아야겠군."

허생은 실로 오랜만에 변씨를 찾아갔다.

"그대는 나를 기억하겠소?"

변씨는 놀라며 말문을 열었다.

"그대는 얼굴빛이 조금도 나아지지 않았군. 만금을 몽땅 털린 모양이구려."

허생은 웃으며 말했다.

"재물로 인해서 얼굴이 좋아지는 것은 그대들에게나 있는 일이오. 만금이 어찌 도를 살찌게 한단 말이오."

10만 냥의 어음을 변씨에게 주었다.

"내 하루아침의 주림을 견디지 못하여 공부를 끝내지 못했소. 그대의 만금을 부끄러워할 따름이오."

변씨는 크게 놀라 일어나서 절했다. 그리고 10만 냥을 사양하고 옛날 빌려준 돈에다 이자만을 계산해서 받으려 했다. 그러자 허생은 화를 벌컥 내며, "그대가 어찌 나를 장사꾼 취급을 한단 말이오".

소매를 홱 뿌리치고 일어나 가버렸다.

변씨는 더 말해야 소용이 없을 줄 알고 가만히 그 뒤를 밟아보았다. 그는 곧장 남산 밑 골짜기로 걸어가더니, 다 쓰러져가는 어느 오막살이로 들어가버렸다. 마침 한 늙은 할멈이 우물 위쪽에서 빨래를 하고 있었다.

"저 오막살이가 누구 집이오?"

"허 생원 댁이라우. 늘 가난하면서 글 읽기를 좋아하더니, 하루아침에 싸리 문을 나선 후로 소식이 끊긴 지 5년이오. 그 처가 혼자 살면서 남편이 나간 날 로 제사를 지낸다우."

변씨는 비로소 손님의 성이 허가라는 것을 알고 한숨을 내쉬고 돌아섰다.

다음 날 변씨는 허생에게서 받았던 은을 모두 거두어 가지고 오막살이를 찾 았다. 그러나 허생은 여전히 사양했다.

"내 부자가 되고 싶었다면 백만 냥을 버리고 십만 냥을 취하겠소? 내 이제부 터는 그대의 덕을 보고 살 것이니, 그대는 수시로 나를 돌보아주오. 식구를 계 산해서 양식을 보내고 몸을 재어서 무명을 준다면 한평생 그것으로 만족할 것 이오. 무슨 까닭으로 재물을 가지고 나를 고단하게 만든단 말이오."

변씨는 여러 가지 말로 허생을 달래보았지만 허생은 끝내 들어주지 않았다.

이로부터 변씨는 허생의 쌀 뒤주가 바닥나는 것을 계산하고 옷장 속을 헤아 려 때를 맞추어 손수 날라다 주었다. 그러면 허생도 흔연히 반가워하였지만 혹 시 분수에 넘치면 곧 좋아하지 않았다.

"어째서 내게 재앙을 물려주려 한단 말인가?"

그러나 술을 가지고 찾아가면, 평소보다 더욱 반가워하면서 서로 권커니 잣 거니 취하도록 마셨다.

두어 해가 지나니 두 사람의 정은 날로 두터워져서 백년지기처럼 다정해졌 다. 언젠가 변씨는 궁금한 것을 물어보았다.

"다섯 해 사이에 어떻게 해서 백만 냥을 벌었는가?"

"그건 쉽게 알 수 있는 일일세. 우리 조선은 외국과 무역이 없고, 수레가 나 라 안을 두루 돌아다닐 수 없는 까닭에, 모든 물건이 그 안에서 생산되고 그 안에서 소비되지 않는가. 천금이란 적은 금액으로 모든 물건을 다 살 수는 없지만 그것을 열로 쪼개면 열 가지 물건을 고루 살 수 있는 것이 우리 조선 땅이야. 그리고 물건이 가벼우면 나르기도 쉬워서 한 가지가 시세가 시원치 않더라도 나머지 아홉 가지는 시세가 좋아질 것이니, 이건 보통 작은 장사치들이 하는 이문 내기의 방법이지. 게다가 만 냥이면 대개 한 가지 물건을 도거리로 모조리 살 수 있으니, 수레에 실렸거나 배에 실렸거나 모조리 매점할 수 있지 않은가? 한 고을에 가득한 것이라도 마찬가질세. 그물의 코처럼 한번 훑으면 모조리 거두어들일 수 있는 거야. 이를테면, 뭍의 산물 중에서 한 가지를 가려 슬그머니 독점해버린다든가, 해산물 중에서 그 어느 하나를 택해서 모조리 거두어들인다거나, 약 재료 중에서 한 가지만을 독점해버린다면 모든 장사꾼은 그 물건을 구경할 수도 없게 되는 것일세. 값이 뛸 것은 당연하지. 그러나 이것은 백성들을 못 살게 하는 방법이야. 백성을 도둑놈으로 만들기 좋은 방법이지. 훗날에라도 나랏일을 맡은 관리가 나의 이러한 방법을 쓴다면 나라는 곧 병들고 말 거야."

변씨는 듣고 나서 다시 물었다.

"그럼 처음에 내가 만 냥을 내어줄 것을 어떻게 알고 나를 찾아왔던가?"

허생은 말했다.

"자네가 꼭 내게 줄 것이라고 믿은 것은 아니지만, 누구라도 만 냥을 가지고 있는 장사꾼이라면 내주지 않을 수 없을 거야. 나 스스로 재주를 헤아려보면 넉넉히 만 냥을 벌 수가 있을 것 같지만, 운명은 저 하늘에 달려 있는 만큼 아무도 그것을 알지 못하거든. 그러므로 나를 알아보고 써먹는 사람은 복이 있는 사람일세. 반드시 부자가 된 위에 더 부자가 되라고 하늘이 명한 거야. 그러니 돈을 내주지 않을 까닭이 있나. 내 이미 만 냥을 얻었으니, 그로부터는 그 복을 빌려서 행한 것뿐일세. 그리고 행해 성공하였지. 만일 내가 내 재산으로 혼자서 일을 시작했다면 그 성패 또한 알 수 없는 일이야.”

변씨는 허생의 그 재주가 아깝다고 생각했다. 자기와 같은 장사치로서는 상상도 하지 못할 배포요, 기국器局[4]이 아닐 수 없다. 이런 큰 그릇을 어찌 썩힐 수 있단 말인가?

“바야흐로 지금 사대부들은 전날 남한산성에서 받은 호란 치욕을 씻으려 하고 있네. 지략과 재주를 갖춘 선비로서 팔뚝을 걷어붙이고 한번 일어나서 슬기를 펼쳐볼 만한 때가 아닌가. 자네와 같은 재주를 가지고 어째서 묻혀 살며 그대로 썩힐 수가 있단 말인가.”

“허허, 예로부터 한평생 묻혀 산 사람이 어찌 한둘에 그치겠는가? 저 조성기趙聖期[5]로 말할 것 같으면 적국에 사신으로 가더라도 솜씨 있게 일을 처리할 사람이었지만 한평생 베잠방이로 세상을 마치지 않았던가? 유형원柳馨遠[6]은 족히 어려운 전장에서 수만 명 군졸의 군량을 수송할 만한 재주를 가졌으면서도 들쭉날쭉한 바닷가에서 쓸데없이 소요하고 있지 않은가? 그러니 오늘날 국정을 맡아 처리하는 자들의 기량을 알 수 있지. 나로 말하면 장사에 솜씨가 있어 그 돈으로라면 넉넉히 아홉 나라 임금의 머리라도 살 수 있었지만, 그것을 바닷속에 던지고 온 것은 이 나라에서는 쓸 곳이 없기 때문이었네.”

변씨는 후 하고 긴 한숨을 쉬고는 돌아갔다.

변씨는 전부터 정승 이완李浣과는 친분이 있는 사이였다. 이 공이 마침 어영대장이 되어 그와 더불어 이야기하다가 인재를 추천할 것을 권하였다.

“요즘 항간에 기이한 재주를 숨기고 있는 사람으로 함께 큰일을 해낼 만한 사람이 있으면 말해보게나. ”

변씨는 그제야 생각이 나서 허생에 관한 이야기를 했다. 이 공은 그런 인물이 장안에 살고 있다는 소리에 크게 놀랐다.

"기이한 일이로군. 정말 그런 사람이 있을까. 그래 그 사람의 이름이 무어라고 하던가?"

"소인이 삼 년이나 그와 가까이 지냈지만 아직 그 이름을 모르고 있습니다."

"그 사람은 이인異人[7]임에 틀림없네. 자네와 한번 같이 가세. "

이윽고 밤이 되자 이 공은 수행하는 나졸을 다 물리치고 홑몸으로 변씨와 같이 허생의 집을 찾아갔다. 말을 타고 가기가 송구스러워 걸어서 갔다.

변씨는 이 공을 잠시 싸리문 밖에 세워두고는 혼자 안으로 들어가 허생을 만나보고 이 공이 온 자초지종을 이야기하였다. 허생은 듣는 둥 마는 둥 하면서 말했다.

"그대가 차고 온 술병이나 어서 풀게. "

그래서 두 사람은 술을 내어 즐겁게 마셨다. 변씨는 술을 마시면서도 문밖에 세워둔 이 공이 민망스러워 거듭 이 공의 일을 이야기하였지만 허생은 좀처럼 들으려고 하지 않았다.

밤이 으슥해졌다. 그제야 허생은 말했다.

"손님을 불러볼까."

이 공이 들어왔다. 그러나 허생은 일어나 맞이할 생각조차 하지 않았다. 이 공은 몸 둘 바를 몰라 하다가 마침내 나라에서 어진 이를 구하고 있다는 자기의 뜻을 말했다. 허생은 손을 휘저었다.

"밤은 짧고 말은 기니 듣기에 지루하군. 지금 자네 벼슬자리는 무엇인가?"

"어영대장입니다."

"그래? 그렇다면 나라에서는 믿을 만한 신하겠군. 내 와룡 선생[8]을 천거할 테니 자네가 임금에게 청하여 삼고초려三顧草廬[9]를 하게 할 수 있겠는가?"

이 공은 머리를 떨구고 한참 동안 생각하고 나서 말했다.

“어려운가 합니다. 그다음의 일을 듣고자 하옵니다.”

“나는 둘째번이라는 것을 배우지 못했네.”

눌어붙어서 재삼 묻자, 허생은 다시 입을 열었다.

“조선이 옛날 그들에게 입은 은혜가 있다고 해서, 많은 명나라 장졸들의 자손들이 도망하여 동쪽으로 온 후로 떠돌이에 외로운 홀아비 생활을 하고 있네. 자네가 조정에 청하여 종실宗室[10]의 딸들을 그들에게 시집보내고, 김류와 장유[11]의 집 재산을 털어서 그들의 살림을 장만해줄 수 있겠는가?”

이것도 정말 생각조차 할 수 없는 문제가 아닌가. 이완은 한참이나 머리를 숙이고 있다가 비로소 고개를 들었다.

“어렵겠습니다.”

“이것도 어렵다, 저것도 어렵다, 그럼 할 수 있는 일은 무엇인가? 그럼 아주 쉬운 일이 있으니 자네가 할 수 있겠는가?”

“원컨대 듣고자 합니다.”

허생은 말했다.

“대체로 대의를 천하에 외치고자 한다면 먼저 천하의 호걸들과 교분을 맺지 않으면 안 되네. 또 남의 나라를 치고자 한다면 먼저 첩자를 쓰지 않고는 여태껏 성공한 예가 없었네. 지금 만주 땅에는 천하의 주인이 들어앉아서 스스로 중국 사람과는 친하지 못했다고 여기는 터일세. 이에 조선이 솔선해서 다른 나라보다 먼저 항복을 하였으니, 저들은 우리를 가장 미더워할 것일세. 이제 우리가 우리 자제들을 파견하여 학문도 배우게 하고 벼슬도 하게 하는 등 옛날 당원唐元의 고사故事[12]를 따르고 상인들도 자유로이 내왕하도록 해달라고 한다면, 그들은 우리의 청을 기뻐하며 허락할 것일세. 그렇게 되거든 나라 안에서 자제들을 뽑아서 머리를 깎고 되놈의 옷을 입혀 들여보내고, 지식층은 빈공과를 보도록 하게. 그리고 백성들은 장사꾼으로 멀리 강남에까지 들어가 그들의 모든 허실을 염탐하고 그 고장 호걸들과 친분을 맺어둔다면, 그때야말로 군사를 일으키고 천하 대사를 꾀하여 옛날의 수치도 씻을 수가 있을 것이네. 그런 다음 명나라의 황족인 주씨를 찾아 천자로 받들고, 만약 주씨가 없으면 천하의 제후들을 거느리고 천자가 될 만한 인물을 하늘에 추천한다면, 우리나라는 잘되면 대국의 스승이 될 것이요, 못 되더라도 백구伯舅[13]의 나라는 될 것일세.”

이완은 얼빠진 듯 멍하니 있다가 겨우 입을 열었다.

“사대부들이 몸을 삼가고 예법을 지키고 있으니, 누가 그들의 자제를 머리 깎게 하고 호복을 입게 하겠습니까?”

이 말에 허생은 버럭 화를 냈다.

“소위 사대부란 대체 어떤 놈들이냐? 이맥의 땅[14]에 태어나서 제멋대로 사대부라 하니 얌통머리가 없지 않느냐? 바지저고리를 온통 희게만 해 입으니 이건 장사를 지내는 사람의 옷차림이요, 머리를 한데 묶어서 송곳처럼 상투를 트니 이건 남만南蠻[15]의 방망이 상투가 아니냐. 그러면서 어찌 예법을 압네 주둥이를 놀리는 거냐? 옛날 번오기樊於期[16]는 사사로운 원한을 갚고자 머리를 자르는 것을 아까워하지 않았고, 무령왕武靈王[17]은 나라를 부강하게 만들고자 호복을 입는 것을 수치로 여기지 않았다. 지금 명나라의 원수를 갚겠다고 하면서 그까짓 상투 하나를 아낀단 말이냐? 뿐만 아니다. 장차 말타기, 칼 치기, 창 찌르기, 활 당기기, 돌팔매질을 익혀야 하거늘, 그 넓은 소매를 고칠 생각은 하지 않고 예법만 찾아? 내 비로소 세 가지를 말했으나 너는 그중 한 가지도 못 한다 하면서 그래도 신임받는 신하 노릇을 한단 말이냐? 그래도 굳이 신임받는 신하라고 하겠느냐? 이런 놈은 참수하는 것이 옳다.”

허생은 좌우를 돌아보며 칼을 찾아 찔러 죽일 듯한 기세다. 이 공은 크게 놀라 엉겁결에 뒤창을 차고 나와 뒤도 돌아보지 않고 집으로 돌아갔다.

다음 날 그는 다시 허생의 집을 찾았으나, 이미 집은 텅 비고 찬바람만 쓸쓸할 뿐 주인의 종적은 어디에도 없었다.

| 작가 소개와 작품 해설 |

저자 소개

〈양반전〉 참조

주제

상업 경제의 고취와 실학 사상 강조

작품 해설

〈허생전〉은 박지원의 《열하일기》의 〈옥갑야화玉匣夜話〉에 제목 없이 수록되어 있는 이야기다. 후대에 〈허생전〉이라고 제목을 달았으며, 연암의 대표적 작품이다.

이 작품은 주인공 허생의 상행위를 묘사한 것으로, 부국이민富國利民이라는 이상의 실현과 인본주의를 내세우는 점이 주목할 만하다.

아무 노동도 하지 않고 무위도식하며 글만 읽는 양반들의 무능함을 비판한 작가 정신이 투철하게 드러난다. 조선시대 사대부의 무능도 무능이지만, 허생과 같은 가난한 유생을 천대받는 상인으로 전락시켜 상업 자본의 변혁을 암시하고 있다.

작중 인물들을 통해 위정자들의 무능함을 풍자하였고, 허황된 말만 일삼는 양반의 모순과 허구성을 파헤쳤다. 한편 작가의 경제 사상을 피력하는 등 실학 사상이 드러난다.

허생전 許生傳

　　허생은 서울 남산 밑 묵적골에 사는 가난한 선비로 글 읽기만 좋아했다. 굶주리다 못한 아내가 벼슬도 못하는 주제에 밤낮 글만 읽어서 무엇하겠느냐며 푸념했다. 아내의 불평에 허생은 책을 덮고 문을 나선다.

　　장안에서 제일 부자라는 변씨를 찾아가 1만 냥을 꾸어 안성으로 내려가 과일을 매점했다. 그 후 값이 오르기를 기다려 열 배의 값에 팔아 그 돈으로 농기구, 의복 등을 장만하여 제주도로 가서 많은 이익을 남겼다. 그리고 제주도의 특산물인 말총을 몽땅 사들여 망건값이 오른 후 되팔아 열 배의 이익을 보았다.

　　그는 도적 떼의 소굴로 들어가 도적들에게 계집과 소 한 마리씩을 데리고 오게 하여 그들을 무인도에 정착시킨다. 3년 후 일본의 장기에 흉년이 들어 그들에게 양곡을 팔아 은 100만 냥을 가지고 본국으로 돌아온다.

　　그러나 그는 100만 냥이란 돈이 너무 많아 쓸 데가 없다며 50만 냥을 바다에 버리고, 나머지를 빈민 구제에 쓴 뒤 10만 냥만 남겨놓았다. 빚을 갚기 위한 것이었다.

　　허생이 10만 냥을 변씨에게 갚자 놀란 변씨가 허생의 뒤를 몰래 따라가보니, 예전 오두막집으로 돌아갔다. 이후 서로의 왕래가 잦아져 가까운 벗이 되었다. 이에 변씨와 친한 어영대장이 허생을 국사에 기용하려고 했지만 비웃음만 사고 말았다. 이튿날 다시 허생을 찾아갔으나, 그는 이미 어디론가 자취를 감추고 말았다.

독서 토론

　　〈허생전〉은 무대의 범위가 크고 넓다. 외국과 교역해 시야를 넓히고 나라 안에는 수레가 다니도록 해야 한다는 작가의 실학적 경륜이 잘 나타나 있다.

　　《열하일기》의 〈옥갑야화〉는 박지원이 중국에 갔다가 돌아오는 길에 옥갑에 들러 여러 비장들과 나눈 이야기를 적은 것이다. 그러니 이 작품은 작자 자신의 창작인지, 허생이 실존 인물인지 알 수 없다.

연암의 소설에서 두드러진 특징은 풍자적 성격과 사실주의적 특성이다. 그는 서민들에게 새로운 의식을 퍼뜨리고 새로운 삶의 모습을 생생하게 포착하는 사실주의적 기법으로 자신의 주장을 설파했던 것이다.

비교적 짧은 이야기지만 근대 자본주의의 모습과 매점매석의 부당성을 고발하고 있으며, 해외 진출과 같은 교역의 꿈도 묘사되어 있다. 또한 북학론을 주장하면서, 북벌론을 주장하는 이완을 통해 자신의 소신을 피력하고 있다.

현대에 이르러 춘원 이광수의《허생전》이 나오자 더욱 많이 알려졌다.

비교 작품

중국 4대 기서의 하나인《수호지》의 〈양산박회집〉과 허균의 〈홍길동전〉에 나오는 율도국의 재현이란 점에서 비교해볼 만하다.

허생전 許生傳

1 깊고 얕음.

2 일본 나가사키.

3 따로따로 나누지 않고 한데 합쳐서 몰아치는 일.

4 사람의 도량과 재간.

5 조선 왕조 숙종 때 학자. 호는 졸수재. 뛰어난 재주가 있었지만 평생을 독서에만 전념했으며, 한문소설 〈창선감의록彰善感義錄〉을 지었음.

6 효종 때의 실학자. 호는 반계. 학행이 높았지만 벼슬을 사양하고 평생 재야에서 지냈으며, 실학을 학문의 위치에 올려놓았음.

7 비범한 사람.

8 제갈공명과 같은 식견을 지닌 사람.

9 인재를 맞아들이기 위해 노력함. 중국 삼국시대에 촉한의 유비가 난양南陽에 은거하던 제갈량의 초가집을 세 번이나 찾아갔다는 데서 유래한다.

10 임금의 친족.

11 다른 원본에는 훈척勳戚, 권귀權貴라고만 되어 있음.

12 당과 원나라 때는 빈공과가 있어서 우리의 유학생을 받았는데, 이 옛일을 이르는 말.

13 천자가 성이 다른 제후를 높여서 부르는 말. 황제의 외숙이라는 뜻.

14 오랑캐의 땅이라는 뜻.

15 중국 남쪽의 오랑캐.

16 전국시대 진秦의 무장. 연燕에 망명해 있던 중에 진시황을 암살하려는 이에게 자기의 목을 내주어 황제가 의심을 품지 않도록 했다.

17 조趙나라 임금.

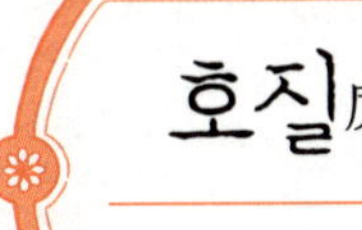

박지원

범은 슬기롭고 성스럽고 문무를 겸비한다. 자상하고 효성스럽고 지혜가 있고 어질며 웅장하고 용맹스럽고 씩씩하고 용기가 있어 천하에 대적할 자가 없다.

그러나 비위狒胃[1]는 범을 먹고, 죽우竹牛[2]도 범을 먹는다. 박駮[3]도 범을 먹고, 오색사자는 큰 나무가 있는 산에서 범을 먹는다. 자백兹白[4]도 범을 먹고, 표견酸犬[5]은 날아다니며 범과 표범을 먹고, 황요黃要[6]는 그 심장을 취해서 먹는다. 한편 활猾은 뼈가 없는데 범과 표범에게 먹힌 뒤 뱃속에서 그 간을 먹는다. 추이酋耳는 범을 만나면 찢어서 씹는다. 범은 맹용猛狺을 만나면 눈을 감고 감히 쳐다보지도 못한다. 그런데 사람들은 맹용을 두려워하지 않고 범만 두려워하니 범의 위엄은 엄청난 것이다.

범이 개를 먹으면 취하고, 사람을 먹으면 조화를 부린다. 범이 한 번 사람을 먹으면, 그 창귀가 굴각屈閣[7]이 되어 범의 겨드랑이에 붙어 산다. 범을 남의 집 부엌으로 들어가게 하여 그 솥을 핥으면 그 집주인은 배고픈 생각이 나서 밤에라도 아내더러 밥을 짓게 한다.

범이 두 번째로 사람을 먹으면, 그 귀신이 이올彛兀이 되어 범의 광대뼈에 자리 잡고 높은 곳에 올라가 사냥꾼을 내려다보다가, 만일 골짜기에 함정이나 쇠뇌가 있으면 먼저 가서 그것을 치워버린다.

범이 세 번째로 사람을 먹으면, 그 귀신은 육혼鬻渾이 되어 범의 턱에 붙어 살며 그가 아는 벗들의 이름을 자꾸만 불러댄다.

하루는 범이 창귀를 불러 말했다.

"해가 저무는데 어디 가면 먹을 것을 취하랴?"

굴각이 말했다.

"제가 아까 점쳐보니 뿔도 나지 않고 깃도 없는 짐승 같은 물건으로 눈 속에 발자국이 있는데, 조금 걷다가 쉬는 서투른 발걸음이고 꼬리가 머리에 붙어 있어서 그 꽁무니를 가리지 못합니다."

이올이 말했다.

"동쪽 문에 먹을 것이 있는데 그 이름은 의원입니다. 입으로 백 가지 풀을 먹어서 살에서 향기가 납니다. 또 서쪽 문에 먹을 것이 있는데 그 이름은 무당입니다. 백 가지 신에게 예쁘게 보이려고 날마다 목욕하여 몸이 깨끗합니다."

그러나 범은 수염을 뻗치면서 노해서 말했다.

"의원이란 의심스러운 자다. 의심스러운 것을 남에게 시험하여 해마다 사람을 죽이는데 그 수가 항상 수만 명에 이른다. 또 무당이라는 것은 속이는 자다. 신을 속이고 백성들을 유혹하여 해마다 사람을 죽이는데 그 수가 수만 명에 이른다. 이리하여 여러 사람의 노여움이 뼈에 사무쳐서 그것이 화하여 금잠金蠶[8]이 되었으니 독이 있어 먹을 수가 없다."

이에 육혼이 말했다.

"고기가 숲속에 있는데, 어진 간에 의리가 있는 담을 가졌습니다. 충성스러운 마음을 안고 깨끗한 마음을 품었습니다. 음악을 익히고 예의를 행합니다. 입으로 백가百家[9]의 말을 외우고 마음은 만물의 이치에 통합니다. 이를 이름하여 석덕碩德[10]이라 하는데 등이 화락하고 몸도 화락해서 다섯 가지 맛을 모두 겸비

하고 있습니다.”

이때 범이 눈썹을 치켜세우고 침을 흘리면서 하늘을 우러러 웃으면서 말했다.

“내 그 자세한 것을 듣고자 하노라.”

귀신들은 다투어 범에게 천거했다.

“하나의 음陰과 하나의 양陽을 도道라 이르는데 선비는 이것을 관통했습니다. 오행五行이 상생하고 육기六氣[11]가 서로 베풀어지는데 선비는 이것을 인도하니 먹기에 아름답고 이보다 좋은 것이 없습니다.”

그러나 이때 범은 얼굴빛을 슬프게 고치고 기뻐하지 않으면서 말했다.

“음양이라는 것은 한 가지 기운이 성했다 쇠해졌다 하는 것인데 두 가지를 겸했으면 그 고기가 잡될 것이다. 또 오행은 자리가 정해져 있어 서로 낳는 것이 아닌데 억지로 자모子母가 되어 짜고 신 다섯 가지 맛까지도 나누어 붙이니, 그 맛이 순수하지 못할 것이다. 또 육기는 스스로 행하는 것이요 베풀고 인도하는 것을 기다리지 않는 것인데 망령되이 밝히고 인도해준다고 일컬어 사사로이 자기의 공을 나타내고 있으니, 고기가 질겨서 먹었다가는 체하고 거슬려서 소화되지 않는 게 아니겠느냐.”

정鄭이라는 고을에 벼슬에 욕심을 내지 않는 선비가 있었는데 그를 북곽 선생이라고 불렀다. 나이 40에 손수 교서校書한 것이 1만 권이요, 구경九經[12]의 뜻을 부연하여 다시 저서한 것이 1만 5천 권이나 되었다. 이에 천자가 그 뜻을 가상히 여기고 제후들이 그 이름을 사모했다.

한편 그 고을 동쪽에 얼굴이 아름답고 일찍 과부가 된 자가 있었는데 그를 동리자東里子라고 불렀다. 천자가 그 절개를 가상히 여기고 제후들이 그 어짊을 사모하여 그 고을 둘레 수 리里를 봉하여 동리과부지려東里寡婦之閭[13]라고 했다.

동리자가 수절을 잘했으나 자식이 다섯 있었고 각각 그 성이 달랐다. 어느 날

다섯 아들은 서로 이르기를, "문 북쪽에서는 닭이 울고 문 남쪽에서는 별이 밝은데 방 안에서 소리가 나니 어찌 북곽 선생과 똑같은가?" 하고 창틈으로 동정을 엿보았다.

이때 동리자가 북곽 선생에게 청했다.

"오랫동안 선생의 덕을 사모해왔사온데 오늘 밤에는 원컨대 선생의 글 읽는 소리를 듣고 싶습니다."

북곽 선생은 옷깃을 정제하고 무릎을 꿇고 앉아 《시전》을 외웠다.

"원앙새는 병풍에 있고 흐르는 반딧불은 밝기도 해라. 가마솥과 세 발 솥은 무엇을 본떠 만들었는가. 흥이 나는구나."

이때 다섯 아들이 서로 이르기를, "예법에 과부의 문에는 들어가지 않는 것인데, 더구나 북곽 선생은 어진 사람인데 이런 이치가 있는가. 내 들으니 정읍의 성이 무너져서 여우의 구멍이 있다 하고, 또 들으니 여우가 천 년을 묵으면 능히 사람의 모양으로 변한다고 했는데 이것은 그 여우가 북곽 선생으로 변한 것이 아닌가" 상의했다.

"내 들으니 여우의 갓을 얻는 자는 집에 천금의 부를 누리고, 여우의 신을 얻는 자는 능히 대낮에도 모습을 감출 수가 있으며, 여우의 꼬리를 얻는 자는 남에게 잘 보여 사람들이 기뻐한다고 하니 이 여우를 죽여서 나누어 갖자."

이에 다섯 아들이 함께 포위하고 치자 북곽 선생은 크게 놀라서 달아났으나, 남이 자기를 알아볼까 두려워 팔을 목에 감고 귀신처럼 춤을 추고 웃으면서 문을 나섰다. 그러다 자빠져서 들판의 웅덩이에 빠져 더러운 것이 몸에 가득했다.

가까스로 헤쳐 나와서 머리를 들고 쳐다보니, 범이 바로 앞에 다가와 있었다.

범은 얼굴을 찡그리고 구역질을 하면서 코를 가리고 고개를 옆으로 틀고 탄식하며 말했다.

"에이, 선비란 냄새가 나는 것이로군."

북곽 선생은 머리를 조아리고 기어서 앞으로 나아가 세 번 절하고 나서 무릎을 꿇고 올려다보며 말했다.

"범의 덕은 지극하십니다. 어른들은 그 변하는 것을 본받고, 제왕은 그 걸음걸이를 배우며, 사람의 자식은 그 효성을 본받고, 장수들은 그 위엄을 취했습니다. 명성이 신룡神龍과 같아 바람과 구름을 일으키오니 천한 백성은 감히 그 아래에 있습니다."

그러나 범은 꾸짖었다.

"앞으로 가까이 오지 마라. 전에 내가 들으니 선비는 아첨한다 하더니 과연 그러하구나. 네가 평소에 천하의 악한 이름을 모아서 망령되이 나에게 더하더니, 지금은 일이 급해져서 눈앞에서 아첨하지만 누가 믿겠느냐?

대체로 천하의 이치는 하나인 것이니 범의 성품이 악하다면 사람의 성품 또한 악한 것이요, 사람의 성품이 착하다면 범의 성품 또한 착한 것이다. 너의 천 가지 말, 만 가지 말이 오상五常[14]을 떠나지 않고 경계하고 권해서 항상 사강四綱[15]에 있다. 그러나 도읍에는 코 없고 발꿈치 없고 얼굴에 자자刺字[16] 하고 다니는 자는 모두 오품五品[17]이다. 밧줄, 도끼, 톱을 날마다 만들어도 그 악한 짓을 그치게 하지 못한다.

범의 세계에는 본래 이러한 형벌이 없으니, 이것으로 본다면 범의 성품은 사람보다 착한 것이 아니겠느냐? 범은 초목을 먹지 않고, 벌레와 고기를 먹지 않으며, 누룩이나 술 같은 패란悖亂[18]한 물건을 좋아하지 않고, 새끼 밴 것이나 자질구레한 것을 먹지 않는다. 산에 들어가서 사슴을 사냥하고 들에 가서는 말과 소를 사냥하지만, 구복口腹[19]을 채우려 음식으로 인한 송사가 없었으니 범의 도가 어찌 광명정대하지 않느냐?

너희는 범이 사슴을 먹으면 범을 미워하지 않지만 말이나 소를 먹으면 원수로 아니, 이는 사슴은 사람에게 은혜가 없고 말과 소는 너희들에게 공이 있어서가 아니겠느냐? 그러나 그것을 타고 부리는 수고로움이나 그리워하고 돌봐주는 정성은 없이 날마다 푸줏간을 채우고 뿔이나 갈기마저도 버리지 않으면서, 오히려 범이 사슴을 먹는 것까지도 침해하여 산에도 먹을 것이 없고 들에도 먹이가 없게 하니, 하늘이 공평하게 처리한다면 내가 지금 널 먹어야 하겠느냐, 놓아줘야 하겠느냐?

제 것이 아닌 것을 취하는 것을 도라 하고, 남의 생명을 빼앗고 해치는 것을 적이라 하는데, 너희는 밤낮으로 바쁘게 팔을 걷어붙이고 눈을 부릅뜨고서 함부로 노략질하면서도 부끄러워하지 않고, 심한 자는 돈을 형이라고 부르고 장수가 되기 위해 아내를 죽이니, 그리고도 인륜의 도리를 논할 수가 있느냐? 그러고서 먹을 것은 메뚜기에게서 뺏고, 누에한테서 옷을 빼앗으며, 벌을 죽이고 꿀을 먹는다. 심지어 개미알로 젓을 담가 조상의 제사를 지내니 그 어떤 잔인하고 야박한 행동이 너희보다 심하겠느냐?

너희는 이치를 말하고 성품을 논하면서 걸핏하면 하늘을 일컫는데, 하늘에서 명하는 바로 본다면 범과 사람은 똑같은 생물의 하나요, 천지가 만물을 낳는 원인이라고 말한다면 범은 메뚜기나 누에, 벌, 개미와 사람을 똑같이 기를 것이므로, 서로 거스르지 말아야 한다. 그 선하고 악한 것을 따진다면 버젓이 벌이나 개미가 사는 집을 약탈하는 것은 홀로 천지의 큰 도둑이 아니며, 함부로 메뚜기나 누에의 먹이를 빼앗는 것은 홀로 인의의 큰 적이 아니겠는가?

범이 표범을 먹지 않는 것은 진실로 차마 같은 무리를 먹지 못하기 때문이다. 그러나 범이 사슴을 먹는 수를 따지면 사람이 사슴을 먹는 것만큼 많지 않고, 범이 말과 소를 먹는 것은 사람이 말과 소를 먹는 것보다는 많지 않다. 또 범이 사람을 먹는 것을 따지면 사람들끼리 서로 잡아먹는 것보다는 많지 않다. 지난해 큰 가뭄에 백성들이 서로 먹은 것이 수만 명이며, 지난해 관중이 크게 가물어 백성들이 서로 잡아먹은 것이 수만 명이었다. 그것을 춘추 때와 비교하면 어떠한가? 춘추 때에는 덕을 세우기 위한 싸움이 열일곱 번이요 원수를 갚은 싸움이 서른 번으로, 피는 천 리에 흐르고 시체가 백만이나 쌓였다.

그러나 범의 세상에서는 홍수나 가뭄을 모르기 때문에 하늘을 원망하지 않고, 원수나 은덕을 모두 잊기 때문에 남을 미워하지 않으며, 운명을 알고 순종하기 때문에 무당이나 의원의 간사함에 혹하지 않고, 타고난 본성 그대로 행하기에 세속의 이해에 물들지 않으니, 이는 범이 지혜롭고 덕이 높은 까닭이다. 얼룩무늬 한 가지만 보더라도 족히 천하에 자랑할 만하고, 한 자 한 치의 무기를 빌리지 않고 발톱과 어금니의 날카로움만 가지고도 위엄을 천하에 떨치며, 제사 때 쓰는 제기에 범과 원숭이를 그려 넣은 것은 천하에 효를 펼치기 위해서다. 하루에 한 번 사냥한 것을 까마귀와 소리개, 개미와 함께 나누어 먹으니 어진 것은 이루 다 헤아릴 수 없고, 아첨하는 자를 먹지 않고 병이 있는 자를 먹지 않으며 상복 입은 자를 먹지 않으니 그 의로움을 다 헤아릴 수가 없다.

그런데 너희 인간은 먹을 것을 구하는 데 어질지 못하도다. 함정을 파는 것도 부족해서 그물을 친다, 창을 쓴다, 통발, 토끼 잡는 그물, 새그물, 고기 그물을 쓰고 있으니 처음에 그물을 만든 자는 먼저 천하에 으뜸가는 화를 끼친 놈이다. 그 밖에 바늘, 몽둥이, 세모 창, 큰 창을 만들어 쓰고, 화포를 한 번 쏘면 소리가 산을 울리고 내뿜는 불은 음양을 깨뜨릴 것 같아 천둥보다 더 사나운데, 그래도 그 사나움을 다 풀지 못한다. 이에 부드러운 터럭을 입으로 빨아 다듬어 아교를 발라 붓을 만들었는데, 마치 대추씨만 한 것이 조그만 종지에도 차지 못한다. 이것에 오징어 거품 같은 것을 찍고 가로세로 찔러서 굽은 것은 창과 같고, 날카로운 것은 칼과 같고, 예리한 것은 큰 칼과 같고, 갈고리가 있는 것은 미늘창과 같고, 곧은 것은 화살과 같고, 팽팽한 것은 활과 같아서, 이 무기가 한번 움직이면 모든 귀신이 밤에 운다. 너희는 이것으로 서로 잡아먹으니 그 혹독함이 어찌 너보다 더하겠느냐?"

북곽 선생은 자리를 떠나 엎드려서 주춤거리다가 두 번 절하고 머리를 조아리면서 말했다.

"옛글[20]에 말하기를, 비록 악한 사람이 있더라도 재계하면 가히 상제를 섬길 수 있다고 했사오니 하토의 천한 백성은 감히 높은 가르치심을 받들겠습니다."

숨을 죽이고 가만히 기다리고 있었으나 범은 오래도록 말이 없었다. 황송하고 두려워서 손을 마주 잡고 머리를 조아리다가 우러러보니 동방이 밝았고 범은 이미 가버리고 없었다.

이때 농부가 아침에 김을 매러 나왔다가 물었다.

"선생님은 어찌 이렇게 일찍 들에 나오셔서 절하십니까?"

북곽 선생은 말했다.

"내가 들은 바로는, '하늘이 높으니 감히 엎드리지 않을 수 없으며 땅이 두터우니 무릎을 꿇지 않을 수 없다'[21] 했다기에 그러는 걸세."

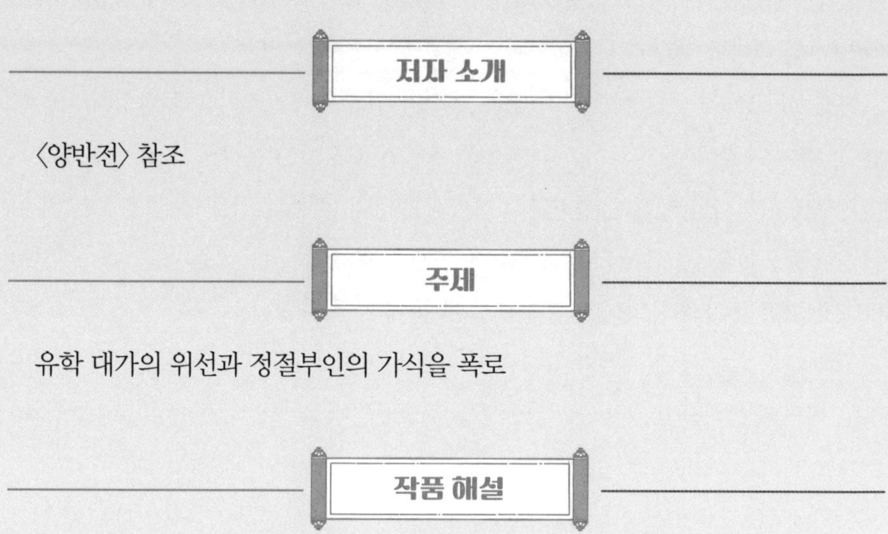

〈양반전〉 참조

유학 대가의 위선과 정절부인의 가식을 폭로

〈호질〉은 범을 등장시켜 양반 계층의 이중적성을 비판하는 작품으로, 《열하일기》의 〈관내정사關內程史〉 편에 수록되어 있는 한문 단편소설이다.

작자 박지원은 이 작품을 통해 삼강오륜의 덕목을 설파하면서도 호색적인 생활을 일삼는 양반들의 생활을 폭로했다. 특히 동물을 의인화하여 호랑이가 위선자의 비행을 나무라도록 한 것은 기발하다. 공리공담만을 일삼고 허례허식에 빠져 곡학아세曲學阿世[22]하며 약한 양민을 괴롭히고 권력층에 아첨하는 호색적인 사대부 계층의 위선적인 실상을 적나라하게 보여주고 있다. 그러한 현실을 고발하는 동시에 비판하려는 냉철한 작가 정신이 돋보인 작품이라 할 것이다.

많은 사람의 존경을 받는 도학자와 열녀 표창까지 받은 과부의 탈선을 소재로 유학 대가의 위선과 정절부인의 가식을 주제로 하여, 연암 박지원의 개혁 사상을 여실히 보여준다.

호랑이가 사람을 잡아먹으려 하나 마땅한 대상이 없었다. 의사를 잡아먹으려 하니 의심이 많고, 무당의 고기는 속이는 자라 불결하게 느꼈다. 그래서 청렴한 선비의 고기를 먹기로 했다.

이때 정 고을에 벼슬을 탐하지 않는 선비가 있었으니, 그를 북곽 선생이라고 불렀다. 나이 마흔에 손수 교서한 책이 1만 권이어서 지방 제후들도 그를 존경했다.

그런데 북곽 선생이라는 선비가 동리자라는 젊은 과부와 정을 통했다. 그녀의 아들들이 몽둥이를 들고 어머니의 방을 습격했다. 북곽 선생은 허겁지겁 도망쳐 달아나다가 그만 들판의 웅덩이에 빠져 오물이 몸에 가득 묻었다.

이때 호랑이가 앞에 다가와 유학자의 위선과 아첨, 이중인격 등을 신랄하게 비판하며 더러운 선비라고 욕했다. 북곽 선생은 정신없이 머리를 조아리며 목숨만 살려 주기를 빌다가 머리를 들어보니 호랑이는 이미 보이지 않았다.

아침에 일을 가던 농부들이 주위에 서서 왜 그런지 물었다. 그러자 그는 농부들에게 자신의 행동은 하늘을 공경하고 땅을 조심하는 것이라고 변명했다.

조선 후기의 상황을 살펴보면 두 가지 면에서 작가의 의도를 설명할 수 있다. 하나는 북곽 선생으로 대표되는 유학자들의 위선을 비꼬는 것이고, 다른 하나는 동리자로 대표되는 정절부인의 가식을 폭로한 것이다.

〈호질〉은 제목 그대로 '호랑이의 꾸짖음'으로, 호랑이의 입을 통해 하고 싶은 말을 다 하고 있다.

연암의 기록에 의하면, 이 작품은 옥전현에 있는 심유봉의 가게 벽에 걸려 있는 것을 옮겨 왔다고 한다. 그러나 그 내용이 많은 유학자를 풍자했기에, 그들의 노여움을 살까 봐 다른 사람의 작품이라고 말했다고도 한다.

연암 박지원의 〈양반전〉, 〈허생전〉도 유학자나 선비, 양반 등을 호되게 질타했다.

호
질
虎叱

1 범을 잡아먹는 전설 속 동물 중 하나로, 원숭이의 모습을 하고 있다. 비비.

2 야생 소의 모습을 한 상상 속의 동물.

3 《산해경》에 나오는 전설 속 동물. 흰 몸에 검은 꼬리를 하고 말처럼 생겼으며 머리에 뿔이 달렸고 호랑이의 발과 이빨을 가지고 있다. 북을 치는 것 같은 소리로 운다.

4 전설 속 동물로 말처럼 생겼으며, 호랑이와 표범을 먹는다.

5 중국 신화에 등장하는 상상 속 동물로, 호랑이와 표범을 잡아먹는 개의 모습을 하고 있다.

6 중국 고전문학에 등장하는 상상 속 동물로, 표범과 비슷하며 허리 위는 누렇고 그 아래는 검은 개의 모습을 하고 있다.

7 창귀의 일종으로, 호랑이에게 죽은 뒤 악령이 되어 또 다른 피해자를 만드는 귀신을 말한다. 이올과 육혼도 창귀다.

8 독이 든 벌레.

9 많은 학자.

10 덕이 높은 사람.

11 여섯 가지 기운.

12 중국 고전인 아홉 가지의 경서. 《주례》, 《의례》, 《예기》, 《좌전》, 《공양전》, 《곡량전》, 《주역》, 《시경》, 《서경》을 이르기도 하고, 《주역》, 《시경》, 《서경》, 《예기》, 《춘추》, 《효경》, 《논어》, 《맹자》, 《주례》를 이르기도 한다.

13 동리라는 과부가 사는 마을이라는 뜻.

14 사람으로서 항상 지켜야 할 다섯 가지 도리. 인, 의, 예, 지, 신.

15 유교적 근본 규범.

16 문신. 범죄자라는 낙인

17   인의 등급.

18 정의에 어그러지고 정도를 어지럽힘.

19 먹고살기 위해 음식물을 섭취하는 입과 배.

20 《맹자》의 〈이루〉 편.

21 《시경》의 구절.

22 바른길에서 벗어난 학문으로 세상 사람에게 아첨함.

호
질
虎
叱

옹고집전 雍固執傳

작자 미상

옹정 옹연雍正雍淵의 옹진골 옹당촌에 한 사람 있으되, 성은 옹이요 이름은 고집이라.

성벽性癖이 고약하여 풍년을 좋아 아니하고, 심술이 맹랑하여 매사를 고집으로 하더라.

가사를 볼라치면 석숭石崇[1] 부자와 도주공陶朱公[2]의 성세를 부러워 아니하더라. 앞뜰에 노적露積[3]이요, 뒤뜰에 장옥墻屋[4]이라. 울 밑에 벌통 놓고, 오동 심어 정자 삼고, 송백 심어 차면하고, 사랑 앞에 연못 파고, 연못 위에 석가산을 무어 놓고, 석가산 위에 일간 초당을 지었으되, 네 귀에 풍경風磬[5]이라.

경경히 맑은 소리 풍편에 흔들리고, 못 가운데 금붕어는 물결 따라 뛰노는데, 동정東庭의 모란화는 반만 피어 너울너울, 왜철쭉, 진달래는 아주 피어 3월 춘풍 모진 바람 되게 맞아 떨어지고, 서편의 앵도화는 담장 안에 너울너울, 연산홍, 자산홍은 물에 비치어 방금 작작 웃어 있고, 매화, 도화 만발한데 사랑치레 찬란하다.

팔작집[6], 어간 대청[7], 3층 난간, 세살 창문, 들장지[8], 영창[9], 안팎걸쇠, 구리사복[10], 쌍룡 새긴 손잡이는 온갖 채색 영롱하며 반공중에 솟아 있고, 별앞닫이[11], 8첩 병풍, 요강, 대야 밀쳐놓고, 며늘아기 명주 짜고 딸아기 수놓으며, 곰배팔이

삿 괴이고 앉은뱅이 방아 찧고, 팔십 당년 늙은 모친 병들어 누웠는데 닭 한 마리, 약 한 첩도 봉양은 아니하고 조반석죽早飯夕粥[12] 대접하니, 냉돌방에 홀로 누워 섧게 울며 하는 말이, "너를 낳아 길러낼 제 애지중지 나의 마음, 보옥같이 사랑하여 어루만져 하는 말이 '은자동銀子童아, 금자동金子童아, 무하자태無瑕姿態[13] 백옥동白玉童아. 천지 만물 일월동日月童아, 아국 사랑 간간동衎衎童아. 하늘같이 어질거라, 땅같이 너그럽거라. 금을 준들 너를 사랴. 천상 인간 무가보無價寶[14]는 너 하나뿐이로다'. 이같이 사랑하여 너 하나를 길렀더니 천지간에 이런 공을 모르느냐. 옛날 왕상王祥[15]이는 얼음 속에 잉어 낚아 부모 봉양하였으니, 그렇지는 못하여도 불효는 면하여라".

불측한 고집이 놈이 어미 말 대답하되, "진시황 같은 이도 만리장성 쌓아두고 아방궁 높이 지어 삼천 궁녀 시위하여 천 년이나 살쟀더니, 이산의 일분총一墳塚[16]을 못 면하여 죽어 있고, 백전백승 초패왕[17]도 오강에 죽어 있고, 안연[18] 같은 현학사도 삼십에 조사早死커든 오래 살아 무엇하리. 옛글에 하였으되, '인간 칠십 고래희古來稀[19]'라 하였으니, 팔십 당년 우리 모친 오래 살아 쓸데없네. 수즉다욕壽則多辱[20] 우리 모친 뉘라서 단명하리. 도척[21]이 같은 몹쓸 놈도 천추에 유명커든 무슨 시비 말할쏜가".

이놈 심사 이러한 중에 또한 불도를 능히 능멸하여 무죄한 중 곧 보면 결박하여 귀 뚫기와 어깨 타고 뜸질하기 유명하더라. 이놈 욕심 이러하니 옹가집 근처에는 동냥 중이 갈 수 없다.

이때에 월출봉 취암사에 한 도사 있으되, 높은 술법은 귀신도 측량치 못할래라. 학대사를 불러 하는 말이, "옹당촌에 옹좌수라 하는 놈이 불도를 능멸하고 중을 보면 원수같이 한다 하니, 그놈의 집에 가서 책망하고 돌아오라".

학대사 거동 보소. 헌 굴갓, 마의 장삼, 백팔염주 목에 걸고 육환장을 손에 들고 허위허위 내려오니, 계화는 작작하고 산조山鳥는 슬피 울어 갈 길을 재촉한다.

화우 석양에 옹가집 다다르니 어간대청 넓은 집에 네 귀에 풍경 달고 안팎 중문 솟을대문 좌우로 열렸는데 목탁을 딱딱 치며 권선을 피워놓고 염불로 배례할 제, "천수천 안관 자재보살, 주상 전하 만만세, 왕비 전하 수만세, 시주 많이 하옵소서. 극락세계로 가오리다. 아미타불 관세음보살".

이때에 종 할미 중문에 의지하여 하는 말이, "노장, 노장, 저 노장아, 소문도 못 들었나. 우리 댁 좌수님이 초당춘수족草堂春睡足[22]한데 기침도 아니하였으니 만일 잠을 깨거든 동냥은 고사하고 귀 뚫리고 갈 것이니 바삐 돌아가소".

저 노장 대답하되, "고루거각高樓巨閣[23] 높은 집에 중의 대접 그러할까. 적악지가 필유여앙積惡之家 必有餘殃[24]이요, 적선지가에 필유여경積善之家 必有餘慶[25]이라 하나이다. 소승이 영암 월출봉 취암사에 사옵더니, 법당이 퇴락하여 불원천리하고 귀댁에 왔사오니 황금 천 냥만 시주하옵소서".

합장 배례하며 목탁을 두드리니, 옹좌수 거동 보소. 밀창문을 열치면서, "어찌 그리 소란하냐?"

종놈이 여쭈오되, "문밖에 중이 와서 동냥을 달라 하나이다".

좌수 골을 발끈 내어 성난 눈깔 내두르며 악한 소리 지르면서, "괘씸한 이 중놈아, 시주하면 어쩐다냐?"

저 노장 대답할 제, 육환장을 눈 위에 높이 들어 합장 배례하는 말이, "황금 천 냥만 시주하옵시면 소승의 절에 가서 수륙재水陸齋[26]를 올릴 적에 아무 촌 아무라 축원을 올리오면 소원대로 되나이다".

옹좌수 하는 말이, "가소롭다, 네 말이여. 천생만민 마련할 제 부귀빈천, 유무자손, 복불복을 분별하여 내었거든, 네 말대로 하려 하면 가난할 이 뉘 있으며, 무자無子할 이 뉘 있으리. 진속眞俗[27]에 일렀으되 '인중말人中末은 중이라'[28],

너의 마음 고약하여 부모 은혜 배반하고 삭발 위승 부처의 제자 되어 아미타불 거짓 공부, 어른 보면 동냥 달라, 아해 보면 가자 하고 불충불효 너의 행실 내 이미 알았으니, 동냥 주어 무엇하리".

저 노장 대답하되, "청룡사에 축원하여 만고 영웅 소대성蘇大成[29]을 낳아 갈충보국竭忠報國[30]하여 있고, 천수공부千手工夫 고집하여 주상 전하 수만세를 조석으로 발원하니, 갈충보국 아니오며 이 부모 보은 아니리까. 그런 말씀 마옵소서".

옹좌수 하는 말이, "네 무슨 지식이 있느냐. 나의 관상 하여다오".

노장 왈, "좌수님 상을 살피오니 눈썹이 길고 미간이 넓으니 성세聲勢[31]는 요족饒足[32]하나, 누당이 곤하시니 자손이 부족하고, 면상이 좁으니 남의 말은 아니 듣고, 수족이 작으니 오사誤死[33]도 할 듯하고, 말년에 상한병을 얻어 고생하다 죽사이다".

옹좌수 성을 내어 종놈을 부르되, "돌쇠, 뭉치, 깡쇠야, 저 중놈 잡아내라!"

저 중놈 거동 보소. 눈들을 부릅뜨고 천둥같이 달려들어 헌 굴갓 벗겨 내던지고 두 귀 덤벅 잡아 높은 석상 휘휘 둘러 동댕이질쳐 잡아내니, 좌수가 호령하되, "완증頑憎한 이 중놈아, 들어보아라. 진도남陳圖南[34] 같은 이도 중을 불가하다 하고 운림처사雲林處士[35] 되었으니, 너 같은 완증한 놈이 거짓 불도 칭탁하고 남의 전곡 달라 하니, 너 같은 놈을 그저 두랴".

귀를 뚫고 태장 30도를 맹치하여 끌어 내치니, 학대사 높은 술법으로 완연히 몸을 보존하여 돌아가서 사문에 들어가자, 제승이 영접하여 연고를 물으니 학대사 대답하되, "여차여차하였노라".

제승이 대왈, "스승의 높은 술법으로 염라왕께 전갈하여 강림 도령 차사差使 놓아 옹고집을 잡아다가 지옥에 엄수하여 영불 출세하게 하옵소서".

"그는 불가하다."

“그러하오면 해동청 보라매 되어 청천 운간 높이 떠서 서산에 머물다가 표연히 달려들어 옹가 대가리를 두 발로 덤벅 쥐고 두 눈을 익은 수박 파듯 하여이다.”

“아서라, 그도 못 하리라.”

“그러하오면 만첩청산萬疊靑山[36] 맹호 되어 야삼경 깊은 밤에 담장을 넘어가서 옹가를 물어다가 산고곡심山高谷深[37] 무인처無人處에 뼈 없이 먹사이다.”

“그도 또한 못 하리라.”

“그러하오면 신미산 여우 되어 채의단장彩衣丹粧 곱게 입고 호색하는 고집의 품에 누워 단순호치丹脣皓齒[38] 반개하여 좋은 말로 옹고집을 속일 적에, ‘첩은 본래 월궁 선녀로 상제께 득죄하여 인간에 내치시매 갈 바를 모르더니, 산신이 지시하여 좌수님과 연분 있다 하옵기로 찾아왔나이다’ 하여 온갖 교태 내보이면 옹가 필경 대혹하여 등 치며 배 만지며 온갖 희롱하다가 촉풍상한觸風傷寒 나서 죽게 하옵소서.”

“아서라, 그도 못 하리라.”

학대사 거동 보소. 괴이한 꾀를 내어 짚 한 묶음 내어놓고 허인虛人을 만들어 놓고 보니, 분명한 옹고집이라. 부적을 써 붙이니 이놈의 화상 보소. 말머리, 주걱턱이 하릴없는 옹가일래라.

옹가집 찾아가서 사랑문 열고 분부할 제, “늙은 종 돌쇠, 뭉치, 깡쇠야, 어이 그리 거만하냐. 말 콩 주고 여물 썰어라. 춘단아, 방 쓸어라”.

천천히 앉았으니 분명한 옹좌수라. 실實옹가가 들어오며 하는 말이, “어떤 손님이 와서 사랑을 요란케 하느냐?”

허虛옹가가 나앉으며, “그대 어인 사람으로 예 없이 들어와서 주인인 체하느뇨?”

실옹가 성을 내어 호령하며 왈, "네가 나의 형세 유여함을 듣고 재물을 탈취하려고 돌입내정突入內庭 하였으니, 깡쇠야, 이놈 잡아내라".

종놈들 대답하고 달려드니 허옹가 나앉으며 호령 왈, "깡쇠야, 저놈 잡아내라".

노복들이 얼척없어 이도 보고 저도 보니, 이 옹 저 옹이 같은지라. 양 옹이 상투相鬪하니, 백운심처 처사 찾기는 쉬울지나, 백주당상 차방중白晝堂上此房中[39] 우리 댁 좌수님은 찾을 가망 전혀 없어, 묵묵부답하고 안으로 들어가서 하는 말이, "일이 났소, 일이 났소. 아씨님, 일이 났소. 사랑에서 일이 났소. 우리 댁 좌수님이 둘이 되었으니, 보는 바 처음이라. 가중의 이런 변이 세상에 또 있는가".

마누라님 이 말 듣고 대경실색, "애고애고, 이게 웬 말이냐. 너의 좌수님이 중을 보면 결박하고 악한 형벌 무수하고, 불도를 능멸하며 팔십 당년 늙은 모친 박대한 죄 없을쏘냐. 지신地神이 발동하고 부처님이 도술하여 하늘이 주신 죄를 인력으로 어이하리".

춘단 어미 바삐 불러, "네가 나의 진위를 알아 오라".

춘단 어미 바삐 나와 문틈으로 내다보니, "네가 옹가다, 내가 옹가다" 하며 서로 호령하니, 언어, 동정, 이목구비, 두 좌수 똑같으니 춘단 어미 하는 말이, "수지오지자웅誰知烏之雌雄[40]이라, 게 뉘라 알아볼까".

안으로 들어가며, "마나님, 소비는 알 수가 전혀 없소".

마누라님 하는 말이, "너의 댁 좌수님은 새로 좌수하여 도포를 급히 다루다가 불똥이 떨어져서 안자락이 타서 구무구멍 있으니 그걸 보아서 알아 오라".

춘단 어미 또 나와 사랑문 열뜨리고, "알 일이 있사오니 도포를 보사이다. 안자락에 불똥 궁기구멍 있삽나이다".

실옹가 나앉으며 도포 자락 펼쳐 뵈니 분명할 새 우리 댁 좌수님이라. 허옹가 나앉으며, "에라, 이년, 요망한 년, 가소롭다. 남산 봉화 들 제, 인경 치고 사대문 열 제, 순라꾼이 제격이겠다. 그만 표는 나도 있다".

안자락을 펼쳐 뵈니, 그도 또한 불 구무라. 알 길이 전혀 없어 답답한 거동 보소.

"애고 애고, 마나님, 나가 보옵소서. 소비는 알 수 없소."

마누라님 이 말 듣고 변색하여 하는 말이, "우리 둘이 만날 적에 여필종부 본을 받아 서산에 지는 해를 긴 노로 잡아매고, 살아서 이별 말고 죽어도 한날 죽자 천지로 맹세하고 일월로 증인터니, 의외에 변이 있으니 꿈이냐 생시냐. 이 일이 웬일인가. 도덕 높은 공부자孔夫子[41]도 양호陽虎[42]의 얼을 입었다가 도로 놓여 성인 되었으니, 자고로 성인네도 일시곤액一時困厄[43] 있거니와, 우리 집에 이런 변이 또 있을까. 내 행실 가지기를 송백같이 굳은 마음 두 낭군이 무삼일꼬".

이같이 자탄할 제 며늘아기 여쭈오되, "집안의 변을 보매 무슨 체모 있으리까".

사랑문을 열고 들어가니 허옹가 나앉으며, "아가, 자세히 들어보아라. 창원 마산포서 너희 신행하여 올 제, 기마 십여 필에 온갖 기물 실어두고, 나는 후배後陪하여 따라올 제 상사마相思馬[44] 한 필 뒤동 걸어 실은 것이 모두 다 파삭파삭 절단나서, 놋동이 한복판이 떨어져서 쓰지 못하고 벽장에 넣었으니 그도 또한 헛말이냐. 너의 애비는 나로다".

실옹이 나앉으며, "애고, 저놈 보소. 내가 할 말 제가 하네. 애고애고, 이 일을 어찌하랴. 새아가, 내 얼굴 자세히 보아라. 네 시아비는 내가 아니냐".

며느리 여쭈오되, "우리 아버님은 두상에 금이 있고 금 가운데 백발이 있사오니 그 표를 보사이다".

실옹가 나앉으며 머리를 풀고 뵈니, 이 대가리 딴딴하여 송곳으로 찔러도 물 한 점 아니 날래라. 허옹가 나앉으며 요술 부려 흰 털을 빼어다가 저의 머리에 붙이니, 실옹가의 표는 쓸데없고 허옹가의 표가 분명하다.

“며늘아가, 내 머리 자세히 보아라.”

며느리 나앉으며, “예, 우리 시아버님이오”.

실옹가 갖은 복통腹痛하여 머리를 와득와득 두드리며, “애고애고, 허옹가는 제 애비 삼고, 실옹가는 구박하네. 기막혀 나 죽겠네. 내 마음 설운 원정怨情 널더러 하여볼까”.

종놈들 거동 보소. 남문 밖 사정射亭45에 바삐 가서, “가사이다, 가사이다, 서방님, 어서 가사이다. 일이 났소. 일이 났소. 좌수님이 둘이 되었소”.

서방님 거동 보소. 화살 전통 걸어 매고 집으로 바삐 와서 사랑에 들어가니, 허옹가 나앉으며 하는 말이, “저 건너 최 서방에게 작전作錢46 열 냥 가져왔느냐? 너더러 주라 하였으니, 그 돈에서 한 냥만 술 사 오라 하여라. 분하고 분하다. 이놈이 우리 세간을 앗으려고 이리한다”.

실옹가 나앉으며, “애고애고, 저놈 보소. 내가 할 말 제가 하네”.

아들놈 거동 보소. 맥맥상관脈脈相觀 살펴보니 이도 같고 저도 같고 알 길이 전혀 없다. 허옹가 나앉으며 실옹가의 아들 불러 왈, “너의 모친께 좀 나오라 하여라. 이렇듯 가변중에 내외가 무엇이냐”.

실옹가 아들 거동 보소. 안으로 들어가, “어머님 어머님, 어서 나가 자세히 살펴보소서”.

허옹가, 실옹가의 아내보고 하는 말이, “내 말 자세히 들어보소. 우리 처음 만나 새 방 차려 동숙할 제, 동품 하자 하니 괄연불응恝然不應하옵기에, 내 다시 개유할 제 좋은 말로 자네를 홀릴 적에, ‘이같이 어진 밤은 백 년 일득뿐인지라. 어찌 서로 허송할까’ 하니 그제야 서로 동품하였으니, 그런 일을 생각하여 진위를 분별하소”.

실옹가 아내 생각하되, 과약기언果若其言 그런지라. 허옹가를 실옹가라 하니,

실옹가가 할 수가 없어 갖은 복통하여 눈에서 불이 나되 어찌할 수 없는지라. 실옹가 아내 하는 말이, "둘이 다 똑같으니 애통하오".

안으로 들어가서 팔자 한탄하는지라. 이때 구불촌 김 별감이 와 문밖에서, "옹좌수 게 있는가?"

허옹이 나앉으며, "그게 뉘신가. 허허, 김 별감인가. 달포를 못 보았더니 그새 편안한가. 나는 요새 편치도 못하네. 집안에 변이 있어 부지하허인不知何虛人이 언어, 동정과 형용이 나와 같은 사람이 나의 재물 뺏으려고 몹쓸 비계秘計를 내어 난 체하고 가산을 분별하니, 이러한 변이 어디 또 있는가. 기처其妻는 불식야不識也로되 기우其友는 식지識之47라 하였으니, 자네 나를 모를쏜가. 지기상통志氣相通하는 뜻을 명백히 분별하여 저 사람을 쫓아주오".

실옹가 이 말 듣고 가슴을 퉁탕 두드리며, "애고애고, 저놈 보소. 제가 낸 체하고 천연히 앉아 좋은 말로 그럴듯 말하네. 네가 옹가냐, 내가 옹가이지".

서로 다툴 적에, 김 별감 하는 말이, "양 옹이 옹옹 하니 이 옹 저 옹을 분별하지 못하겠네. 관가에 송사나 하여보소".

양 옹이 이 말 듣고 서로 붙들고 관청에 들어가는데 얼굴도 같고 의복도 같고 머리, 가슴, 팔뚝, 다리, 불알까지 같았으니, 기간 진위期間眞僞48를 뉘가 알리요.

실옹가 먼저 아뢰되, "민民이 옹당촌에서 대대거생代代居生하옵더니 천만의외 부지하허인이 민의 행색같이 하고 들어와서 민의 집을 제 집이라 하고 민의 가속을 제 가속이라 하오니, 세상에 이러한 흉한 일이 어디 또 있사오리까? 명명하신 성주는 이놈을 엄문하와 변백辨白하여주옵소서".

허옹가 또 아뢰되, "민이 아뢸 말씀을 저놈이 다 하였사오므로, 민은 아뢸 말씀 없사오니, 명백하신 성주는 통촉하와 허실을 가려주옵소서. 인제 죽사와도 여한이 없겠나이다".

사또 분부하되, "양 옹은 각기 기보수其步數[49]하라".

육방 하인이며 내빈 행객 모두 살피되 전혀 알 수 없는지라. 형방이 아뢰되, "두 백성의 호적을 상고相考[50]하여지이다".

"허허, 그 말 옳다."

호적색戶籍色[51]을 불러 양 옹의 호적을 강講받을 제, 실옹가 나앉으며 아뢰되, "민의 애비 이름은 옹송이옵고 조祖는 만송이로소이다".

사또 왈, "그놈 호적은 옹송만송하다. 알 수 없으니 저 백성 아뢰어라".

허옹가 아뢰되, "자아골 김동네 좌정시坐定時에 민의 아비가 좌수를 거행하올 때에 백성을 애휼愛恤[52]한 공으로 하여금 연호잡역煙戶雜役[53]을 삭감하였기로 경내 유명하오니, 옹돌면 제일호 유학의 옹고집이라.

고집의 연年이 삼십칠이요, 부학생父學生이 옹송이오니 절충장군[54] 하옵고, 조는 상이오나 오위장[55] 하옵고, 고조는 맹송이요, 본은 해주오며, 처는 최씨요 본은 진주요, 손자가 골이오니 연이 십구 무인생戊寅生이요, 천비賤婢 소생이 돌쇠오며, 또 민의 세간을 아뢰리다. 곡식 두태豆太[56] 합하여 이천백 석이요, 마구에 기마가 여섯 필이요, 암톨, 수톨[57] 합 스물두 수요, 암탉, 장탉 합 육십 수요, 기명器皿[58] 등 안성 방짜 유기 열 벌이오. 앞닫이, 반닫이며 이층장, 화류 문갑, 용장, 봉장, 가께수리[59], 산수 병풍, 연화병 다 있사옵고, 모란 그린 병풍 한 벌은 민의 자식 신혼 시에 매화 그린 폭이 꿰어져 고치려 하고 다락에 따로 얹어두었사오니 글로도 아옵시고, 책은 천자千字, 추구推句, 당음唐音, 당률唐律, 사략史略, 통감通鑑, 소학小學, 대학大學. 논어論語, 맹자孟子, 시전詩傳, 서전書傳, 주역周易, 춘추春秋, 예기禮記를 주벽周壁, 총목總目까지 다락에 쌓아두고, 은지환이 스무 켤레요, 금지환이 한 죽이요, 비단 청홍 자색 합하여 열세 필이요, 모시가 서른 통이요, 명주가 마흔 통이온 중 한 필은 민의 큰딸이 첫몸 보아 가점[60]을 명주

통에 찡개었더니 피가 조금 묻었사오니 이걸로 보아도 명백히 알 것이오. 진신, 마른신[61]이 석 죽이요, 쌍코, 줄변자[62] 여섯 켤레 중 한 켤레는 이달 초사흘 밤에 쥐가 코를 새겨 신지 못하와 안벽장에 넣었으니 이걸로도 염문廉問[63]하와 하나라도 틀리거든 장하杖下[64]에서 죽사와도 변백무로辨白無路[65]이오니, 저놈이 민의 세간 이렇듯이 유여함을 듣고 욕심을 내어 송정訟廷[66]을 요란케 하오니, 저렇듯 무도한 놈을 처치하여 후인을 경계하옵소서".

사또 듣기를 다하매 왈, "그 손이 참 옹좌수라".

당상에 올려 앉히고 기생을 불러, "이 양반께 술 권하여라".

일색一色[67] 기생 술을 들고 권주가 화답하되, "잡수시오, 잡수시오. 이 술 한 잔 잡수시오. 이 술 한 잔 잡수시면 천만 년이나 살으시리라. 이 술은 술이 아니라 한무제 승로반承露盤[68]에 이슬 받은 것이오니 쓰나 다나 잡수시오".

옹좌수 흥을 내어 술잔을 받아들고 하는 말이, "하마터면 아까운 세간을 저놈에게 빼앗기고 이런 일등 미색의 이렇듯 맛난 술을 못 먹을 뻔하였다. 그러므로 성주 덕택에 흑백을 가려주옵시니, 은혜 백골난망白骨難忘[69]이로소이다. 한순 민의 집에 나오시오. 막걸리 한잔 대접하오리다".

"그는 염려 말게. 처치하여줌세."

실옹가를 불러 분부하되, "네가 흉측한 놈으로 음흉한 뜻을 두고 남의 세간 탈취하려 하니, 네 죄상은 마땅히 의율정배擬律定配[70]할 것이로되, 고의안세古義安世[71]하니 바삐 어서 물리치라".

대곤大棍[72] 30도를 맹치하여 엄문 죄목하되, "인제도 옹가라 하겠느냐?"

실옹가 생각하되, 만일 옹가라 하다가는 곤장 밑에 죽을 듯하니, "예, 옹가 아니오. 처분대로 하옵소서".

아전을 호령하여, "장채 안동하여 저놈을 월경越境[73]하리라".

벌떼 같은 군노 사령 일시에 달려들어 옹가 상투를 잡아 휘휘 둘러 내쫓으니, 실옹가 하릴없이 가슴을 탕탕 두드리며 대성통곡하며 하는 말이, "답답하다, 내 일이야. 꿈이냐, 생시냐. 어찌해야 옳단 말이냐. 차소위 낙미지액此所謂落眉之厄[74]이로다".

무지한 고집이놈 이제는 개과하여 애통하는 말이, "나는 죽어 마땅한 놈이거니와, 당상학발堂上鶴髮[75] 우리 모친 다시 봉양하고지고. 어여쁜 우리 아내 월하의 인연 맺어 일월로 본증本證 삼고 천지로 맹세하여 백년종사百年從死[76]하자 했더니, 독수공방 적막한데 임 없이 홀로 누워 전전반측輾轉反側 잠 못 들어 수심으로 지내는가. 슬하의 어린 새끼 금옥같이 사랑하여 어를 제 '섬마둥둥 내 사랑, 후두둑 두둑, 엄마 아빠 눈에 암암'. 나 죽겠네. 아마도 꿈인가 생신가, 꿈이거든 깨이거라".

허옹가 거동 보소. 득송得訟[77]하고 돌아올 제 의기양양하는 거동 진소위眞所謂[78] 제법이다. 얼씨구나 좋을시고. 손춤 추며 노랫가락 좋을시고. 이리저리 다니면서 조롱하여 하는 말이, "허허, 흉악한 놈, 하마터면 우리 고운 마누라 빼앗길 뻔하였다".

집으로 들어오며 희색이 만안滿顏[79]하니, 가중 재인이 득송하였단 말 듣고 실옹가 마누라 왈칵 뛰어 내달으며 허옹가의 손을 잡고 묻는 말이, "득송하였소?"

"허허, 그리하였네. 그새 편안히 있는가. 세간은 고사하고 하마터면 자네 놓칠 뻔하였네. 원님이 명찰하여 주시기로 자네 얼굴 다시 보니 이런 좋은 일 또 있을까. 불행 중 다행이로다."

그렁저렁 날이 저물매 허옹가 실옹가의 아내 데리고 종야終夜[80] 언어수작하다가 원앙금침 펼쳐놓고 동침하여 누웠으니, 양인 심사 깊은 정에 좋은 마음 측량 없다.

이같이 즐기다가 잠깐 잠이 들어 한 꿈을 얻으니, 하늘에서 허수아비 무수히 떨어져 내리거늘 문득 깨달으니 남가일몽南柯一夢[81]이라. 허옹가 보고 몽사를 이르니 허옹가 하는 말이, "그러할시 분명하면 아마도 잉태할 듯하나, 꿈과 같을진대 허수아비 떼 낳을 듯하네. 그러하나 내두來頭[82]를 보리라".

이러구러 10삭[83]이 차매 실옹가 아내 몸이 곤하여 침석에 누워 해태解胎[84]하는데, 진양성 중 가가조家家稠[85]에 개구리 해산하듯, 도야지 새끼 낳듯 무사히 퍼 낳는데, 하나둘셋넷 부지기수로다. 이렇듯이 해산하니 보던 바 처음이요, 듣던 바 처음이라. 실옹가 마누라 좋아라고 부지기고不知其苦[86]하고 길러내더라.

이같이 즐겨할 제 실옹가는 하릴없이 세간 처자 다 앗기고 팔자 없는 곤장 맞고, "세상에 살아 무엇하랴. 애고애고, 내 팔자야. 죽장마혜竹杖麻鞋 단표자單瓢子[87]로 만첩청산 들어가니 산은 높아 천봉이요 골은 깊어 만학萬壑[88]이라. 인적은 고요하고 수목은 삼렬森列한데, 때마침 삼춘三春이라, 출림비조出林飛鳥 산새들은 쌍거쌍래雙去雙來[89] 날아들 제, 슬피 우는 저 두견은 나의 심회 자아내어 화총花叢[90]에 눈물 뿌려 점점이 맺어두고 불여귀不如歸[91]를 일을 삼으니 슬프다. 이런 공산空山[92] 중에 아무리 철석 간장이라도 아니 울고 못 하리라".

이렇듯 슬피 울 제 한곳을 바라보니 층암절벽 상에 백발 도사 높이 앉아 청려장青黎杖을 옆에 끼고 반송盤松[93] 가지를 휘어잡고 노래로 하는 말이, "후회막급이로다. 하늘이 주신 죄를 수원수구誰怨誰咎[94]한단 말인가".

실옹가 듣기를 다하여, 천방지방天方地方 도사 앞에 급히 나아가 합장 배례하며 공손히 하는 말이, "이놈의 죄를 생각하면 천사千死라도 무석無惜[95]이요 만사万死라도 무석이나, 명명하신 도덕하에 제발 살려주오. 당상의 늙은 모친, 규중의 어린 처자 다시 보게 하옵소서. 원견지願見之하온 후는 돌아가도 여한이 없을까 하나이다. 제발 살려주옵소서".

만단萬端[96]으로 애걸하니 도사 하는 말이, "천지간에 몹쓸 놈아, 인제도 팔십 당년 늙은 모친 냉돌방에 구박할까. 불도를 능멸할까. 너 같은 몹쓸 놈은 응당 죽일 것이로되, 정상이 가긍하고 너의 처가 불쌍한 고로 방송하나니, 돌아가 개과천선하라".

부적을 써주며 왈, "이 부적을 몸에 붙이고 네 집에 돌아가면, 괴이한 일이 있으리라".

인홀불견因忽不見[97] 간데없거늘, 실옹이 질거 돌아와서 제 집 문전에 다다르니, 고루거각 높은 집에 청풍명월 맑은 경은 옛 놀던 풍경이라. 담장 안에 홍련화는 나를 보고 반기는 듯. 영산홍아, 잘 있더냐, 자산홍아, 무사하냐. 옛일을 생각하니 각금시이작비覺今是而昨非[98]로 옛집을 다시 찾아오니 죽을 마음 전혀 없다.

"가소롭다, 허옹가야, 이제도 네가 옹가라 장담할까?"

들어가니, 마누라 이 거동을 보고 대경실색하여 하는 말이, "애고애고, 좌수님, 저놈 천살天煞[99] 맞았는지 또 와서 지랄하고 들어오니, 이 일을 어찌하리까".

이러할 즈음에 방에 있던 옹가 간데없고 없던 짚 한 묶음이 놓여 있고, 허옹가의 자식들도 문득 허수아비 되니, 가중 제인家中諸人이 박장대소하더라.

좌수가 부인보고 하는 말이, "마누라, 그새 허수아비 자식을 저렇듯이 무수히 낳았으니, 그놈과 한가지로 얼마나 좋아하였는가. 한상에 밥도 먹었는가?"

부인이 얼척없어 묵묵부답하고 방 안에 돌아다니며 허옹가의 자식 살펴보니, 이리 보아도 허수아비, 저리 보아도 허수아비, 아무리 보아도 허수아비 떼가 분명하다. 부인이 일변은 반갑고 일변은 부끄러워하더라.

도승의 술법을 탄복하여 모친께 효성하고, 불도를 공경하여 개과천선하니 그 어짊을 칭찬하더라.

대저 이 책이 사람을 훈계한 책이니, 보는 사람이 무론 남녀하고 부모께 효성하고 남에게 적선할지니, 만일 적선 효성을 아니하면 옹고집의 처음 마음과 같을지라.

저자 소개

작자와 연대를 알 수 없는 조선 후기 판소리 계열의 한글 소설이다. 원래 판소리 열두 마당의 하나였다고 하나, 현재 판소리로는 전해지지 않는다. 그래서 목판본이나 활자본으로도 나오지 못하고 있다가 일제 해방 이후에야 소설로 발간되었다.

주제

마음씨 고약한 옹고집을 회개시켜 독실한 불도자가 되게 함.

작품 해설

이 소설은 판소리계 소설로, 권선징악의 불교적 설화를 소재로 한 작품이다.

실존하는 옹고집과 허구의 옹고집의 대결이 흥미롭다. 고집 세고 인색해 불효막심한 수전노를 징계하기 위하여 기상천외의 도술로 회개하게 한다. 특히 조선 후기에 화폐 경제의 발달로 오직 부를 추구하는 데만 몰두한 나머지 도덕이나 인정을 저버린 사람들이 많아지자, 이에 대한 반감이 반영된 풍자소설이다.

옹고집은 〈흥부전〉의 놀부와 인간형이 비슷하고 결과도 비슷하다. 그러나 놀부보다는 옹고집이 훨씬 진취적이다.

　옹진골 옹당촌에 옹고집이라는 사람이 살고 있었다. 그는 심술이 사납고 고약하며 인색해 천하에 둘도 없는 수전노다. 또한 팔십 노모가 냉방에 병들어 있어도 돌보지 않는 천하의 불효자식이다.

　이를 보다 못한 월출봉 취암사의 도사가 옹고집을 혼내주려고 가짜 옹고집을 만들어 진짜 옹고집에게 보냈다. 그 가짜 옹고집이 주인 행세를 하면서 하인들을 호령했다. 이러한 줄을 모르고 잠시 후 진짜 옹고집이 집에 들어와보니 자기와 똑같은 인물이 주인 노릇을 하고 있었다. 그리하여 둘은 서로 자기가 진짜 옹고집이라고 하면서 시비가 벌어졌다. 마침내 그들은 누가 진짜인지 밝히기 위해 소송까지 했다.

　원님이 족보를 가져오라 해서 물어보니 가짜가 더 잘 알아, 진짜 옹고집은 패소하여 곤장을 맞고 내치어 걸식하는 신세가 되었다. 가짜 옹고집은 득의만만하여 집으로 돌아와 아내와 자식들을 거느리고 살았다.

　진짜 옹고집은 그 뒤 온갖 고생을 다 하며 떠돌았다. 그리하여 지난날의 잘못을 뉘우쳤지만 어쩔 도리가 없어 자살하려고 산중으로 들어갔다. 막 목숨을 끊으려는데 월출봉 취사암의 도사가 나타나 말린다. 옹고집이 뉘우치고 있는 것을 안 도사는 부적을 하나 주면서 집으로 돌아가라고 한다.

　옹고집이 집에 돌아와서 그 부적을 던지니 그동안 집을 차지하고 있던 가짜 옹고집이 허수아비로 변한다. 옹고집은 비로소 그동안 도술에 속은 줄 알았고, 새사람이 되어서 착한 일을 하고 독실한 불자가 되었다.

이 작품은 〈심청천〉과 같은 불교적 설화를 소재로 하며, 〈홍길동전〉이나 〈전우치전〉과 같은 도술적 요소가 섞여 있다.

이 작품에는 여러 가지 설화가 섞여 있다. 장자못 이야기나 쥐를 기른 이야기, 도술로 징벌한 이야기 등이 그것이다. 이는 다른 판소리 계열의 소설과 유사하다.

경상도 지방에 전하는 민간설화에도 며느리가 먹인 개가 시아버지로 화하여 진짜 시아버지와 대결하는 이야기가 있다. 이 작품도 진짜와 가짜의 대결을 풍자적이면서도 해학적으로 그려냈다.

조선조 영조 때 사람인 송만재宋晩載의 〈관우희觀優戲〉라는 글에 '옹 생원이 어떤 꼭두각시와 싸우는'이라는 기록이 나오는 것으로 보아, 이때 벌써 〈배비장전〉 등과 함께 창극으로 연출되었던 것 같다.

판소리의 대사를 소설화한 〈홍부전〉과 유사점이 많고, 도덕소설로 〈보심록〉도 읽어볼 만하다.

1 중국 진대의 부호이자 문장가. 자는 계륜. 형주자사를 지냄. 무역하여 부를 쌓았는데 엄청났다고 함.

2 중국 춘추시대의 초인. 범여. 월왕 구천을 섬겨 오왕 부차를 죽이게 했다. 후에 제로 가서 부를 쌓았다고 함.

3 곡식을 쌓아둔 것.

4 담장과 건물.

5 바람이 불면 흔들려 소리나는 종.

6 네 귀에 모두 추녀를 달아 지은 집.

7 방과 방 사이에 있는 큰 마루.

8 들어 올려서 매달게 해놓은 장지문.

9 방과 마루 사이에 낸 미닫이문.

10 구리로 만든 돌쩌귀.

11 따로 달은 앞닫이.

12 아침에는 밥을 먹고, 저녁에는 죽을 먹는다는 뜻으로, 몹시 가난한 살림을 이르는 말.

13 흠 하나 없는 모습.

14 값을 매길 수 없을 만큼 귀한 보배.

15 중국 진대의 사람. 자는 휴징. 계모를 지성으로 섬긴 효도로 유명하였음.

16 한낱 무덤.

17 중국 진나라 말기의 무장. 항우. 진을 멸망시킨 후 자칭 서초의 패왕이라 하였음. 유방에게 크게 패하고 자결하였음.

18 중국 춘추시대의 노인. 공자의 수제자. 안빈낙도를 누리다가 39세로 요절하였음.

19 사람이 칠십을 살기 어렵다는 뜻.

20 오래 사는 만큼 욕되는 일이 많다는 뜻.

21 중국 춘추시대의 유명한 도적.

22 《삼국지연의》에 나오는 제갈량의 시구로서, 초당에서 봄 낮잠을 달게 자고 있다는 뜻.

23 높고 큰 집.

24 악을 쌓는 집에는 반드시 재앙이 따른다는 뜻.

25 선을 쌓는 집에는 반드시 경사가 찾아온다는 뜻.

26 물과 육지의 홀로 떠도는 귀신들과 아귀에게 공양하는 재.

27 불법과 세법.

28 사람 중에서 가장 못난 것은 중이라는 뜻.

29 소설 〈소대성전〉의 주인공.

30 충성을 다하여 나라를 지킴.

31 명성과 위세.

32 넉넉함.

33 형벌이나 재난을 당하여 비명에 죽음.

34 중국 송나라 때 활동한 도인. 예지력과 신비로운 행적으로 유명하다. 사주팔자를 시작했다고 함.

35 자연에 묻혀 조용히 사는 사람.

36 겹겹이 둘러싸인 푸른 산.

37 산이 높고 골짜기가 깊음.

38 붉은 입술과 흰 치아. 아름다운 여인을 뜻함.

39 대낮에 눈앞에서.

40 '누가 까마귀의 암수를 구별하겠는가?', 즉 구별할 수 없다는 뜻.

41 공자의 높임말.

42 중국 춘추시대 노나라의 정치가. 진으로 망명했는데, 양호를 잡으려던 무리들이 그와 똑같은 공자를 보고 잡아가려고 하였다 함.

43 한때의 어려움, 시련.

44 발정發情하여 일시적으로 매우 사나워진 수말.

45 활터에 세운 정자.

46 물건을 팔아서 만든 돈.

47 기처부식야기우식지는 아내는 남편을 잘못 아는 수가 있어도 친구는 반드시 알아낸다는 뜻.

48 신분의 진짜와 가짜 여부.

49 몇 걸음 걸음.

50   로 비교해봄.

51 각 고을의 관아에서 호적을 맡아보던 사람.

52 불쌍하게 여겨 은혜를 베풂.

53 집집마다 매기던 부역.

54 정3품의 무관.

55 종2품의 무관.

56 콩과 팥.

57 암퇘지, 수퇘지.

58 살림살이에 쓰는 온갖 그릇.

59 가께수리경대. 조그만 왜궤 모양으로 만든 경대로, 위 뚜껑 안쪽에 거울이 달려 있어 뚜껑을
    세워서 사용한다.

60 첫몸은 초경, 가점은 개짐의 사투리로 헝겊으로 만든 옛 생리대.

61 진신은 물이 배지 않게 들기름에 결어 만든 가죽신. 마른신은 기름으로 겯지 않은 가죽신.

62 쌍코는 두 줄로 솔기를 댄 가죽신. 줄변자는 천으로 장식한 신.

63 남모르게 사정이나 형편 따위를 물어봄.

64 장형을 행하는 그 자리.

65 변명할 방법이 없음.

66 송사를 처리하던 법정.

67 뛰어난 미인.

68 중국 한무제가 하늘에서 내리는 불로장생의 감로수를 받기 위해 만들었다는 쟁반.

69 죽어서 백골이 되어도 잊을 수 없는 은혜.

70 법에 따라 귀양을 보냄.

71 옛날의 올바른 도리로 편안하게 함.

72 조선시대 곤장의 종류 중 하나.

73 경계 밖으로 내보냄.

74 이야말로 눈앞에 떨어진 재앙.

75 대청 위 하얗게 센 머리.

76 한평생 같이 살다 따라 죽음.

77 송사에서 이김.

78 그야말로. 참말로.

79 기쁜 기색이 얼굴에 가득함.

80 밤새도록.

81 중국의 《남가기》에서 나온 고사로서, 한때의 헛된 부귀와 영화를 말함.

82 다가올 앞날.

83 열 달.

84 해산.

85 집이 빽빽하게 들어참.

86 고생을 모름. 고단함을 잊음.

87 대나무 지팡이, 미투리, 표주박 하나.

88 첩첩이 겹친 큰 봉우리.

89 쌍으로 오감.

90 꽃이 무더기로 피어 있음.

91 돌아갈 수 없음. 혹은 두견새. 휘파람새의 둥지에 알을 낳아 대신 키우게 함.

92 사람 없는 산중.

93 키가 작고 옆으로 퍼진 소나무.

94 누구를 원망하고 누구를 탓하랴.

95 천 번 죽어도 아깝지 않음.

96 온갖 수단과 방법.

97 갑자기 사라짐.

98 중국 진나라 도잠이 지은 〈귀거래〉에 나오는 말로, 지금은 옳고 지난날은 그릇되었다는 것을 깨달았다는 뜻.

99 사람을 해치는 독하고 모진 기운. 악귀.

정시자전 丁侍者傳

석식영암

입동날 아직 밝지도 않은 꼭두새벽이다. 식영암은 암자 안에서 벽에 기대앉은 채 졸고 있었다. 이때 밖에서 누군가가 뜰에 대고 절을 하면서 말했다.

"새로 온 정시자丁侍者[1]가 문안 여쭙니다."

식영암은 잠에서 깨어 밖을 내다보았다. 거기에는 사람 하나가 서 있는데, 몸이 몹시 가늘고 키는 크며 색이 검고 빛났다. 붉은 뿔은 우뚝하고 뾰족하여 마치 싸우는 소의 뿔과도 같았다. 새까만 눈망울은 툭 튀어나와서 마치 부릅뜬 눈과 같았다. 이 사람은 기우뚱거리면서 걸어 들어오더니 우뚝 섰다.

식영암은 처음엔 놀랐으나 천천히 그를 불러 말했다.

"이리 가까이 오게. 자네에게 우선 물어볼 것이 있네. 왜 자네의 이름은 정인가? 또 자네는 어디서 왔으며 무엇하러 왔는가? 더구나 나는 평소에 자네 얼굴도 모르는 터인데, 자네가 자진해 와서 시자[2]라고 하니 그건 또 어찌 된 연유인가? 대답해보게."

말이 채 끝나기도 전에 정시자는 깡충깡충 뛰어 더 앞으로 나오더니 공손한 태도로 차분하게 대답했다.

"옛날 성인으로 소의 머리를 가지고 있던 분은 포희씨包犧氏[3]입니다. 그분이 바로 제 아버님이십니다. 또 여와女媧[4]는 뱀의 몸을 하고 있었는데 그분이 제 어머니이십니다. 어머님은 저를 낳아서 숲속에 버리고 기르지 않았습니다. 저는 서리를 맞고 우박을 맞으면 얼고 말라서 거의 죽는 듯했습니다. 그러나 따스한 바람과 비를 만나면 다시 살아나서 자라는 듯했습니다. 이렇게 추위와 더위를 700번 겪고 난 뒤에야 비로소 자라나 인재가 되었습니다. 여러 대를 지나서 진晉나라 세상에 이르러 저는 범씨의 가신家臣[5]이 되었습니다. 이때 비로소 몸에 옻칠을 하는 방법 칠신지술漆身之術[6]을 배웠습니다. 당나라 시대에 와서는 조로趙老[7]의 문인이 되었습니다. 그리고 여기에서 또 철취鐵嘴라는 호를 받았습니다. 그 뒤에 저는 정도定陶 땅에서 놀았습 니다. 이때 저는 정삼랑丁三郎을 길에서 만났지요. 그는 저를 한참 보더니 이렇게 말했습니다. '내가 자네 생김새를 보니 위로는 가로 그어졌고, 아래로는 내리 그어졌으니 내 성 정 자와 똑같이 생겼네. 내 성을 자네에게 주겠네.' 저는 이 말을 듣고 그의 말이 좋아서 성을 정으로 하고 고치지 않으려 합니다. 저의 직책은 항상 사람을 붙들어 도와주는 데 있습니다. 자연 모든 사람들이 저를 부리기만 해서 제 몸은 항상 천하고 고달프기만 합니다. 하지만 제가 좋은 사람이라고 생각하지 않는 사람은 감히 저를 부리지 못합니다. 때문에 제가 진심으로 붙들어 모시는 분은 몇 되지 않습니다. 이렇게 되고 보니 제가 원하는 사람을 만나지 못해서, 이제 저는 돌아가 의지할 곳이 없게 되었습니다. 나라 안을 두루 돌아다니면서 토우인土偶人[8]에게 비웃음을 당한 지가 이제 오래되었습니다. 한데 어제 하느님이 저의 기구한 운명을 불쌍히 여겼던지 저에게 명하셨습니다. '너를 화산花山의 시자로 삼을 것이니, 이제 그곳으로 가서 직책을 받들고 스승을 오직 삼가서 섬길지어다.' 이에 저는 하느님의 명을 받들고 기뻐서 외다리로 뛰어서 여기에 온 것입니다. 바라옵건대 장로께서는 용납해주시옵소서."

이 말을 듣고 식영암은 말했다.

"아! 후덕스러운 일이로구나. 정 상좌上座[9]의 말이여! 상좌는 옛 성인이 남겨 준 사람이로다. 몸의 뼈가 허물어지지 않은 것은 씩씩함이요, 눈이 없어지지 않은 것은 용맹스러움이로다. 몸에 옻칠을 하고 은혜와 원수를 생각한 것은 믿음과 의리가 있는 것이로다. 쇠로 된 입부리를 가지고 재치 있게 묻기도 하고 대답하기도 하는 것은 지혜가 있는 것이요, 변론을 잘하는 것이로다. 사람을 붙들어 모시는 것을 직책으로 삼은 것은 어진 것이요, 예의가 있는 것이며, 돌아가서 의지할 곳을 택하는 것은 바름이요, 밝은 것이로다. 이러한 여러 가지 아름다운 덕을 모아서 길이 오래 살고, 조금도 늙거나 또 죽지도 않으니, 이것은 성인이 아니면 신이로다. 그러한 너를 내가 어찌 부릴 수가 있단 말이냐? 이 여러 가지 아름다운 일 중에 나는 하나도 가진 것이 없다. 그러니 너의 친구가 될 수도 없는데 하물며 네 스승이 될 수가 있겠느냐? 화도華都에 화花라는 이름을 가진 산이 하나 있다. 이 산속에 각암玨菴이라는 늙은 화상和尙[10]이 지금 이 년 동안 머물고 있다. 산 이름은 비록 같지만 사람의 덕은 같지 않으니, 하늘이 그대에게 명하여 가라고 한 곳은 여기가 아니고 바로 그곳일 것이다. 그대는 그곳으로 가도록 하라."

말을 마치고 식영암은 노래를 불러 그를 보냈다. 그 노래는 이러하다.

"정丁이여! 어서 빨리 각암이 있는 곳으로 가도록 하라. 나는 여기서 박과 외처럼 매여 사는 몸이어니, 그대만 못한가 하노라."

저자 소개

석식영암釋息影庵: 고려시대의 승려로서 시문에 조예가 깊었으며 사대부들과도 교류가 많았다고 한다. 최씨 집권시대 사람으로, 지팡이를 의인화한 가전체 작품인 〈정시자전〉을 남겼다.

주제

자신을 알아서 도의 생활을 지킬 것을 훈계함.

작품 해설

〈정시자전〉은 고려 말엽의 승려 석식영암이 지은 대화체로 된 가전체 작품으로, 지팡이를 의인화하여 도를 지킬 것을 경계한 작품이다.

이 작품은 정시자가 식영암을 찾아와 제자로 삼아줄 것을 청했는데, 식영암은 정시자 가문의 내력과 덕행을 들어본 후 자기는 감히 정시자의 스승이 될 수 없는 몸이라며 사양한다. 그리고 화산에 있는 각암이라는 늙은 화상에게로 보낸다는 이야기다.

가전체 작품의 전형적인 구성은 도입부, 전개부, 평론부 등 3단계로 나눌 수 있다. 그런데 이 작품은 가전체 작품의 전형적인 구성의 하나인 평론부가 없는 것이 특징이다.

어느 날, 정시자가 고승 식영암에게 찾아가 제자 될 것을 청했다. 그리하여 식영암은 정시자와 대면해 앉아서 정시자가 온 이유를 듣는다.

정시자는 본래 포희씨의 손에서 수백 년 풍상을 겪으면서 자랐다. 진나라 때에는 범씨의 가신이 되어 몸에 옻칠을 하는 방법을 배웠다. 당나라 때는 말 잘하는 조로의 문인이 되었다. 그 뒤 정도에서 정삼랑을 만나 생김새로 인해 정씨 성을 받는다. 자신의 직책은 항상 사람을 붙들어 도와주는 것인데, 자신이 원하는 사람을 만나지 못하여 의지할 곳이 없었다. 토우인에게 비웃음을 당한 뒤 하느님이 화산으로 가 스승을 만나라는 말을 듣고 식영암에게 오게 되었다.

이 말을 들은 식영암은 정시자에게 후덕스러운 정 상좌라고 칭찬해 마지않는다. 또한 여러 가지 아름다운 덕을 베풀어 오래 살고 늙지도 않을 성인이라고 전한다. 그러니 식영암 자신은 정시자의 스승이 될 수 없다며, 화산의 각암이라는 늙은 화상을 찾아가라고 한다.

가전체 작품은 소설 문학에서 요구되는 개연성이나 현장감 내지 사실과는 상관이 없다. 그러나 조선조 전반에 걸쳐 소설 문학이 발생할 수 있는 주요 배경이 되었다.

지팡이 하나를 놓고 씩씩함이나 용맹스러움, 믿음과 의리, 지혜와 변론, 어짊과 예의를 논하는 것은 저자의 관찰력을 대변한다.

이 작품은 불교의 포교와 지도층의 겸허함을 권유한 것으로 《동문선東文選》에 실려 있다.

내용은 다르지만, 가전체 작품으로 〈공방전〉, 〈국선생전〉, 〈죽부인전〉, 〈저생전〉 등이 있다.

1 지팡이.

2 귀한 사람을 모시는 사람.

3 복희씨. 중국 고대 전설상의 제왕. 삼황三皇의 한 사람으로, 팔괘를 처음으로 만들고, 그물을 발명하여 고기잡이의 방법을 가르쳤다고 한다.

4 중국의 천지 창조 신화에 나오는 여신. 오색 돌을 빚어서 하늘의 갈라진 곳을 메우고 큰 거북의 다리를 잘라 하늘을 떠받치고 갈짚의 재로 물을 빨아들이게 하였다고 한다. 사람의 얼굴과 뱀의 몸을 한 여신으로 알려졌다. 복희씨의 동복누이.

5 높은 벼슬아치의 집에서 그를 받드는 사람. 혹은 권력자의 신임을 얻어 가문에서 일을 돌보아주고 관료로 진출한 사람.

6 전국시대 진나라 지씨의 신하 예양이 자기 주인이 남에게 망한 것을 보고 그 원수를 갚으려고 몸에 옻칠을 하여 문둥이 행세를 했다는 고사에서 나온 말.

7 당나라 때 말을 잘하던 조주趙州를 가리킴.

8 흙으로 만든 사람. 전국시대 소대蘇代의 말에 이런 것이 있다. "어느 날 목우가 토우에게 말했다. '너는 비만 오면 풀어져서 없어질 것이다.' 토우가 대답했다. '나는 본래 흙으로 만들어진 것이라서 풀어져야 내 고향인 흙으로 돌아가지만, 너는 비가 많이 오면 물에 떠서 어디로 가야 할지 모를 것이다.'"

9 불도를 닦는 사람. 혹은 승려 중 가장 높은 사람.

10 수행을 많이 한 승려.

죽부인전 竹夫人傳

이곡

부인의 성은 죽竹이요, 이름은 빙憑이다. 위빈渭濱[1] 사람 운賫[2]의 딸이다. 계통은 창랑씨蒼箕氏[3]에서 시작한다. 그 조상이 음률을 해득했기에 황제가 그를 뽑아서 음악의 일을 맡아 다스리게 했다. 우순虞舜[4] 시대의 소簫[5] 역시 그의 후손이다.

처음에 창랑은 곤륜산 남쪽으로부터 동쪽으로 옮겨 와서 복희씨 때에 위씨韋氏[6]와 함께 문적文籍에 관한 일을 맡아보아 큰 공을 세웠다. 그래서 자손 대대로 모두 사관史官의 자리를 맡아왔다.

포악한 정사를 펼친 진秦나라는 이사李斯[7]의 계획을 받아들여 모든 책들을 불사르고 선비들을 묻어 죽였다. 이렇게 되자 창랑의 자손들은 점점 한미寒微해졌다. 한漢나라 때에 와서는 채륜蔡倫[8]의 문객 저생楮生[9]이란 사람이 글을 배워서 붓을 가지고 때때로 죽씨와 함께 놀았다. 하지만 그 위인은 경박하고 남 헐뜯기를 좋아하여, 죽씨의 그 강직한 모습을 보고 슬며시 좀먹고 헐게 만들어 그의 직임을 빼앗아버렸다.

주나라 때에는 간竿[10]이 있었다. 그 역시 죽씨의 후손이다. 태공망[11]과 함께 위수에서 낚시를 했다. 어느 날 태공은 낚시에 쓸 갈고리를 만들었다. 이것을 보고 간이 말했다.

"내가 들으니 큰 낚시는 갈고리가 없다고 합니다. 낚시의 크고 작은 것은 굽고 곧은 데 있습니다. 곧은 낚시는 가히 나라를 낚을 것이요, 굽은 낚시는 겨우 물고기를 낚는 데 지나지 않을 것입니다."

태공은 옳게 여기고 그 말을 따랐다. 뒤에 과연 태공은 문왕의 스승이 되어 마침내는 제齊나라에 봉해지기까지 했다. 이에 간이 어질다고 임금에게 천거하여 위빈을 식읍으로 삼게 했다. 이것이 바로 죽씨와 위빈이 관계를 맺게 된 유래다.

지금도 죽씨의 자손은 수없이 많다. 이를테면 임箖, 어篽, 군篃, 정筳[12]이 그것이다. 그 자손 중에서 양주楊洲로 옮겨 간 자는 조篠, 탕簜[13]이라 일컫고, 오랑캐 땅으로 들어간 자는 봉篷[14]이라 일컫는다.

죽씨에는 대개 문文과 무武 두 줄기가 있다. 대대로 변籩, 궤簋, 생笙, 우竽[15]처럼 주로 예악禮樂에 소용되는 것이 있는가 하면, 또는 활 쏘고 물고기 잡는 데 쓰는 작은 도구에 이르기까지 모두 옛 책에 실려 있어 대의 마디마디를 볼 수 있다.

그중에서 오직 감笚[16]만은 성질이 몹시 둔했다. 속이 막혀 아무것도 배우지 못하고 죽었다. 운簣[17]의 대에 이르러 숨어 살고 나아가 벼슬하지 않았다. 그에게는 아우가 하나 있었다. 이름을 당簹이라고 했다. 형과 함께 이름을 가지런히 하여 가운데를 비우고 곧게 자랐다. 특히 그는 왕자유王子猷[18]와 친하게 지냈다. 어느 날 자유가 말했다.

"하루도 차군此君 없이는 살 수가 없다."

이로부터 그의 호를 차군이라고 부르기 시작했다. 대체로 자유는 단정한 사람으로서 벗을 취하는 데도 반드시 단정한 사람을 골라서 취했다. 그러니 그의 사람됨을 알 만하다.

당은 익모益母[19]의 딸과 결혼했다. 여기서 딸 하나를 낳았다. 죽부인이란 바로 그녀를 말한다. 처녀로 있을 때 정숙한 자태가 있었다. 그 이웃에 사는 의남宜男[20]이란 자가 음란한 노래를 지어 속마음을 떠보았다. 부인은 노여워하며 말했다.

"남녀가 비록 다르지만 그 절개는 하나밖에 없다. 한번 사람에게 절개를 꺾이면 어찌 다시 세상에 설 수 있겠는가?"

이 말을 듣고 의남은 부끄러워 달아났다. 그러니 어찌 소나 끄는 무리가 엿볼 수 있으랴.

차츰 자라자 송대부松大夫[21]가 예를 갖추어 혼인하기를 청했다. 이때 그 부모가 말했다.

"송 공은 참으로 군자다. 그의 평소의 지조와 행동을 보건대 우리 집과 짝이 될 만하다."

이리하여 부인을 그의 아내로 보냈다.

이로부터 부인의 성질은 날로 더욱 굳고 두터워져서, 일을 분별하는 데 있어서 그 민첩함이 마치 칼날로 쪼갠 것과 같았다. 그의 이러한 성질은, 비록 매선梅山[22]이 편지를 보내거나 이씨李氏[23]가 말없이 기대해도 한번 돌아보지도 않았는데, 하물며 늙은 귤이나 살구 열매의 부탁을 들어줄 리 있으랴.

혹 안개 낀 아침이나 달 밝은 저녁에 바람을 만나 시를 읊고 비 오면 휘파람으로 불 때는 그 깔끔한 모습을 무엇으로 형용하랴. 호사가들이 슬며시 그 얼굴을 그려서 전해 보배로 삼았는데, 문여가文與可[24]와 소자첨蘇子瞻[25] 같은 사람이 더욱 그것을 좋아했다.

송 공은 부인보다 18세나 위였다. 늦게 신선술을 배워서 곡성산穀城山[26]에 가서 놀다가 돌로 바뀌어 다시는 집으로 돌아오지 못했다. 이로부터 부인은 혼자 살면서 가끔 《시경》의 위풍의 시[27]를 노래했다. 그럴 때는 마음이 흔들려 스스로 걷잡을 수 없었다.

그녀는 원래 술 마시기를 좋아했다. 역사의 기록에 그 연대는 없으나 어느 해인가 5월 13일에 청분산青盆山[28]으로 집을 옮겨 살다가 술에 취하여 고갈枯渴병에 걸렸는데 고치지 못했다. 병을 얻은 후에는 항상 사람에게 의지해서 살았다. 그녀의 만절晚節[29]은 더욱 굳어서 온 시골에서 모두 그녀를 칭찬해 마지않았다.

그녀는 또 삼방절도사 유균惟菌[30]의 부인과 성이 같았다. 그녀의 행실이 임금에게까지 알려져 임금은 절부의 직함을 내렸다.

사씨는 말한다.

죽씨의 조상은 상고시대에 큰 공을 세웠고, 또 그 자손들은 모두 재주가 있고 절개가 굳어서 세상의 칭찬을 받아왔다. 그러니 죽부인이 어진 것이 당연하다고 하겠다. 아아! 부인은 이미 군자와 배필이 되어 남에게 기특하게 여겨졌건만 아들이 없었으니, 하늘이 무지하다는 말이 과연 헛말이 아니로다.

저자 소개

이곡李穀, 1298~1351 : 고려시대 충렬왕에서 충정왕 때의 문신이다. 이곡은 이색李穡의 아버지로 문장에 능하여 중국인에게까지 그 명성이 높았다고 한다. 어릴 때부터 행동거지가 비범하고 독서를 부지런히 하여 원나라에서 급제하여 벼슬길에 나아갔다.

문장이 뛰어나 문학과 정치 활동을 했다. 이제현과 함께 《편년강목編年綱目》을 보태고 고쳐서 펴냈고, 충렬왕, 충선왕, 충숙왕의 실록 편찬에도 참여했다.

유교의 이념으로 현실 문제를 적극적으로 해결하려 했으나, 이미 기울어가던 고려에서 그의 이상은 실현되지 못했다.

《가정집稼亭集》이라는 시문집과 가전체 소설 〈죽부인전〉이 전한다. 《동문선》에 100여 편에 가까운 시가 전하며, 〈죽부인전〉은 《동문선》과 《가정집》에 수록되어 있다.

주제

유교적 가치관에 의한 여인의 절개

이 작품은 세상 사람들을 훈계할 목적으로 대나무를 의인화하여 굳은 절개를 그려낸다. 일종의 열녀전으로, 당시 문란한 남녀관계가 판치던 사회상을 풍자한 것이다. 송나라 장뢰의 〈죽부인전〉에 의해 영향을 받았을 것으로 보인다.

이 작품은 설화문학이 소설문학으로 발전해가는 교량의 역할을 했다. 가전체 문학으로서 우리나라 고전소설의 발달에 중요한 위치를 차지했다.

부인의 성은 죽이요 이름은 빙이다. 위비 사람 운의 딸이기도 했다. 그의 선대에 문적에 관한 훌륭한 일을 많이 했고, 특히 문인과 친교가 많았다. 또한 그의 선조가 음악에 조예가 깊어 상당히 우대를 받았는데, 악기로 사용한 제구가 바로 죽부인이 선조로부터 물려받은 퉁소처럼 생긴 것이다.

죽씨는 대개 문과 무의 두 줄기가 있다. 그중에 당이라는 사람이 있었는데, 그는 익모의 딸과 결혼했다. 거기서 딸 하나를 낳았는데 그녀가 바로 죽부인이다.

그녀는 처녀 시절에 너무도 정숙했다. 이웃에 사는 의남이란 자가 음란한 노래를 지어 속마음을 떠보았으나 추호도 흔들림이 없었다. 오히려 그자가 부끄럼만 당하고 말았다.

그녀는 차츰 자라서 송대부와 결혼했다. 송 공은 부인보다 나이가 18세나 위였다. 그가 나이 들어 곡성산에 가서 놀다가 돌로 바뀌었다. 그리하여 부인은 혼자 살면서 가끔 시를 노래했다.

그녀의 만절은 더욱 굳어서 모두가 그녀를 칭송해 마지않았다. 그녀의 행실이 임금에게까지 알려져, 임금은 죽부인에게 절부의 직함을 내린다.

　작자 이곡은 당시 궁중의 타락과 사회의 윤리 부재를 나타냈다. 마지막 단락에서 그는 사신의 입을 빌려 대나무의 지조를 강조했다. 사물과 사람의 성품을 연관지어 조리 있게 표현했다.

　유교적 가치관인 열烈을 주제로 하여 열녀 가문의 품위를 고양한 교훈적 내용이다. 이러한 가전체 문학이 조선조에 들어와 〈춘향전〉과 같은 열녀상을 낳은 기초가 되었을 것이다.

비교 작품

　가전체 소설 중에서도 〈정시자전〉, 〈저생전〉이 성격상 가장 닮은 작품이다.

단어 해설

1 위수渭水 근처. 이곳에서 태공망太公望 여상呂尙이 낚시하다가 문왕文王에게 발탁됨.

2 왕대. 대나무 중에 가장 크고 굵으며, 왕대를 운당이라고도 한다.

3 창랑은 난 지 얼마 안 되는 대나무.

4 고대 중국의 전설상의 임금. 성은 우虞·유우有虞. 이름은 중화重華. 요의 뒤를 이어 천하를 잘 다스려 태평 시대를 이루었다.

5 퉁소.

6 위는 책을 엮는 가죽끈.

7 전국시대 초나라 출신의 사상가이자 진나라 승상으로 진시황제를 보좌하여 천하통일을 이룩하는 데 기여함. 도량형, 화폐, 문자를 통일하고, 분서갱유를 주도함.

8 후한 때 사람으로, 처음으로 종이를 만들었다고 함.

9 종이를 의인화한 표현.

10 대나무를 엮어 만든 죽간은 가죽끈으로 연결해서 끈이 닳으면 흩어지는 경우가 많았다.

11 강태공.

12 임은 대나무 가리개, 어는 잎사귀 얇은 대나무, 군은 화살대, 정은 세죽을 가리킴.

13 조는 소죽, 탕은 대죽을 가리킴.

14 편죽編竹.

15 변은 제사나 연회에 사용하던 그릇, 궤는 제사 때 햇곡식을 담던 그릇, 생은 생황, 우는 피리를 가리킴.

16 죽순이 맛있는 대나무.

17 왕대.

18 명필 왕희지의 아들 휘지. 대를 몹시 좋아해서 "하루라도 차군대나무 없이 지낼 수 있겠는가何可一日無此君耶"라고 할 정도였다.

19 모초.

20 원추리.

21 소나무.

22 매화.

23 복숭아꽃과 오얏꽃.

24 대나무 그림에 뛰어났다는 북송의 화가 문동文同.

25 소동파.

26 유방을 보좌하여 천하를 통일한 장량에게 육도삼략을 전해줬다는 황석공黃石公의 전설이 있는 곳이다.

27 군자의 미덕을 대나무에 비유해 찬양한 기오淇澳라는 시. '절차탁마'가 그 구절 중 하나다.

28 청자 화분. 음력 5월 13일은 대나무를 옮겨 심기에 최적의 날이라고 한다.

29 늘그막. 만년.

30 전죽, 즉 화살대.

저생전 楮生傳

이첨

생生의 성은 저楮다. 저란 닥으로서 종이의 원료다. 그의 이름은 백白이다. 백이란 희다는 뜻이다. 자는 무점無玷이다. 무점은 아무 티가 없이 깨끗하다는 말이다. 그는 회계會稽 사람으로서 한漢나라 중상시中常侍 상방령尙方令 채륜의 후손이다.

그는 태어날 때 난초탕에서 목욕하고, 흰 구슬을 가지고 놀고 흰 띠로 꾸몄기 때문에 그 모습이 깨끗하고 희었다. 그의 아우는 모두 19명[1]이나 된다. 이들은 저생과 한배에서 태어났다. 이들은 서로 화목하고 사이가 좋아서 잠시도 떨어지거나 차서[2]를 잃는 법이 없었다.

이들은 원래 성질이 정결하고, 무인을 좋아하지 않았다. 언제나 문사들만 사귀어 놀았다. 그중에서도 중산中山의 모학사毛學士가 가까운 친구다. 모학사란 곧 붓이다. 둘이서는 마냥 친하게 놀아서 혹시 모학사가 저생의 얼굴에 먹칠을 하고 더럽혀도 씻지 않고 그대로 있었다.

학문으로 말하면 천지와 음양의 이치에 널리 통하고, 성현聖賢과 성명性命에 대한 학문의 근원까지도 모르는 것이 없었다. 심지어 제자백가의 글과 이단, 적멸寂滅[3]에 이르기까지도 모조리 써서 연구하고 보고 있었다.

한漢나라에서 선비를 뽑는데 책策[4]을 지어 재주를 시험했다. 이때 저생은 방정과方正科에 응시하여 임금께 말했다.

"옛날이나 지금의 글은 대개 댓조각을 엮어서 쓰기도 하고, 흰 비단에 쓰기도 합니다. 그러나 모두 다 불편하기 짝이 없습니다. 신은 비록 두텁지는 못하오나 진심으로 댓조각이나 비단을 대신하려 하옵니다. 저를 써보시다가 만일 효력이 없거든 신의 몸에 먹칠을 하시옵소서."

이 말을 듣고 화제和帝가 사람을 시켜서 시험해보게 했다. 그의 말대로 과연 편리하여 백에 하나도 놓침이 없어 댓조각이나 비단을 쓸 필요가 없었다. 이에 저생을 포상하여 저국공楮國公 백주자사白州刺史의 벼슬을 내렸다. 그리고 만자군萬字軍5을 통솔케 하고, 봉읍封邑으로 그의 성씨를 삼았다.

이것을 보고 나무껍질, 삼. 고기 그물, 뽕나무 뿌리의 네 사람이 자기들도 써주기를 청했다. 하지만 이들은 통하는 것이 완전하지 못하여 파면되고 말았다.

저생은 마침내 오래 사는 술법을 배워, 비나 바람이 그 몸에 침입하지 못하고 좀도 먹지 않았다. 항상 7일이 되면 양기를 빨아들이고 먼지를 털며, 입은 옷을 볕에 쬐면서 조용히 거처하고 있었다.

그 뒤에 진晉나라 좌태충左太沖이 성도부城都賦를 지은 일이 있었다. 저생은 이 글을 한 번 보더니 이내 외워버렸다. 사람들은 그가 외우는 대로 다투어 베껴 썼다. 그로 인해 평소 그를 알고 있던 사람들도 그를 자주 볼 수 없게 되었다.

뒤에 와서는 왕우군王右軍6의 필적을 본받아서 해자楷字로 쓴 글씨가 천하에서 제일 묘했다. 다시 양梁나라 태자 통統을 섬겨 함께 《고문선古文選》을 편찬하여 세상에 전했다. 또 임금의 명령을 받고 위수魏收7와 함께 국사를 편찬하기도 했다. 하지만 이 역사서는 위수가 칭찬하고 깎아내리는 것을 공정하게 하지 못한 까닭에 후세 사람들이 추한 책이라고 했다. 이에 저생은 자진하여 사직하고 소작蘇綽8과 함께 장부나 상고하겠다고 청했다. 임금이 이를 허락하자 지출은 붉은 글씨로 쓰고, 수입은 먹으로 써서 분명하게 장부를 꾸몄다. 이것을 보고 세상 사람들은 그의 재능을 칭찬했다.

그런 뒤로 진陣 후주後主의 사랑을 받아, 그의 행신幸臣 여학사의 무리들과 함께 항상 임춘각臨春閣에서 시를 지었다. 이때 수隋나라 군사가 경구京口를 지나자 진의 장수가 비밀리에 임금에게 이를 급히 알렸다. 그러나 저생은 이를 숨기고 봉한 것을 열어 보이지 않았다. 이 때문에 진나라는 수나라에 패하고 말았다.

대업大業 연간의 일이다. 저생은 왕주王胄, 설도형薛道衡9과 함께 양제煬帝를 섬겨, 그들과 같이 정초庭草, 연니燕泥의 글귀를 읊었다. 그러나 양제는 딴 사람이 자 기보다 나은 것을 싫어해서 저생을 돌보지 않았다. 저생은 마침내 소박당하는 몸이 되어 뚤뚤 말아서 품속에 품고 대궐을 나오고 말았다.

당나라 때였다. 홍문관을 설치하자, 이에 저생은 본관으로서 학사를 겸해서 저수량褚遂良, 구양순歐陽詢 등과 함께 옛날 역사를 강론하고 모든 정사를 서로 고찰하여 처리했다. 이리하여 세상에서 말하는 '정관貞觀의 좋은 정치'를 이룩했다. 또 송나라가 일어나자 염락濂洛의 모든 선비들과 함께 문명文明의 좋은 정치를 이룩하기도 했다.

사마온공司馬溫公10이 《자치통감》을 편찬할 때 저생이 박식하고 고상하다 해서 늘 옆에 두고 물어서 썼다. 그때 마침 왕형공王荊公이 권세를 부려 '춘추'의 학문이 다 찢어진 신문이라고 평하며 좋아하지 않았다. 저생은 이를 옳지 못한 의론이라고 했고 마침내 배척당해 쓰이지 못했다.

원元나라 초기에 저생은 본업에 힘쓰지 않고 오직 장사만을 좋아했다. 몸에 돈 꾸러미를 두르고 찻집이나 술집을 드나들면서 한 푼의 이익만을 도모했다. 세상 사람들은 간혹 이를 비루하게 여겼다.

원나라가 망하자 저생은 다시 명明나라에서 벼슬을 하여 비로소 사랑받았다.

이로부터 자손이 번성하여 대대로 역사를 맡아 쓰는 사씨史氏가 되기도 하고, 시가詩家의 일가를 이루기도 했다. 저생이 발탁되어 관직에 있는 자는 돈과 곡식의 수효를 알게 되었고, 군사 사무에 종사하는 자는 군대의 공로를 기록했다. 그들이 맡은 직업에는 귀천이 있기는 했지만 모두 직무를 게을리한다는 비난을 받지는 않았다. 대부大夫가 된 뒤부터 그들은 거의 다 흰 띠를 두르기 시작했다.

태사공太史公은 말한다.

무왕武王이 은殷을 이기고, 아우 숙도叔度를 채蔡 땅에 봉하여 주紂의 아들 무경武庚을 도와서 은나라의 유민들을 다스리게 했다.

무왕이 죽고 성왕成王의 나이가 어려서 주공周公이 이를 도왔다. 이때 채숙蔡叔이 나라 안에 근거 없는 말을 퍼뜨리자 주공은 그를 귀양 보냈다. 그 아들 호胡는 과거의 행동을 고쳐서 덕을 닦았다. 이에 주공은 그를 천거하여 높은 벼슬에 썼다. 성왕은 다시 호를 신채新蔡에 봉했으니 그가 곧 채중蔡仲이었다.

그 뒤에 초楚나라 공왕共王이 애후哀侯를 잡아서 돌아왔다. 그가 식부인息夫人을 공경하지 않은 까닭이었다. 이에 채蔡 땅 사람들은 그 아들 힐肸을 세웠다. 그가 바로 무후繆侯다. 그런데 이번에는 제齊의 환공桓公이 그가 채 땅의 여인과 헤어지지 않은 채 다시 딴 곳에 장가갔다 해서 무후를 사로잡아 돌아왔다.

무후가 죽자 그 아들 갑오甲午가 섰다. 그러나 초의 영왕靈王이 영후靈侯에게 아비의 원수를 갚으려고 군사를 매복하고 술을 먹여 죽였다. 그리고 채 땅을 포위하고 멸한 다음에 경후景侯의 아들 여廬를 구하여 세웠다. 그가 바로 평후平侯다. 이들은 그로부터 채나로 아래쪽으로 옮겨 살았다. 그 후에 초의 혜왕惠王이 다시 채 땅의 제후들을 멸해서 그 뒤로는 마침내 쇠미해졌다.

아아! 왕자의 후손들은 그 조상이 대대로 쌓은 두터운 덕으로 해서 국가를 차지하고 있었다. 그러나 그들이 융성해지고 쇠약해지는 것은 모두 운명과 교화

저생전楮生傳

의 탓이었다. 채는 본래 주와 같은 성을 가졌다. 이 나라는 양쪽 강국 사이에 끼여 있어서 공연한 공격을 받아왔다. 그러면서도 길이 그 자손이 없어지지 않고 있다가 한漢의 말년에 이르러 드디어 봉읍을 받고 그 성을 바꾸게 되었다. 그러니 나라가 변해서 사사로운 집이 되고, 집이 커져서 그 자손이 천하에 가득해지는 것을, 채씨의 후손에게서 볼 수 있다.

저자 소개

이첨李詹, 1345~1405 : 고려 충목왕 원년에서 조선 태종 5년까지의 문장가이자 문신이다. 자는 중숙中淑이며 호는 쌍매당雙梅堂으로 본관은 홍주다.

고려 31대 공민왕 14년에 감시에 합격하고 여러 벼슬을 거쳐 지신사知申事에 이르러 당시 권신을 탄핵하다가 귀양살이를 했다. 조선조에 들어와 명나라 성조가 등극했을 때는 진하부사進賀副使로 다녀와 정현대부가 되기도 했다.

문장에 능했고 〈저생전〉은 《동문선》에 그 내용이 전한다.

주제

위정자들에게 세상 사람들을 경계하면서 올바른 정치를 할 것을 권유함.

작품 해설

〈저생전〉은 종이를 의인화한 자서전적 작품이다. 주인공 저생이 중국의 역대 왕들을 섬기고 문업을 일으켜 직간하다가 배척당하기도 했지만, 자손이 많아져 다방면에서 저술을 돕고 열심히 직무를 수행한다는 내용이다.

이첨의 종이에 대한 해박한 지식과 고사의 인용은 대단하다. 표면적으로는 저생의 인생 기복은 세인에게 교훈을 주며, 이면적으로는 종이의 내력을 통해 이상적인 인물상을 그린다. 고전에 대한 해박한 지식으로 중국의 역사를 보는 듯하며, 역대 유명인의 성품을 이해하는 데 좋은 자료이기도 하다.

생의 성은 저다. 저란 닥나무로서 종이의 원료다. 그의 호는 희다는 뜻의 백이다.

그는 태어날 때부터 고귀하고 깨끗하게 태어났다. 그의 형제들은 성질이 어질고 정결하여 문사들만 사귀었다. 그중에서도 중산의 모학사가 제일 가까운 친구다. 모학사란 붓이다. 그들의 학문은 천지 음양의 이치에 능통하고, 제자백가의 글과 불교에 이르기까지 모르는 것이 없었다.

한나라 때는 저생 때문에 댓조각이나 비단이 쓸모가 없어졌다. 진나라에서는 '성도부'를 한번 보고는 전부 외워버렸다. 뒤에 가서는 왕희지를 능가하는 해서체가 너무도 절묘했다. 양나라에서는 《고문선》을 편찬하고, 국사를 편찬하기도 했다.

이어서 진 후주의 총애를 받아 임춘각에서 시를 지었다. 그러나 진나라의 역적이 되기도 한다. 뒤에 수나라 양제를 섬겼으나, 수양제는 딴 사람이 자기보다 나은 것을 싫어해 저생은 소박당한다.

당나라 때였다. 저생은 홍문관에서 정사를 강론했다. 송나라가 일어나자 정주학의 모든 선비들과 함께 문명의 좋은 정치를 이룩하기도 했다.

원나라 초가 되었다. 저생은 본업에 힘쓰지 않고 장사만을 좋아했다. 그리하여 세상 사람들은 그를 비루하게 여겼다. 저생은 다시 명나라에서 벼슬을 하여 비로소 성공했고, 이로부터 자손이 대대로 번성하였다.

작품의 주인공 저생은 하나라 때부터 관변에 머물며 진에서 명나라에 이르기까지 장구한 역사를 누빈다.

저생의 생애는 상승과 하강이 반복되기도 한다. 이는 작자 이첨이 벼슬에 올랐다가 유배당했다가 다시 풀려난 생애와도 관련이 있다고 하겠다. 이첨은 충목왕, 충정왕, 공민왕, 우왕, 창왕, 공양왕, 태조, 정종, 태종에 이르기까지 아홉 대의 왕을 모셨다.

작품에 설정된 시대를 중국의 역대 왕조에 빗대고 있어, 작품을 쓴 연대가 작가의 말년이라 추정된다. 이는 작가의 일생을 우회하여 표현한 것으로, 탁전託傳[11]의 성격을 지녔다고 할 수 있을 것이다.

비교 작품

작품의 구성과 성격으로 보아 〈죽부인전〉과 〈국선생전〉 또는 〈정시자전〉 등을 들 수 있다.

1   종이는 한 권이 20장으로 되어 있기 때문.

2   순서 있게 구분하는 관계. 혹은 그 구분에 따라 각각에게 돌아오는 기회.

3   사라져 없어짐. 즉, 죽음.

4   책문. 정치에 대한 계책을 물어 답하게 하던 과거 과목.

5   글자가 1만 자가 된다는 뜻.

6   명필 왕희지. 벼슬이 우군 장군에 이르렀기에 이렇게 부름.

7   남북조 때 학자로《위서魏書》를 지었음

8   북주北周 때 무공武功 사람. 여러 책을 두루 보고 특히 산술에 능하여 벼슬이 탁지상서에 이르러 개국을 도왔음.

9   두 사람은 수나라 때의 문장가로서 바른말을 하다가 자진했음.

10   북송의 학자이자 정치가였던 사마광. 나중에 온국공에 봉해져서 사마온공이라 불림.

11   작가 자신의 일생을 가상의 인물에 가탁하여 서술한 글.

춘향전 春香傳

작자 미상

숙종 대왕 즉위 초에 전라도 남원부에 월매라는 퇴기가 있었으니, 나이 사십이 넘어 늦게 한 딸을 얻었다. 이름을 춘향이라 하였으니, 어질고 착하기 이를 데 없었다. 칠팔 세가 되자 글 읽기에 골몰하여 예모정절禮貌貞節[1]을 일삼으니, 춘향의 효행을 칭송치 않는 이가 없었다.

이때 한양 삼청동 이한림이라는 양반이 있었으니 당시의 명가요 충신의 후손이었다. 하루는 임금께서 충효록을 올리게 하여 보시고 충신과 효자를 가려내어 지방관으로 임명하시는데, 이한림에게 금산 군수를 제수하시었다가 남원 부사를 제수하시매, 이로 하여 이한림은 남원으로 부임하게 되었다.

때는 놀기 좋은 화창한 봄날이었다. 온갖 새들이 서로 수작하고 짝을 지어 날아들고 춘정春情을 다투었다.

이때 사또 자제 이 도령이 나이가 이팔이요, 풍채는 당나라의 시인 두목지와 같고, 도량은 푸른 바다 같고, 지혜는 활달하고, 문장은 이태백이요, 글씨는 왕희지와 같았다. 하루는 방자를 불러 말하였다.

"이 고을에 경치 좋은 곳이 어디냐? 시흥時興과 춘흥春興이 도도하니 절승을 일러라."

방자놈이 여쭈었다.

"글공부하시는 도령님이 경치를 찾음은 부질없소이다."

이 도령이 말하였다.

"네 무식하구나. 예로부터 이 고장 문장 재사가 절승한 강산을 구경하는 것은 풍월과 글 짓는 데 근본이 되느니라. 신선도 두루 돌아 널리 보거늘 어이하여 부당하냐?"

이때 방자, 도련님의 뜻을 받아 사방 경치를 말씀드렸다.

"서울로 이르면 자문紫門[2] 밖 칠성암, 청련암, 세검정과 평양으로 이르면 연광정, 대동루, 모란봉, 양양으로 이르면 낙산사, 보은으로 이르면 속리의 문장대, 안의로 이르면 수승대, 진주로 이르면 촉석루, 밀양으로 이르면 영남루가 어떠한지 모르오나 전라도로 이르면 태인의 평양정, 무주의 한풍루, 전주의 한벽루가 좋사오나, 남원의 경치 들어보시오.

동문 밖에 나가면 관왕묘關王廟는 천고 영웅 엄한 위풍 어제오늘 같사옵고 남문 밖에 나가면 광한루廣寒樓, 오작교, 영주각이 좋사옵고, 북문 밖에 나가면 푸른 하늘에 금부용 꽃이 빼어나 괴팍하게 우뚝 섰으니 기암 둥실 교룡산성蛟龍山城 좋사오니 처분대로 하시오."

도령님 이르는 말씀이, "애야, 네 말 들어보니 광한루와 오작교가 절경인 모양이구나. 그리로 구경 가자꾸나".

도령님의 거동 보소. 사또 앞에 나아가 공손히 말씀드린다.

"오늘 날씨 화창하옵기 잠깐 나가 풍월이나 읊겠사오며 시운詩韻이나 생각하고자 합니다. 성이나 한 바퀴 돌아보고 오겠습니다."

사또 매우 기뻐하시며 허락하시고 분부하셨다.

"남주南州 풍물을 구경하고 돌아오되 시제詩題를 생각하여라."

"아버님 가르치시는 대로 하오리다."

물러나와 방자를 불러 일렀다.

"나귀 안장 지어라."

방자 나귀의 안장을 얹는다.

"나귀 등대하였소."

도령님 거동 보소. 옥안 선풍에 전판剪板 같은 채머리 곱게 빗어 밀기름에 잠 재워 궁초댕기 석황 물려 맵시 있게 잡아 땋고, 접동베 세백저 상침바지, 극상 세목極上細木[3] 겹버선에 남갑사 대님 치고, 육사단六紗緞[4] 겹배자 밀화단추 달아 입고, 통행전을 무릎 아래 늦추 매고, 영초단英綃緞[5] 허리띠, 모초단毛綃緞 도리 낭 당팔자 갖은 매듭 고를 내어 늦추 매고, 쌍문초雙紋綃 긴 동정, 중추막에 도 포 받쳐 흑사띠[6]를 가슴 위로 눌러 매고 육분당혜肉粉唐鞋 끌면서, "나귀를 붙들 어라".

이리하여 광한루에 이르니 흰 나비 쌍쌍이 날아 너울너울 춤을 추고 황금 같 은 꾀꼬리는 숲속으로 날아든다.

광한 진경 좋거니와 오작교가 더욱 좋다. 바야흐로 이르되 호남 제일성이라 하겠다. 오작교 분명할진대 견우직녀 어디 있나? 이런 승지에 풍월이 없을쏘 냐. 도령님이 글 두 구를 지었으니,

드높고 밝은 오작의 배에

광한루 옥섬도 고운 다락이다.

누구냐 하늘의 직녀는,

흥 나는 오늘의 내가 견우로다.

高明鳥鵲船 廣寒玉階樓

借問天上善織女 至興今日我牽牛

이때 내아에서 잡술 상이 나오니, 한 잔 술 기울인 후에 통인 방자에게 물려주고 취흥이 도도하여 이리저리 거닐 적에 붉은 단, 푸를 청, 흰 백, 붉을 홍, 고물고물이 단청 버드나무 꾀꼬리가 짝 부르는 소리를 내 춘흥을 도와준다. 노랑 벌, 하양 나비, 노랑 나비도 향기 찾는 거동이다. 날아가고 날아오니 춘성의 안이요, 영주는 바야흐로 봉래산이 눈 아래 가까우니, 물은 본시 은하수요, 경치도 잠깐 천상 옥경과 같다. 옥경이 분명하면 월궁의 항아가 없을 리 있겠는가.

이때는 춘삼월이라 하였으나 오월 단옷날이었다. 1년 중 가장 좋은 시절이다. 이때 월매 딸 춘향이도 또한 시서 음률이 능통하니, 천중절天中節을 모를쏘냐. 그네를 뛰려고 향단이 앞세우고 내려와서 섬섬옥수로 그네줄을 잡고 살짝 올라 발을 구르니, 뒤 단장 옥비녀, 은죽절銀竹節과 앞치레는 밀화장도, 옥장도, 광원사, 겹저고리, 제색 고름이 모양이 난다.

도령님 혼비 중천 일신이 고단하다.

"통인아!"

"예!"

"저 건너 화류 중에 오락가락 희뜩희뜩 얼른얼른하는 게 무엇인지 보고 오너라."

통인 살펴보고 말하였다.

"이 고을 기생이던 월매의 딸 춘향이란 계집이올시다."

"장히 좋다. 훌륭하다."

"제 어미는 기생이오나 춘향이는 도도하여 기생 구실 마다하고 백화초엽百花草葉[7]에 글자도 생각하고, 여공 재질이며 문장을 겸전하여 여염집 처자와 다름없소이다."

도령이 허허 웃고 방자 불러 분부하였다.

"들은즉 기생의 딸이라니 급히 가 불러오너라."

방자 분부 듣고 서왕모 요지의 잔치에 편지 전하던 청조같이 건너간다.

"여봐라, 애 춘향아."

부르는 소리에 춘향이 깜짝 놀란다.

"무슨 소리를 그따위로 질러 사람의 정신을 놀라게 하느냐."

"애야, 말 말아라. 일이 났다."

"일이라니, 무슨 일이냐?"

"사또 자제 도령님이 광한루에 오셨다가 너 노는 모양 보고 불러오란 명령이 났다."

춘향이 화를 낸다.

"네가 미친 자식이다. 도령님이 어찌 나를 알아서 부른단 말이냐? 네가 내 말을 종달새가 열씨 까듯 했나 보구나. "

"아니다. 내가 네 말을 할 리 없으니 네가 그르지 내가 그르냐. 너 그른 내력 들어보아라. 계집의 행실로 그네를 뛸 모양이면 네 집 후원 담장 안에 줄을 매고 은근히 하는 게 도리에 맞다. 광한루 구경처에 그네를 매고 네가 뛸 때 외씨 같은 두 발길로 백운간에 노니니 홍상 자락 펄펄, 백방사 속곳 동남풍에 펄렁펄렁, 박속 같은 네 살결이 백운간에 희뜩희뜩, 도령님이 너를 보고 부르시거늘 내가 무슨 말을 하겠느냐. 잔말 말고 건너가자."

"네 말이 당연하나 오늘이 단옷날이다. 비단 나뿐이랴. 다른 집 처자들도 예서 함께 그네를 뛰었으며, 그럴 뿐 아니라 또 설혹 내 말을 할지라도 내가 기적에 있는 바도 아니거늘 여염 사람을 함부로 부를 일도 없고 부른다고 갈 일도 없다. 당초에 네가 말을 잘못 들은 모양이다."

방자 광한루로 다시 돌아와 도령님께 여쭈니 도령님 그 말 듣고 말한다.

"기특한 사람이다. 말인즉 바른 말이로되 다시 가서 이리저리 하여보아라."

방자 전갈 듣고 춘향에게 건너가니 그사이에 제 집으로 돌아갔거늘, 저의 집을 찾아가니 모녀간 마주 앉아 점심이 한창이다.

"너 왜 또 오느냐?"

"황송타, 도령님이 다시 전갈하신다. '내가 너를 기생으로 아는 것이 아니라, 들으니 네가 글을 잘한다기로 청하는 것이니, 여염집 처녀 불러 보는 것이 소문에 괴이하기는 하나 험으로 알지 말고 잠깐 와 다녀가라' 하시더라."

춘향이 홀연히 생각하니 갈 마음이 나나 모친의 뜻을 몰라 한참이나 말 않고 앉았더니, 춘향 모 썩 나앉으며 정신없이 말한다.

"꿈이라는 것이 전혀 허사가 아닌 모양이다. 간밤 꿈에 난데없는 청룡 한 마리 벽도못에 잠겨 보이기에 무슨 좋은 일이 있을까 하였더니 우연한 일이 아니다. 또한 들으니 사또 자제 도령님 이름이 몽룡이라 하니 꿈 몽 자, 용 룡 자 신통하게 맞히었다. 그러나저러나 양반이 부르시는데 아니 갈 수 있느냐. 잠깐 다녀오너라."

춘향이가 광한루로 건너가니, 이 도령 입을 열어 말한다.

"성현도 성이 같으면 장가가지 않는다 하였으니, 네 성은 무엇이며 나이는 몇 살이냐?"

"성은 성가이옵고 나이는 열여섯이옵니다."

"허허, 그 말 반갑다. 네 나이 들어보니 나와 동갑 이팔이요, 성씨 들어보니 나와 천정연분 분명하다. 이씨와 성씨는 좋은 연분, 평생 동락하여보자."

춘향이 거동 보소. 눈썹을 찡그리며 붉은 입 반쯤 열어 옥 같은 목소리로 말한다.

"충신은 두 임금을 섬기지 아니하고 열녀는 두 지아비를 바꾸지 않는다는데,

도령님은 귀공자요 소녀는 천첩이옵니다. 한번 정을 맡긴 연후에 버리시면 일편단심 독수공방 홀로 누워 우는 한이, 이내 신세 내 아니면 뉘 알리요. 그런 분부 다시는 마소서.”

“우리 둘이 인연 맺을 때 금석맹약 맺으리라. 네 집이 어디냐?”

“방자 불러 물으소서.”

“내 너더러 묻는 말이 허황하구나! 방자야!”

“예.”

“춘향의 집을 네 일러라.”

“저기 송정 죽림 두 사이로 은은히 보이는 것이 춘향의 집이올시다. ”

“장원이 정결하고 송죽이 울울하니 여자의 절개 행실을 가히 알 만하구나.”

춘향이 일어나며 부끄러이 말한다.

“시속 인심 고약하니 그만 놀고 가겠습니다.”

“기특하다. 오늘 밤 퇴령 후에 너의 집에 갈 것이니 괄시나 부디 말아라.”

춘향이 대답한다.

“나는 몰라요.”

“네가 모르면 쓰겠느냐. 잘 가거라. 오늘 밤에 상봉하자.”

도령님이 춘향을 애연히 보낸 후에 잊을 수 없는 생각 둘 데 없어, 책방으로 돌아와 만사에 뜻이 없고 다만 춘향 생각뿐이었다. 말소리 귀에 쟁쟁하고 고운 태도 눈에 삼삼하여 해 지기만 기다린다.

이 도령 퇴령 놓기를 기다리다가 방자를 불러 물었다.

“퇴령 놓았나 보아라.”

“아직 아니 놓았소.”

조금 있으니 퇴령 소리 길게 난다.

"좋다, 좋다. 옳다, 옳다. 방자야, 초롱에 불 밝혀라."

통인 하나 뒤를 따라 춘향의 집으로 건너갈 때 자취 없이 가만가만 걷는다.

"방자야, 상방에 불 비친다. 등불을 옆으로 감춰라."

삼문 밖에 나서니 좁은 길 사이에는 달빛이 영롱하고 투기鬪技[8]하는 소년들은 밤에 청루靑樓[9]에 들어갔으니 지체 말고 어서 가자. 그렁저렁 당도하니 좋은 밤은 쥐 죽은 듯 고요하고 좋은 계절이 아름답지 않은가.

이때 춘향이 칠현금 비껴 안고 남풍시南風詩를 희롱하다가 침석에서 조는데, 방자는 개가 짖을까 자취 없이 가만가만 춘향 방 영창 밑으로 살짝 들어간다.

"애 춘향아, 잠들었느냐?"

춘향이 깜짝 놀란다.

"네 어찌 오느냐?"

"도령님이 와 계시다."

춘향이 이 말 듣고 가슴이 울렁울렁 속이 답답하여 부끄럼을 이기지 못하고 문을 열고 나오더니 건넌방으로 건너갔다.

"애고, 어머니, 무슨 잠을 이리 깊이 주무시오?"

"아가, 무엇을 달라고 부르느냐?"

"도령님이 오셨소."

춘향 모 문을 열고 방자 불러 묻는다.

"뉘 왔느냐?"

"사또 자제 도령님이 와 계시오."

춘향 모 그 말을 듣고 향단을 불러 일렀다.

"뒤 초당에 좌석과 등촉을 마련해두어라."

당부하고 춘향 모 나오더니 공수拱手[10]하고 우뚝 선다.

"그사이 도령님 문안이 어떠시오?"

도령님 반만 웃고 말한다.

"춘향이 모친이라지. 평안한가?"

"예, 겨우 지냅니다. 오실 줄 진정 몰라 영접이 불민하옵니다."

"그럴 리가 있나?"

춘향 모 앞을 서서 인도하여 안으로 들어가니 해묵은 별초당에 등촉을 밝혔는데 무엇보다 반가운 것은 못 가운데 쌍오리가 손님 오신다 두둥실 떠서 기다리는 모양이요, 처마에 다다르니 그제야 저의 모친의 영을 받들어 사창을 반쯤 열고 나오는데 뚜렷한 일륜명월一輪明月 구름 밖에 솟았는 듯 황홀한 그 모양은 측량키 어려웠다. 부끄러이 당에 내려 천연스레 서 있는 거동은 사람의 간장을 다 녹인다. 도령님 반만 웃고 묻는다.

"곤하지 아니하며 밥이나 잘 먹느냐?"

춘향이 부끄러워 대답지 못하고 묵묵히 서 있거늘 춘향 모가 먼저 당에 올라 도령님을 자리로 모셨다.

"귀중하신 도령님이 누추한 집에 와주시니 황공하고 감격하옵니다."

도령님 그 말 한마디에 말구멍이 열리었다.

"그럴 리가 있나. 우연히 광한루에서 춘향을 잠깐 보고 꽃을 찾는 취한 마음, 오늘 밤에 온 뜻은 춘향 모 보러 왔거니와 자네 딸 춘향이와 백년언약 맺고자 하니 자네 마음 어떠한가?"

춘향 모 대답한다.

"가세가 부족하니 재상가는 부당하고 사土, 서인庶人 상하에 다 미치지 못하니 혼인이 늦어져서 주야로 걱정이던 중 도령님 말씀은 춘향과 백년가약한다는 말씀이오나 그런 말씀 마시고 노시다나 가십시오."

이 말이 참말이 아니라 이 도령님 춘향을 얻는다 하니 앞일을 몰라 뒤를 눌러 하는 말이었다.

이 도령은 기가 막혔다.

"좋은 일엔 흔히 마가 끼는 법이라네. 춘향도 미혼이나 나도 미혼이라 재차 언약이 이렇고 육례는 못할망정 양반의 자식이 일구이언을 할 리가 있겠나?"

"도령님의 속마음이 말과 같을진대 알아 행하시오."

"그건 두 번 다시 염려 마소."

이와 같이 이야기하니 청실홍실의 육례를 갖추어 만난다 한들 이 위에 더 뾰족할 것인가.

"내 저를 첫 장가같이 여길 터이니 염려 마소. 대장부 먹은 마음으로 박대하는 행실을 할 것인가? 허락만 하여주소."

춘향은 이 말을 듣고 이윽고 앉았더니 몽조夢兆[11]가 있는지라 연분인 줄 짐작하고 홀연히 허락하였다.

"봉이 나매 황이 나고, 장군 나매 용마 나고, 남원의 춘향 나매 이화 춘풍 꽃답다. 향단아, 주반酒盤[12] 등대하였느냐?"

"예."

이 도령, 잔을 받아 들고 탄식하여 말한다.

"내 마음대로 한다면 육례를 행할 것이나 그렇게는 못 하고 개구멍서방[13]으로 들고 보니 이 아니 원통하냐. 애 춘향아, 그러나 우리 둘이 대례 술로 알고 먹자."

한 잔 술 부어 든다.

"내 말 들어라. 첫째 잔은 인사주요, 둘째 잔은 합환주니 이 술을 근원 근본으로 삼으리라. 우리 백 살까지 살다가 한날한시 마주 누워 선후 없이 죽게 되면 천하에 제일가는 연분이 아니겠느냐.”

이때에 춘향 모 향단 불러 데리고 건너가고 춘향과 이 도령이 마주 앉아놓으니 그 일이 어찌 되겠는가.

“치마를 벗어라.”

춘향이가 부끄러워 몸을 틀며 이리 굼실 저리 굼실, 도령님이 치마 벗겨 제쳐놓고 바지와 속곳을 벗길 때에 무한히 힐난한다. 이리 굼실, 저리 굼실, 동해의 청룡이 굽이치는 듯하였다.

저고리 치마 속곳까지 벗겨놓으니 춘향이 부끄러워 한편으로 앉았을 때, 도령님 답답하여 가만히 살펴보니 얼굴에 구슬땀이 송실송실 맺혔다.

“애 춘향아, 이리 와 업히어라.”

도령님 춘향을 업고 추킨다.

“아따, 그 계집애 똥집 장히 무겁다. 네가 내 등에 업힌 것이 마음에 어떠냐?”

“더할 수 없이 좋소이다.”

“좋으냐?”

“좋아요.”

“나도 좋다. 좋은 말을 할 것이니 네가 대답만 하여라.”

“말씀 대답할 터이니 하여보세요.”

“네가 금金이더냐.”

“금이란 당치 않소.”

“네가 그러면 무엇이냐? 날 홀려먹는 불여우냐? 네 어머니 너를 낳아 곱게곱게 길러내어 나를 홀려먹으라고 생겼느냐? 사랑, 사랑, 사랑이야, 내 사랑이야. 네가 무엇을 먹으려는 것이냐? 생밤, 찐 밤을 먹으려는 것이냐? 둥글둥글 수박을 웃봉지 대모장도 드는 칼로 뚝 떼고 강릉 백청白淸14을 두루 부어 은수저 반간지로 붉은 점 한 점을 먹으려느냐? ”

“아니, 그것도 내사 싫소. ”

“에라, 요것, 안 될 말이로다. 어화둥둥, 내 사랑이지. 애 춘향아, 내리려무나. 백사 만사가 품앗이가 있느니라. 내 너를 업었으니 너도 나를 업어라.”

“애고, 도령님은 기운이 세어서 나를 업으시거니와 나는 기운이 없어 못 업겠소.”

“업는 수가 있느니라. 도두 업으려 말고 빨리 땅에 자운자운하게 뒤로 잦는 듯 업어다오.”

도령님을 업고 툭 추워노니 대중이 틀렸구나.

“에그, 잡성스러워라.”

이리 흔들, 저리 흔들하더라.

온갖 장난을 다 하고 보니 이런 장관이 또 있으랴. 이팔 둘이 만나 벅찬 마음에 세월 가는 줄 모른다.

이때 뜻밖에 방자 나와 아뢴다.

“도령님! 사또께서 부르시오.”

도령님이 들어가니 사또께서 말씀하신다.

“여봐라! 서울서 동부승지同副承旨의 교지가 내려왔다. 나도 문부文簿[15] 사정査定[16]하고 갈 것이니, 너는 내행을 모시고 오늘로 떠나거라.”

도령님 부교父敎 듣고 한편 반가우나 한편 춘향을 생각하니 가슴이 답답하여 사지의 맥이 풀리고 간장이 녹는 듯 두 눈에서 더운 눈물이 퍽퍽 솟아 고운 얼굴을 적시거늘 사또 보시고 묻는다.

“너 왜 우느냐? 내가 남원에서 일생을 살 줄 알았더냐? 내직으로 승차되니 섭섭히 생각 말고 오늘 부처 치행 등정을 급히 차려 내일 오전으로 떠나거라.”

겨우 대답하고 물러나와 내아에 들어가, 사람의 상중하를 막론하고 어머니에게는 허물이 적은지라 춘향의 말을 울며 청하다가 꾸중만 실컷 듣고 춘향의 집으로 가는데, 설움은 기가 막히나 길거리에서 울 수 없어 참기는 하나 속에서는 간장이 끊어지는 듯하다. 춘향 문전에 당도하니 통째 건더기째 보째 왈칵 쏟아져 나온다.

"어푸어푸, 어허."

춘향이 깜짝 놀라 왈칵 뛰어나온다.

"애고, 이게 웬일이오? 안으로 들어가시더니 꾸중만 들으셨소? 노상에서 무슨 분함 당하셨소? 서울서 무슨 기별이 왔다더니 상부를 입으셨소? 점잖으신 도령님이 이게 웬일이오?"

춘향이 도령님 목을 담쑥 안고 치맛자락을 걷어잡고 고운 얼굴에 흐르는 눈물을 이리 씻고 저리 씻으면서 달랜다.

"우지 마오. 우지 마오."

도령님 기가 막혀, 울음이란 게 말리는 사람이 있으면 더 울게 되는 것이었다. 춘향이 화를 낸다.

"여보 도령님, 우는 입 보기 싫소. 그만 울고 내력이나 말하오."

"사또께서 동부승지로 승차하셨다."

춘향이 좋아한다.

"댁의 경사요. 왜 운단 말이오?"

"너를 버리고 갈 터이니 내 아니 답답하냐?"

"언제는 남원 땅에서 평생 사실 줄 알았소? 도령님 먼저 올라시면 나도 추후에 올라갈 것이니 아무 걱정 마시오."

"그게 될 법한 말이냐? 네 말을 대부인께 여쭈었더니 꾸중이 대단하시더라.

양반의 자식이 부형을 따라 하행下行 왔다가 화방작첩花房作妾[17]하여 데려간단 말이 앞길에도 해롭고 조정에 들어 벼슬도 못 한다고 말씀하신다. 불가불 이별이 될 수밖에 없다.”

“허허, 이게 웬일이오?”

춘향이 왈칵 달려들어 치맛자락 와드득 좌루룩 찢어버리고 머리도 와드득 쥐어뜯어 싹싹 비벼 도령님 앞에다 내던진다.

“무엇이 어쩌고 어째요? 이것도 쓸데없다.”

명경, 체경, 산호죽절珊瑚竹節 두루 쳐 방문 밖에 탕탕 부딪치며 발을 동동 굴러 손뼉 치고 돌아앉아 운다.

“여보, 도령님! 지금 막 하신 말씀 참말이오, 농담이오? 우리 둘이 만나 백년언약 맺을 적에 대부인, 사또께서 시키시던 일이오? 핑계가 웬 말이오. 광한루에서 잠깐 보고 내 집에 찾아와서 도련님은 저기 앉고 춘향 저는 여기 앉아 저한테 하신 말씀, ‘금석맹약 어길 수 없다’고 전년 오월 단옷날 밤에 내 손목 부여잡고 우둥퉁퉁 밖에 나와 당중堂中에 우뚝 서서 맹세키로, 내 정녕 믿었더니 말경에 가실 때는 뚝 떼어 버리시니 이팔청춘 젊은 것이 낭군 없이 어찌 살꼬. 애고애고, 내 신세야. 모지도다, 모지도다. 도령님이 모지도다. 원수로다, 원수로다. 존비귀천 원수로다. 여보 도령님, 춘향 몸이 천하다고 함부로 버리셔도 그만인 줄로 아지 마오. 팔자 사나운 춘향이가 입이 써서 밥 못 먹고 잠 안 와 잠 못 자면 며칠이나 살 듯하오? 상사로 병이 들어 애통해 죽게 되면 슬프고 원통한 이 혼신이 원귀가 될 것이니 존중하신 도령님께 그건들 재앙이 아니겠소? 사람의 대접을 그리 마오. 죽고 싶구나. 나 죽고 싶구나. 애고애고, 서러워라.”

한참 이리 자진自盡하여 슬피 울 때 춘향 모 영문 모르고 건너와서 도령님 앞에 달려들더라.

“나와 말 좀 해봅시다. 내 딸 춘향을 버리고 간다 하니 무슨 죄로 그러시오?
춘향이가 도령님 모신 것이 근 일 년 됐으니 행실이 그르던가, 예절이 그르던
가, 바느질이 그르던가, 언어가 불순하던가, 잡스런 행실을 가져 창녀같이 음
란하던가, 무엇이 그르던가? 애고 애고, 서럽구나. 몇 사람 신세 망치려고 아니
데려가오?”

이 말 만일 사또 귀에 들어가면 큰 야단이 나겠다.

“여보 장모, 춘향만 데려가면 그만 아니오.”

“그래, 아니 데려가고 견뎌낼까? ”

“너무 덤벼들지 말고 여기 앉아 말 좀 듣소. 내일 내행이 나오실 때 신주 모신
짐이 나올 터이니 신주는 모셔 내어 내 창옷 소매에다 모시고 춘향은 요여腰輿[18]
에다 태워 갈 것이오. 걱정 말고 염려 마소.”

춘향이 그 말 듣고 도령님을 물끄러미 바라보더니 말하였다.

“어머니, 도령님 너무 조르지 마소. 우리 평생 신세가 도령님 장중에 매었으
니 알아 하시라 부탁이나 하오. 이번엔 아무래도 이별할 수밖에 수가 없네. 기
왕에 이별이 될 바에는 가시는 도령님을 왜 조르리까마는 우선 갑갑하여 그러
는 것 아니오? 어머니, 그만 건넌방으로 가시어요.”

촛불을 돋워 켜고 둘이 서로 마주 앉아 갈 일을 생각하고 보낼 일을 생각하니
정신이 아득하고 한숨질과 솟는 눈물에 흐느껴 울며 얼굴도 대어보고 손발도
만져본다.

“도령님 올라가면 살구꽃 피고 봄바람 부는 거리마다 취하느니 장진주요, 청
루 미색 집집마다 보시느니 미색이요, 곳곳에 풍악 소리 간 곳마다 화월이라.
호색하신 도령님 주야로 호강하실 때에 나 같은 먼 시골 천첩이야 손톱만큼이
나 생각하리까? 애고애고, 내 일이야.”

"춘향아, 울지 말아라. 한양성 남북촌에 옥 같은 여자와 아름다운 여자가 많건마는 규중심처 깊은 정 너밖에 없었다. 내 아무리 대장부라 한들 잠시인들 잊을쏘냐?"

서로 기가 막혀 못 떠나고 있을 때에 도령님을 모시고 갈 후행 사령이 헐떡헐떡 들어온다.

"도령님, 어서 행차하옵소서."

춘향이 할 길 없어, 술 한 잔 부어 눈물 섞어 드리면서 말한다.

"한양성 가시는 길에 강가에 늘어선 푸른 나무들은 제 작별의 서러움을 머금었으니 제 정을 생각하시오. 말에 오른 채 지치시어 병이 날까 염려되오니 천금같이 귀하신 몸 조심하옵소서. 푸른 가로수 우거져 늘어선 길에 평안히 행차하시고 종종 편지나 하옵소서."

하루아침에 낭군을 이별하니 하늘을 우러러 탄식하며 세월을 보내더라. 이때 도령님은 올라갈 때 숙소마다 잠 못 이룬다.

"보고지고, 내 사랑 보고지고. 낮이나 밤이나 잊지 못하는 우리 사랑, 날 보내고 그린 마음 속히 만나 풀리라."

날이 가고 달이 감에 따라 마음을 굳게 먹고 과거에 급제하여 미구에 도임할 것만 바라는 것이었다.

이때 수 삭 만에 신관 사또 났으니 자하문 변학도라는 양반이 오는데, 문필도 유려하고 인물과 풍채도 활발하고 풍류 속에 달통하여 외입 속이 넉넉하되, 흠이 있으니 성정이 괴팍하고 실덕도 하고 판결을 잘못하는 일이 간간이 있으므로 아는 이들은 다 고집불통이라고 하였다. 신연新延[19] 맞이 하인이 뵐 때 행군하는 풍악 소리 성동에 진동하고 삼현 육각 천마성은 원근에 낭자하다.

광한루에 보진하여 옷을 갈아입고 객사에 연명차로 남여 타고 들어갈 때 백성의 눈에 엄숙하게 보이려고 눈을 별로 궁글궁글하며 객사에 들어가 동헌에 좌기하고 도임상을 잡순 후이다.

"행수 문안이오."

행수 군관의 집례執禮를 받고 육방 관속의 현신을 받은 뒤 사또가 분부하였다.

"수노首奴[20] 불러서 기생 점고하렷다."

호장戶長이 분부 듣고 기생 안책 들여놓고 차례로 이름을 부른다.

"명월이."

"나요."

"도홍이."

"나요."

"채봉이."

"나요."

"연심이."

"나요."

연연히 고운 기생도 그중에는 많건마는 사또께서는 근본 춘향의 말을 높이 들었는지라 아무리 들어도 춘향의 이름이 없는지라, 사또, 수노 불러 묻는다.

"기생 점고 다 되어도 춘향은 안 부르니 그년은 퇴기란 말이냐?"

수노, 여쭙는다.

"춘향 모는 기생이나 춘향은 기생이 아니옵니다."

이에 사또가 묻는다.

"기생이 아니면 어찌 규중에 있는 아이의 이름이 높이 났느냐?"

"근본은 기생의 딸이옵고 덕색德色이 장하므로 구관 사또 자제 이 도령과 백년가약 맺고 도령님 가실 때에 과거에 급제하면 데려간다 하였기 춘향이도 그리 알고 수절하고 있습니다.”

사또, 골을 낸다.

“이놈, 무식한 상놈. 그게 어떤 양반이라고. 엄부시하요 장가 전 도령님이 화방에 작첩하여 살까. 이놈, 다시 그런 말을 입 밖에 냈다가는 죄를 면치 못하리라. 내가 저 하나를 보려다가 못 보고 그저 가랴. 잔말 말고 불러오라.”

춘향을 부르라는 명령이 내리자 이방, 호방이 여쭙는다.

“춘향이가 기생이 아닐뿐더러 전 사또 자제 도령님과 맹약이 중하온데 같은 양반의 분의로 부르라 하시니 사또님 체모가 손상될까 걱정되나이다.”

사또, 크게 노하여 소리친다.

“만일 춘향을 시각 지체한다면 이방, 형방들 이하 각청 두목을 모두 파면할 것이니 빨리 대령시키지 못할까?”

육방이 소동을 일으키고 각청 두목이 넋을 잃는다. 사령, 군노 뒤섞여서 춘향 집 문전에 당도하였다.

“이리 오너라!”

춘향이 깜짝 놀라 문틈으로 내다보니 사령, 군노들이 나와 있다.

“허허, 번수님네, 이리 오소, 이리 오소. 오시기 뜻밖이네.”

춘향이 나가서 김 번수며 이 번수며 여러 번수 불러들여 제 방에 앉힌 후에 향단 불러 주반상 들여 취하도록 먹이고 궤문 열어 돈 닷 냥을 내어놓는다.

“여러 번수님네, 가시다가 술이나 잡숫고 가시오. 뒷일이 없게 하여주오.”

돈 받아 차고 흐늘흐늘 들어갈 때 행수 기생이 나와 두 손 땅땅 마주치며 말한다.

“여봐라, 춘향아, 말 듣거라. 너만 한 정절은 나도 있고 너만 한 수절은 나도 있다. 너만 한 정절이 왜 없으며 너만 한 수절이 왜 없겠느냐? 정절부인 아가씨, 수절부인 아가씨, 조그마한 너 하나로 말미암아 육방이 소동하고 각청 두목이 다 죽어간다. 어서 가자, 바삐 가자.”

춘향이 할 수 없어 수절하던 그 태도로 대문 밖에 썩 나서며 말한다.

“형님, 형님, 행수 형님. 사람의 괄시 그리 마소. 그대라고 대대 행수며 나라고 대대로 춘향인가. 인생 한 번 죽으면 그만이요, 한 번 죽지 두 번 죽나.”

이리 비틀, 저리 비틀, 동헌으로 들어간다.

“춘향, 대령하였소.”

춘향이 상방에 올라가 무릎을 여미고 앉았을 뿐이다. 사또, 보시고 크게 기뻐서 분부한다.

“오늘부터 몸단장 정히 하고 수청을 거행하라.”

“사또님 분부 황송하오나 일부종사一夫從死[21] 바라오니 분부 이행 못 하겠소.”

사또가 칭찬한다.

“아름답고 아리따운 계집이로다. 네가 진정 열녀로다. 네 정절 굳은 마음 어찌 그리 어여쁘냐. 당연한 말이로다. 그러나 이 수재이 도령는 경성 사대부의 자제로서 명문 귀족의 사위가 되었으니, 한때 사랑으로 잠깐 희롱하던 너를 조금이나 생각하겠느냐? 너 혼자 평생을 수절하다가 고운 얼굴이 늙어지고 백발이 드리우면 불쌍하고 가련한 게 아니겠느냐. 네 아무리 수절한들 누가 너를 열녀라 칭찬하랴. 네가 말을 좀 하여라.”

춘향이 여쭙는다.

“충신은 두 임금을 섬기지 아니하며 열녀는 두 지아비를 섬기지 않고 절개를 지킨다 함을 본받고자 하옵는데, 분부가 이러하오니 사는 것이 죽느니만 못하옵고 정절이 있는 여자는 두 남편을 섬기지 못하오니 처분대로 하시오.”

“이년, 들어라. 모반 대역하는 죄는 능지처참하게 되고 관장을 조롱하는 죄는 기시율棄市律[22]에 처한다고 쓰여 있으며 관장을 거역한 죄는 엄형에 처하고 정배 보내느니라. 죽는다고 설워 말아라.”

“유부녀를 겁탈하는 것은 죄가 아니고 무엇이오?”

사또, 기가 막혀 어찌나 분하던지 첫마디에 목이 쉬어 호령한다.

“이년을 잡아 내려라!”

명령이 떨어지니 골방의 수청 통인이 달려들어 춘향의 머리채를 잡아 끌어내린다.

“급창!”

“예.”

“이년 잡아 내려라!”

춘향이 뿌리치며 악을 쓴다.

“놓아라.”

중계로 내려가니 급창이 달려들었다.

“요년, 요년, 어떠하신 존전이라고 대답이 그러하고 살기를 바랄쏘냐.”

대뜰 아래 내려치니 맹호 같은 군노, 사령들이 벌떼같이 달려들어 감태 같은 춘향의 머리채를 어린 시절 연실 감듯, 뱃사공의 닻줄 감듯, 사월 파일 등대 감듯 휘휘 친친 감아쥐고 동댕이치니, 불쌍하다 춘향 신세, 백옥 같은 고운 몸이 육자백으로 엎어졌구나.

좌우에 나졸들이 능장, 곤장, 형장이며 주장을 짚고 늘어섰다.

“아뢰라! 형리를 대령하라.”

“머리 숙여라!”

사또는 어찌나 분이 났던지 벌벌 떨며 허푸허푸 한다.

“여봐라! 골통을 부수고 물고장[23]을 올려라!”

춘향을 형틀에 올려 매고 형장이며 태장이며 곤장이며 한 아름 담쑥 안아다
가 형틀 아래 좌르륵 부딪치는 소리에 춘향의 정신 혼미한다.

"사또님의 분부 지엄한데 저런 년을 무슨 사정 두리까? 이년 다리를 까딱 말
아라. 만일 요동하였다가는 뼈 부러지리라."

호통하고 들어서 검장 소리 발맞추어 서면서 가만히 말한다.

"한두 개만 견디소. 어쩔 수가 없네. 요 다리는 요리 틀고 저 다리는 조리
트소."

"매우 쳐라!"

"예잇, 때리오."

딱 붙어서 부러진 형장 개비는 푸드득 날아 공중에 잉잉 솟아 상방 대뜰 아래
떨어지고 춘향이는 아픔을 참으려고 이를 북북 갈며 고개만 빙빙 두른다.

"애고, 이게 웬일이여!"

곤장, 태장을 치는 데는 사령이 서서 하나둘 세건마는 형장부터 법장이라 형
리와 통인이 닭싸움하는 모양을 마주 엎디어서 하나 치면 하나 긋고, 둘 치면
둘 긋고, 무식하고 돈 없는 놈이 술집 바람벽에 술값 긋듯 그어놓으니 한 일 자
가 되었구나. 춘향이는 저절로 설움에 겨워 맞으면서 운다.

"일편단심 굳은 마음은 일부종사의 뜻이오니 한낱 매를 치신다고 일 년이 다
못 가서 조금만큼이라도 내 마음 변하리까."

남원부의 한량이며 남녀노소 없이 모여 구경할 때 모두 눈물을 흘렸다.

두 번째 매를 친다.

"이부절二副節을 아옵는데 두 남편을 섬기지 않는 내 마음, 이 매 맞고 아주 죽
어도 이 도령은 못 잊겠소."

세 번째 매를 친다.

"삼종지례三從之禮²⁴ 중한 법 삼강오륜 알았으니 세 차례의 형문을 받고 정배를 갈지라도 삼청동에 계시는 우리 낭군 이 도령을 못 잊겠소."

네 번째 매를 친다.

"사대부 사또님은 사민공사四民公事 살피지 않고 위력 공사만 힘쓰니 사십팔방 남원 백성 원망함을 모르시오. 사지를 자른대도 사생동거死生同居 우리 낭군 사생 간에 못 잊겠소."

다섯 번째 매를 친다.

"오륜윤기五倫倫紀²⁵ 그치지 않고 부부유별夫婦有別 오행으로 맺은 연분, 올올이 찢어내도 오매불망 우리 낭군 온전히 생각나네. 오동추야 밝은 달은 임 계신 데 보련마는 오늘이나 편지 올까, 내일이나 편지 올까. 무죄한 이내 몸이 악사惡死할 리 없으니 잘못 판결로 죄수 만들지 마옵소서. 애고, 내 신세야."

여섯 번째 매를 친다.

"육육은 삼십육으로 낱낱이 고찰하여 육만 번 죽인대도 육천 마디 얽힌 사랑 맺힌 마음 변할 수 전혀 없소."

일곱 번째 매를 친다.

"칠거지악七去之惡 범하였소? 칠거지악이 아니거늘 칠개 형문이 웬일이오? 칠 척 검 드는 칼로 동강동강 잘라서 이제 바삐 죽여주오. 치라 하는 저 형방아, 칠 때마다 살피지 마소. 칠보홍안七寶紅顔 나 죽겠네."

여덟 번째 매를 친다.

"팔자 좋은 춘향 몸이 팔도 삼백 수령 중에 제일 명관 만났구나. 팔도 삼백 수령님네 백성 다스리려 내려왔지 악형하러 내려왔나?"

아홉 번째를 친다.

"구곡간장 굽이 썩어 이내 눈물 구년지수九年之水²⁶ 되겠구나. 구고 청산 장송

베어 올차고 센 배 만들어 타고, 한양 성중 급히 가서 구중궁궐 나랏님께 구구히 억울한 사정 여쭈옵고 삼청동 찾아가서 우리 사랑, 맺힌 마음 마음껏 풀련마는."

열 번째 매를 친다.

"십생구사十生九死27할지라도 팔십 년 정한 뜻을 십만 번 죽인대도 가망 없고 무가내요. 열여섯 어린 춘향 곤장 맞아 원통한 귀신 되니 가련하고 가련하오."

열 치고 그만둘 줄 알았더니 열하나, 열둘…… 열다섯 번째 매를 친다.

"십오야 밝은 달은 떼구름에 묻혀 있고 서울 계신 우리 낭군 삼청동에 묻혔으니 달아, 달아, 임 보느냐? 임 계신 곳 나는 어이 못 보는고."

스물 치고 끝날까 하였더니 스물다섯 번째 매를 친다.

"이십오현탄야월二十五弦彈夜月28에 저 기러기, 너 가는 데 어디냐. 가는 길에 한양성 찾아들어 삼청동 우리 임께 내 말 부디 전해다오. 나의 모습 자세히 보고 부디부디 잊지 말아라."

삼십삼천 어린 마음을 옥황전에 아뢰려고 옥 같은 춘향 몸에 솟느니 유혈이요, 흐르느니 눈물이다. 피눈물 한데 흘러 무릉도원의 홍류수紅流水라.

"소녀를 이리 말고 능지처참 박살하여 죽여주면 죽은 뒤에 원조怨鳥라는 새가 되어 초혼조招魂鳥 함께 울어 적막공산 달 밝은 밤에 우리 이 도령님 자는 후 파몽破夢이나 하여지이다."

춘향이 점점 악을 쓰다가 지쳐 더 말 못 하고 기절하니 엎드려 있던 형방, 통인 고개 들어 눈물 씻고, 매질하던 사령도 눈물 씻고 돌아서며 말한다.

"사람의 자식으로선 이 짓 못 하겠네."

좌우의 구경하는 사람과 거행하는 관속들도 눈물 씻고 돌아서며 말한다.

"춘향의 매 맞는 거동, 사람 자식은 못 보겠다. 모질도다, 모질도다. 춘향 정절이 모질도다. 하늘이 낸 열녀로다."

남녀노소 없이 눈물 흘리며 돌아설 때 사또인들 좋을 리가 있으랴.

"네 이년! 관청 뜰에서 발악하며 맞으니 좋은 것이 무엇이냐? 일후에도 또 그런 거역을 할까?"

반은 죽고 반은 산 춘향이 점점 악을 쓴다.

"여보 사또, 들으시오. 죽기를 결심하고 먹은 마음을 어찌 그리 모르시오. 계집의 품은 원한은 오뉴월에 서리 칩니다. 원통한 혼이 하늘로 다니다가 우리 나랏님 앉은 곳에 이 원정을 아뢰오면 사또인들 무사하랴. 덕분에 죽여주오."

사또, 기가 막혀 명을 내린다.

"허허, 그년, 말 못 할 년이로군. 큰 칼 씌워 옥에 가두어라."

큰 칼 씌워 봉인하여 옥사장이 등에 업고 삼문 밖을 나올 때에, 춘향 모 이 말 듣고 정신없이 들어오더니 춘향의 목을 안고 운다.

"애고, 이게 웬일이냐? 죄는 무슨 죄며 매는 무슨 매냐. 집사님네, 이방님네, 내 딸이 무슨 죄요. 애고애고, 내 일이야. 칠십 당년 늙은 것이 의지할 데 없이 되었구나. 애고, 내 딸 매 맞은 자리 보소. 빙설 같던 두 다리에 연지 같은 피 비쳤네. 왜 못생긴 월매 딸이 되어 이 모양이 웬일이냐? 춘향아, 정신 차려라. 애고애고, 내 신세야."

옥중에 들어가서 옥방의 모양을 살펴보니 부서진 죽창 틈으로 살을 쏘나니 바람이요, 무너진 헌 벽이며 헌 자리에서 벼룩, 빈대가 온몸으로 기어든다.

죽창 문을 열어젖히니 밝고 깨끗한 달은 방 안으로 든다마는 어린것이 홀로 앉아 달에게 묻는 말이, "저 달아 보느냐. 임 계신 데 밝은 기운 비쳐라. 나도 좀 보자꾸나. 우리 임이 누웠더냐, 앉았더냐. 보는 대로만 네가 일러 나의 수심 풀어다오".

애고애고, 슬피 울다가 홀연히 잠이 들어 꿈을 꾸다가 깨어보니, 옥창 밖에는 앵두꽃이 떨어져 보이고 거울 복판이 깨어져 보이고 문 위에 허수아비가 달려 있듯이 보이거늘, 나 죽을 꿈이로다 하고 수심과 걱정으로 밤을 새우더라. 밤은 깊어 삼경이요 궂은비는 퍼붓는데, 옥 밖으로 장님 하나가 지나가는데 서울 봉사 같으면 "문수問數하오"라고 외치련마는 시골 봉사라 "문복問卜[29]하오"라고 외치며 가니, 춘향이 듣고, "여보 어머니, 저 봉사 좀 불러주오".

춘향 모가 봉사를 부른다.

"여보, 저기 가는 봉사님."

"거 누구요?"

"춘향의 모요."

"어째 찾나?"

"우리 춘향이가 옥 중에서 봉사님을 잠깐 오시라 하오."

"날 찾기 의외로군. 가보세."

봉사가 옥으로 들어갈 때 춘향 모, 봉사의 지팡이를 잡고 길을 인도하였다.

"봉사님, 이리 오시오. 이것은 돌다리요, 이것은 개천이오. 조심하여 건너시오."

"애고, 봉사님, 어서 오오."

봉사는 춘향이가 일색이란 말을 듣고 반가워한다.

"음성을 들으니 춘향 각시인가?"

"예, 그러하옵니다."

"대체 나를 어째 청하였나?"

"예, 다름이 아니라 간밤에 흉몽을 꾸었기로 해몽도 하고 우리 서방님이 어느 때나 나를 찾을까 길흉 여부를 점치려고 청하였소."

"그리하세."

봉사가 점을 치는데, "저 태서의 믿음직한 말을 빌려 존경을 다하여 축원하옵나니 하늘이 언제 말씀하시었고 땅이 언제 말씀하셨으리요마는 두드리오면 곧 응하시는 것이 신령하심이니 응감하시어 신통하게 해주시옵소서".

산통을 철겅철겅 흔들더니 말한다.

"어디 보자. 일이삼사오륙칠, 허허, 좋다. 좋은 괘로구나. 자네 서방님이 머지않아 내려와서 평생의 한을 풀겠네, 걱정 마오. 참 좋거든."

춘향이 대답한다.

"말대로 그러하면 오죽이나 좋사오리까. 간밤 꿈의 해몽이나 좀 하여주옵소서."

"어디 자상히 말을 하소."

"단장하던 체경이 깨어져 보이고, 창 앞의 앵두꽃이 떨어져 보이고, 문 위에 허수아비가 달린 듯이 보이고, 태산이 무너지고 바닷물이 말라 보이니 나 죽을 꿈 아니오?"

봉사, 가만히 생각하다가 얼마 있다 말하였다.

"그 꿈이 장히 좋다. 꽃이 떨어지니 능히 열매를 맺을 것이요, 거울이 깨어지니 어찌 큰 소리 한번 없겠는가. 문 위에 허수아비 달렸음은 만인이 다 우러러봄이라. 바다가 말랐으니 용의 얼굴을 볼 것이며 산이 무너지면 평지가 되리라. 좋다, 쌍가마 탈 꿈이로세. 걱정 말게. 머지않네."

한참 이리 수작할 때, 까마귀가 뜻밖에 옥 밖의 담에 와 앉아서 '가옥가옥' 울거늘 춘향이 손을 들어 날리며 말하였다.

"방정맞은 까마귀야, 나를 잡아가려거든 조르지나 말려무나."

봉사가 이 말을 듣더니 묻는다.

"가만있소. 그 까마귀가 가옥가옥 그렇게 울었지?"

"예, 그래요."

"좋다, 좋다. 가는 아름다울 가嘉요, 옥은 집 옥屋이라. 아름답고 즐겁고 좋은 일이 불원간에 돌아와서 평생에 맺힌 한을 풀 것이니 조금도 걱정하지 마소. 지금은 복채 천 냥을 준대도 아니 받아 갈 것이니 두고 보고, 영귀하게 되는 때에 괄시나 부디 마소. 나는 돌아가네."

춘향은 장탄수심으로 세월을 보내었다.

이때 한양성 이 도령은 주야로 시서詩書 백가어百家語[30]를 숙독하였으니 글로는 이백李白이요, 글씨는 왕희지라. 국가에 경사 있어 태평과太平科[31]를 보일 때에 서책을 품에 품고 과거장에 들어가 좌우를 둘러보니 수많은 백성과 허다한 선비가 일시에 절을 한다. 어악御樂 풍류 청아한 소리에 앵무새가 춤을 춘다. 대제학大提學을 택출擇出하여 어제御題[32]를 내리시며 도승지 모셔 내어 홍장에 걸어 놓으니, 글제에 하였으되 '춘당춘색 고금동春塘春色古今同'이라 뚜렷이 걸렸거늘 이 도령 글제를 살펴보니 익히 보던 바더라. 시제를 펼쳐놓고 해제를 생각하여, 용지연에 먹을 갈아 당황모 무심필을 반중동 덤벙 풀어 왕희지 필법으로 조맹부체를 받아 단붓으로 휘갈겨내니, 상시관 이 글을 보고 자자마다 비점批點[33]하고 구구마다 관주貫珠[34]하였다. 용사비등龍蛇飛騰[35]하고 평사낙안平沙落雁[36]이라. 금세의 큰 인재로다.

금방金房에 이름을 불러 어주御酒 석 잔 권하신 후 장원 급제 휘장揮帳 하시었다. 신래 진퇴新來進退 나올 적에 머리에는 임금이 내린 꽃이요, 몸에는 앵삼鶯衫[37]이요, 허리에는 학대鶴帶[38]로다. 사흘간 거리에서 논 연후에 산소에 제사 지내고 임금께 절하니 임금께서 친히 불러 보신 후에, "경의 재주 조정의 으뜸이라" 하시고 도승지 입시하여 전라도 어사를 내리시니, 평생에 소원하던 바였다. 수의, 마패, 유척鍮尺[39]을 내주시니, 전하께 하직하고 집으로 돌아가는데 철관

풍채鐵冠風采는 깊은 산의 맹호와 같았다.

이튿날 서리胥吏 중방中房40을 불러 분부하되, "막중한 국사를 거행함에 있어 비밀을 지키지 않으면 죽기를 면치 못하리라".

추상같이 호령하며 서리 불러 분부하되, "너는 좌도左道로 들어, 진산, 금산, 무주, 용담, 진안, 장수, 운봉, 구례로 이팔 읍을 들러 아무 날 남원으로 대령하고, 홍방 역졸 너희들은 우도右道로 용안, 함열, 임피, 옥구, 김제, 만경, 고부, 부안, 흥덕, 고창, 장성, 영광, 무장, 무안, 함평으로 들러 아무 날 남원읍으로 대령하고, 종사 너는 익산, 금구, 태인, 정읍, 순창, 옥양, 낙안, 순천, 곡성으로 들러 아무 날 남원읍으로 대령하라".

분부하여, 각기 나누어 보내신 후에 어사 행장을 차리는데, 모양 보소. 숫제 사람을 속이려고 모자 없는 헌 파립에 벌이줄을 총총 매어 갓끈 달아 쓰고 당만 남은 헌 망건에 갑풀 관자 노끈 당줄 달아 쓰고 의뭉하게 헌 도복에 무명 실띠를 가슴속에 둘러매고 살만 남은 헌 부채에 솔방울 선추 달아 햇볕을 가리고 내려올 때, 한내, 주엽정이, 가린 내, 싱금정 구경하고, 공북루 서문을 얼른 지나 남문에 올라 사방을 둘러보니 서호 강남 여기로다. 차차로 암행하여 내려올 때 수령들이 어사 났단 말을 듣고 민정을 가다듬고 전공사前公事를 염려할 때 누구인들 편할까. 이방, 호장 넋을 잃고 공사의 회계하는 형방, 서기 여차하면 도망할 준비로 신발 끈을 감고 수많은 청상靑裳41이 넋을 잃어 분주할 때, 이때 어사 또는 임실 구화 뜰 근처를 당도하니 이때 마침 농사철이라. 농부들이 농부가 하며 이러할 때 야단이었다.

"어여로 상사뒤요, 천리 건곤 태평시에 도덕 높은 우리 성군. 강구연월康衢煙月42 동요 듣던 요 임금 성덕이라. 어여로 상사뒤요.

순 임금 높은 성덕으로 내신 성기聖器, 역산歷山에 밭을 갈고, 어여로 상사뒤요.

신농씨 내신 땅이 천추 만대 유전하니, 어이 아니 높으던가. 어여로 상사뒤요.

하우씨 어진 임금 9년 홍수 다스리니, 어여로 상사뒤요.

은왕 성탕 어진 임금 대한大旱[43] 칠 년 당하였네. 어여로 상사뒤요.

백초를 심어 사시四時를 짐작하니, 유신有信한 게 백초로다. 어여로 상사뒤요.

청운 공명 좋은 호강 이 업을 당할쏘냐. 어여로 상사뒤요.

남북 전답 기경起耕[44]하여 함포고복含哺鼓腹[45] 하여보세. 얼럴럴 상사뒤요.”

한참 이러할 때, 어사또 주령 짚고 이만치 떨어져서 농부가를 구경하다가,
“올해도 대풍이로고”.

또 한편을 바라보니 이상한 일이 있었다. 중년이 넘은 노인들이 끼리끼리 모여 서서 등걸밭을 일구는데, 갈멍덕 숙여 쓰고 쇠스랑 손에 들고 백발가를 부르는 것이다.

“등장等狀[46] 가자, 등장 가자. 하느님 전에 등장 갈 양이면 무슨 말을 하실는지. 늙은이는 죽지 말고, 젊은 사람 늙지 말게. 하느님 전에 등장 가세.

원수로다, 원수로다, 백발이 원수로다. 오는 백발 막으려고 우수에 도끼 들고, 좌수에 가시 들고, 오는 백발 두드리며, 가는 홍안 걸어 당겨 청사로 결박하여 단단히 졸라매되 가는 홍안 저절로 가고 백발은 스스로 돌아와, 귀밑에 살 잡히고 검은 머리 백발 되니 조여청사모성설朝如靑絲暮成雪[47]이다.

무정한 게 세월이라. 소년 행락行樂 깊은들 왕왕이 달라 가니, 이 아니 광음인가. 천금준마 잡아타고 장안 대도 달리고저, 만고강산 좋은 경치 다시 한번 보고지고, 화조월석花鳥月夕 사시가경四時佳景[48] 눈 어둡고 귀가 먹어 볼 수 없고 들을 수 없어 하릴없는 일일세.

슬프다. 우리 벗님, 어디로 가겠는고. 구추九秋[49] 단풍잎 지듯이 선뜻선뜻 떨어지고, 새벽하늘 별 지듯이 삼삼오오 스러지니, 가는 길이 어드멘고. 어여로

가래질이야. 아마도 우리 인생 일장춘몽인가 하노라."

한참 이러할 때 한 농부 썩 나서며, "담배 먹세, 담배 먹세".

갈멍덕 숙여 쓰고 두던에 나오더니 곱돌조대 넌짓 들어 꽁무니 더듬더니 가죽 쌈지 빼어 놓고 담배에 세우 침을 뱉어 엄지손가락이 자빠라지게 비빗비빗 단단히 넣어 짚불을 뒤져놓고, 화로에 푹 질러 담배를 먹는데, 농군이라 하는 것이 대가 빡빡하면 쥐새끼 소리가 나겠다. 양 볼 때기가 오목오목, 콧궁기가 발씬발씬, 연기가 홀홀 나게 피워 물고 나서니, 어사또 반말하기는 공성이 났지.

"저 농부, 말 좀 물어보면 좋겠구먼."

"무슨 말?"

"이 고을 춘향이가 본관에 수청 들어 뇌물을 받아먹고 민정에 폐를 끼친단 말이 옳은지?"

저 농부, 열을 낸다.

"게가 어디 삽나?"

"아무 데 사든지."

"아무 데 사든지라니? 게는 눈콩알 귀콩알이 없나? 지금 춘향이는 수청 아니 든다 하여 형장 맞고 갇혔으니 창가娼家[50]의 그런 열녀 세상에 드문지라. 옥결 같은 춘향 몸에 자네 같은 동냥아치가 더러운 말을 지껄이다가는 빌어먹도 못 하고 굶어 뒈지리라. 올라간 이 도령인지 삼 도령인지 그놈의 자식은 한번 간 후 소식 없으니, 인사가 그렇고는 벼슬은커녕 사람 구실도 못 하지."

"어, 그게 무슨 말인고?"

"왜, 어찌 됩나?"

"되기야 어찌 되랴마는, 남의 말이라고 구습口쩔[51]을 너무 고약하게 하는군."

"자네가 철모르는 말을 하매 그렇지."

수작을 파하고 돌아선다.

"허허, 망신이로고. 자, 농부네들 일하오."

하직하고 한 모롱이를 돌아드니, 아이 하나 오는데 주령 막대 끌면서 시조 절반, 사설 절반 섞어 중얼거린다.

"오늘이 며칠인고. 천 리 길 한양성을 며칠 걸어 올라가랴. 조자룡이 강 건너던 청총마가 있더라면 오늘로 가련마는. 불행하다, 춘향이는 이 서방을 생각하여 옥중에 갇혀서 목숨이 경각에 달렸으니 불쌍하다. 몹쓸 양반 이 서방은 한번 간 후 소식이 없으니, 양반의 도리는 그러한가?"

어사또 그 말 듣고 묻는다.

"애, 어디 있니?"

"남원읍에 사오."

"어디를 가니?"

"서울 가오."

"무슨 일로 가니?"

"춘향의 편지 갖고 구관舊官[52] 댁에 가오. "

"애, 그 편지 좀 보자꾸나."

"그 양반 철모르는 양반이네."

"웬 소린고?"

"글쎄, 들어보오. 남의 편지도 어렵거든 황차 남의 내간內簡[53]을 보잔단 말이오?"

"애, 들어라. 행인이 임발우개봉臨發又開封이란 말도 있나니라. 좀 보면 관계하냐?"

"그 양반 몰골은 흉악하구만 문자 속은 기특하오. 얼른 보고 주오."

“후레자식이로고.”

편지 받아 떼어보니 혈서로 하였는데, 평안낙안 기러기 격으로 그저 툭툭 찍은 것이 모두 다 애고로다. 어사 보더니 두 눈에 눈물이 맺거니 듣거니 방울방울이 떨어지니 저 아이 말한다.

“남의 편지 보고 왜 우시오?”

“어따 애, 남의 편지라도 설운 사연을 보니, 자연 눈물이 나는구나.”

“여보, 인정 있는 체하고 남의 편지 눈물 묻어 찍히오. 그 편지 한 장 값이 열 닷 냥이오. 편지값 물어내오.”

“여봐라, 이 도령이 날과 죽마고우로서 하향退鄕[54]에 볼일이 있어 날과 함께 내려오다 완영完營[55]에 들렀으니, 내일 남원에서 만나자 언약하였다. 나를 따라가 있다가 그 양반을 뵈어라.”

그 아이 가로막고, “서울을 저 건너로 아시오?” 하며 달려들어, “편지 내오”.

서로 다툴 때 옷자락을 잡고 힐난하며 살펴보니 명주 전대를 허리에 둘렀는데 제기 접시 같은 것이 들었거늘 물러나며 말하였다.

“이것 어디서 났소? 찬바람이 나오.”

“이놈, 만일 천기 누설하였다간 성명을 보전치 못하리라.”

당부하고 남원으로 들어올 때 박석재를 올라서서 사면을 둘러보니, 산도 예 보던 산이요 물도 예 보던 물이다. 남문 밖 썩 내달아, 광한루야, 잘 있더냐, 오작교야, 무사하냐. 객사청청유색신客舍靑靑柳色新[56]은 나귀 매고, 청운낙수 맑은 물은 내 발 씻던 청계수라. 녹수진경綠樹秦京[57] 넓은 길은 왕래하던 옛길이라.

어사또 누樓에 올라 자상히 살펴보니 석양은 서에 있고 잠자려는 새는 숲으로 들어갈 때 저 건너 버드나무는 우리 춘향 그네 매고 오락가락 놀던 양을 어제 본 듯 반갑도다. 푸른 숲 사이에 춘향 집이 저기로다. 저 안의 내동원內東苑은

예 보던 모습이요, 석벽의 험한 옥은 우리 춘향 우는 듯 불쌍하고 가엾다.

서산에 해지는 황혼에 춘향 문전 당도하니 행랑은 무너지고 몸채는 꾀를 벗었는데, 예 보던 벽오동은 수풀 속에 우뚝 서서 바람을 못 이기어 추레하게 서 있거늘 나지막한 담 밑의 백두룸은 함부로 다니다가 개한테 물렸는지 깃도 빠지고 다리를 징금, 낄룩 뚜루룩 울음 울고, 빗장 앞 누런 개는 기운 없이 졸다가 구면의 손님을 몰라보고 컹컹 짖고 내닫는다.

"요 개야, 짖지 마라. 주인 같은 손님이다. 너의 주인 어디 가고 네가 나와 반기느냐?"

중문을 바라보니 내 손으로 쓴 글자가 충성 충忠 자 완연하더니 가운데 중中은 어디 가고 마음 심心 자만 남아 있고, 누운 용 같은 힘있는 글씨 입춘서立春書는 동남풍에 펄렁펄렁, 이내 수심 돋워낸다. 그렁저렁 들어가니 안뜰은 적막한데 춘향 모 거동 보소. 미음 솥에 불 넣으며, "애고애고, 내 일이야. 모질도다, 모질도다. 이 서방이 모질도다. 위경危境[58]에 내 딸, 아주 잊어 소식조차 없네. 애고애고, 설운지고. 향단아, 이리 와 불 넣어라".

하고 나오더니, 울 안 개울물에 흰머리 빗고, 정안수 한 동이를 단하에 받쳐 놓고 땅에 엎드려 축원하되, "천지지신 일월성신은 화위동심化爲動心[59] 하옵소서. 다만 독녀 춘향이를 금쪽같이 길러내어 외손봉사外孫奉祀[60] 바랐더니 무죄한 매를 맞고 옥중에 갇혔으니 살릴 길이 없사옵니다. 천지지신은 감동하사 한양성 이몽룡을 청운에 높이 올려 내 딸 춘향 살려주사이다".

빌기를 다한 후에, "향단아, 담배 한 대 붙여다구".

춘향 모 받아 물고 후유 한숨 눈물지을 때, 어사 춘향 모 정성 보고, '내가 벼슬한 게 선영 음덕으로 알았더니, 우리 장모 덕이로다' 하였다.

"그 안에 뉘 있나?"

"뉘시오?"

"내로세."

"내라니 뉘신가?"

어사, 들어온다.

"이 서방일세."

"이 서방이라니! 옳지, 이풍헌 아들 이 서방인가?"

"허허, 장모 망령이로세. 나를 몰라, 나를 몰라?"

"자네가 뉘여?"

"사위는 백 년을 두고 대접해야 할 손님이라 하였으니 어찌 나를 모르는가?"

춘향 모 반겨 하며, "애고 애고, 이게 웬일인고. 어디 갔다 이제 와. 바람이 크게 일더니 바람결에 풍겨 온가? 여름날 구름이 기묘한 산봉우리처럼 엉기더니 구름 속에 싸여 온가? 춘향의 소식 듣고 살리려고 와 계신가? 어서어서 들어가게".

손을 잡고 들어가서 촛불 앞에 앉혀놓고 자세히 살펴보니 걸인 중에 상걸인이 되었구나.

"이게 웬일이오?"

"양반이 그릇되매 형언할 수 없네. 그때 올라가서 벼슬길 끊어지고 가산을 탕진하여 부친께서는 학장질 가시고 모친은 친가로 가시고 다 각기 갈리어서, 나는 춘향에게 내려와서 돈천이나 얻어 갈까 하였더니, 와서 보니 양가兩家 이력 말 아닐세."

춘향의 모, 이 말 듣고 기가 막혀, "무정한 이 사람아, 일차 이별 후로 소식이 없었으니 그런 인사가 있으며, 후기後期인지 바랐더니 이리 잘되었소. 쏘아놓은 살이 되고 엎질러진 물이 되어, 누구를 원망할까마는 내 딸 춘향 어쩔랍나?"

어사 짐짓 춘향 모의 하는 거동을 보려 하고, "시장하여 내 죽겠네. 날 밥 한 술 주소".

춘향 모 밥 달라는 말을 듣고, "밥 없네".

어찌 밥 없을까마는, 홧김에 하는 말이었다.

이때 향단이 옥에 갔다 나오더니, 저의 아씨 야단 소리에 가슴이 우둔우둔 정신이 월렁월렁, 정처 없이 들어가서 가만히 살펴보니, 전의 서방님이 와 계시구나. 어찌 반갑던지 우르르 들어간다.

"향단이 문안이오. 대감님 문안이 어떠하시며, 대부인 기후 안녕하시며, 서방님께서도 원로에 평안히 행차하시니까?"

"오냐, 고생이 어떠하냐?"

"소녀 몸은 무탈하옵니다. 아씨, 아씨, 큰아씨, 마오, 마오, 그리 마오. 멀고 먼 천 리 길에 누굴 보려고 와 계시관대, 이 괄시가 웬일이오. 아기씨가 아시면 지레 야단이 날 것이니, 너무 괄시 마옵소서."

부엌으로 들어가더니, 먹던 밥에 풋고추 절이김치 양념 넣고 단간장에 냉수 가득 떠서 모반에 받쳐 드린다.

"더운 진지 할 동안에 시장하신데 우선 요기하옵소서."

어사또 반겨 하며, "밥아, 너 본 지 오래로구나!"

여러 가지를 한 데다가 붓더니, 숟가락 댈 것 없이 손으로 뒤져서 한편으로 몰아치더니, 마파람에 게눈 감추듯 하는구나. 춘향 모 하는 말이, "얼씨고, 밥 빌어먹기는 공성이 났구나".

이때 향단이는 저의 아가씨 신세를 생각하여 크게 울지는 못하고 훌쩍이며, "어찌할거나, 어찌할거나. 도덕 높은 우리 아가씨를 어찌하여 살리시려오? 어찌할거나, 어찌할거나".

실성으로 우는 양을 어사또 보시더니, 기가 막혀 위로한다.

"여봐라, 향단아, 우지 마라, 우지 마라. 너의 아가씨 설마 살지 죽을쏘냐. 행실이 지극하면 사는 날이 있느니라."

춘향 모, 듣더니 말한다.

"애고, 양반이라고 오기는 있어서……."

"대체 자네가 왜 저 모양인가?"

향단이 말한다.

"우리 큰아씨 하는 말을 조금도 괘념 마옵소서. 나 많아 노망 중에 이 일을 당해놓으니 홧김에 하는 말을 일분인들 노하리까? 더운 진지 잡수시오."

어사또 밥상 받고 생각하니, 분한 마음이 북받쳐 올라 마음이 울적, 오장이 월렁월렁, 석반이 맛이 없다.

"향단아, 상 물려라."

담뱃대 툭툭 떤다.

"여보 장모, 춘향이나 좀 보아야지."

"그러지요. 서방님이 아기씨 아니 보아서야 인정이라 하오리까?"

향단이 여쭙는다.

"지금은 문을 닫았으니, 바라 치거든 가사이다."

이때 마침 바라를 뎅뎅 치는구나. 향단이는 미음 상 이고 등롱 들고, 어사또는 뒤를 따라 옥문간 당도하니, 인적이 고요하고 쇄장鎖匠[61]도 간 곳 없네.

이때 춘향이 비몽사몽간에 서방님이 오셨는데, 머리에는 금관이요, 몸에는 홍삼이라. 상사일념相思一念[62] 끝에 만단정회萬端情懷[63]하는 차라. "춘향아" 부른들 대답이나 있을쏘냐. 어사또 하는 말이, "크게 한번 불러보소".

"모르는 말씀이오. 예서 동헌이 마주치는데, 소리가 크게 나면 염문廉問[64]할 것이니, 잠깐 지체하옵소서.”

“무어 어때, 염문이 무엇인고. 내가 부를게 가만있소. 춘향아!”

부르는 소리에 깜짝 놀라 일어나며, “허허, 이 목소리, 잠결인가, 꿈결인가? 그 목소리 괴이하다”.

어사또, 기가 막힌다.

“내가 왔다고 말을 하소.”

“왔단 말을 하면 놀라 정신을 잃고 까무러칠 것이니, 가만히 계옵소서.”

춘향이 저의 모친 음성 듣고 깜짝 놀란다.

“어머니, 어찌 와 계시오? 몹쓸 딸자식을 생각하와 천방지방 다니다가 낙상하기 쉽소. 이훌랑은 오실라 마옵소서.”

“날랑은 염려 말고 정신을 차리어라. 왔다.”

“오다니, 누가 와요?”

“그저 왔다.”

“갑갑하여 나 죽겠소. 일러주오. 꿈 가운데 임을 만나 만단정회하였더니, 혹시나 서방님께서 기별 왔소. 언제 오신단 소식 왔소. 벼슬 띠고 내려온단 노문 路文⁶⁵ 왔소? 애고, 답답하여라.”

“너의 서방인지 남방인지, 걸인 하나 내려왔다.”

“허허, 이게 웬 말인가, 서방님이 오시다니? 몽중에 보던 임을 생시에 보단 말가?”

춘향전 春香傳

문틈으로 손을 잡고 말 못 하고 기막혀하며, “애고, 이게 누구시오? 아마도 꿈이로다. 상사불견 相思不見 그린 임을 이리 쉬이 만날쏜가? 이제 죽어 한이 없네. 어찌 그리 무정한가? 박명하다, 나의 모녀. 서방님 이별 후에 자나 누우나 임 그리어 일구월심 日久月深⁶⁶ 한일러니, 이내 신세 이리 되어 매에 감겨 죽게 되니, 날 살리러 와 계시오?”

한참 이리 반기다가 임의 형상 자세 보니, 어찌 아니 한심하랴.

“여보 서방님, 내 몸 하나 죽는 것은 설운 마음 없소마는, 서방님 이 지경이 웬일이오?”

“오냐 춘향아, 설워 마라. 인명이 재천인데 설만들 죽을쏘냐.”

춘향이 저의 모친 불러, “한양성 서방님을 칠 년 대한 가문 날에 갈민대우渴民待雨[67] 기다린들 날과 같이 자진하든가. 심근 나무가 꺾어지고, 공든 탑이 무너졌네. 가련하다, 이내 신세, 하릴없이 되었구나.

어머님, 나 죽은 후에라도 원이나 없게 하여주옵소서. 나 입던 바지 장옷 봉장 안에 들었으니, 그 옷 내어 팔아다가 한산 세저후 바꾸어서 물색 곱게 도포 짓고, 백방수주白紡水紬[68] 진 치마를 되는대로 팔아다가 관망 신발 사드리고, 절병 천은 비녀, 밀화 장도, 옥지환이 함 속에 들었으니, 그것도 팔아다가 한삼 고의 불초찮게 하여주오.

금명간 죽을 년이 세간 두어 무엇 할까. 용장, 봉장, 반닫이를 되는대로 팔아다가 별찬 진지 대접하오. 나 죽은 후에라도 나 없다 말으시고 날 본 듯이 섬기소서.

서방님, 내 말씀 들으시오. 내일이 본관 사또 생신이라, 취중에 주망나면 나를 올려 칠 것이니, 형문 맞은 다리 장독이 났으니 수족인들 놀릴쏜가, 만수운환漫垂雲鬟[69] 헝클어진 머리 이렁저렁 걷어 얹고, 이리 비틀 저리 비틀 들어가서 장폐杖斃[70]하여 죽거들랑, 삯군인 체 달려들어 둘러업고, 우리 둘이 처음 만나 놀던 부용당의 적막하고 요적한 데 뉘어놓고, 서방님 손수 염습하되, 나의 혼백 위로하여 입은 옷 벗기지 말고 육진장포六鎭長布[71] 개렴하여 조촐한 상여 위에 덩그렇게 실은 후에, 북망산천 찾아갈 제 앞남산 뒷남산 다 버리고 한양으로 올려다가 선산 발치에 묻어주고, 비문에 새기기를 '수절원사守節冤死[72] 춘향지묘'라 여덟 자만 새겨주오. 망부석이 아니 될까. 서산에 지는 해는 내일 다시 오련마는, 불쌍한 춘향이는 한번 가면 어느 때 다시 올까 신원伸冤[73]이나 하여주오.

애고애고, 내 신세야. 불쌍한 나의 모친, 나를 잃고 가산을 탕진하면 하릴없이 걸인 되어, 이 집 저 집 걸식하다가 언덕 밑에 조속조속 졸면서 자진하여 죽게 되면, 지리산 갈가마귀 두 날개를 떡 벌리고 둥덩실 날아들어, 까옥까옥 두 눈을 파먹은들, 어느 자식 있어 후여 하고 날려주리".

애고애고, 섧게 울 제, 어사또, "우지 마라. 하늘이 무너져도 솟아날 구멍이 있느니라. 네가 나를 어찌 알고 이렇듯이 설워하느냐?"

작별하고 춘향 집에 돌아왔다.

춘향이는 어둠침침 야삼경에 서방님을 번개같이 얼른 보고, 옥방에 홀로 앉아 탄식하는 말이, "명천은 사람을 낼 제 별로 후박厚薄[74]이 없건마는, 나의 신세 무슨 죄로 이팔청춘에 임 보내고 모진 목숨 살아, 이 형문, 이 형장 무슨 일인가. 옥중 고생 삼사 삭에 밤낮 없이 임 오시기만 바랐더니, 이제는 임의 얼굴 보았으나 광채 없이 되었구나. 죽어 황천에 돌아간들 제왕諸王 전에 무슨 말을 자랑하리?"

애고애고, 섧게 울 제, 자진하여 반생반사半生半死[75]하는구나.

이튿날, 조사 끝에 근읍 수령이 모여든다. 운봉영장雲峯營將, 구례, 곡성, 순창, 옥과, 진안, 장수 원님이 차례로 모여든다.

좌편의 행수군관行首軍官, 우편의 청령사령廳令使令, 한가운데 본관은 주인이 되어 하인 불러 분부하되, "관청색官廳色[76] 불러 다담을 올리라. 육고자肉庫子[77] 불러 큰 소를 잡고, 예방 불러 고인鼓人[78]을 대령하고 승발承發[79] 불러 차일을 대령하라. 사령 불러 잡인을 금하라".

이렇듯 요란할 제, 기치군물旗幟軍物[80]이며 육각六角[81] 풍류 반공에 떠 있고, 녹의홍상 기생들은 백수 나삼 높이 들어 춤을 추고, "지화장 둥덩실" 하는 소리, 어사또 마음이 심란하구나.

"여봐라, 사령들아, 너의 원전에 여쭈어라. 먼 데 있는 걸인이 좋은 잔치를 당하였으니, 주효酒肴[82] 좀 얻어먹자고 여쭈어라."

저 사령, 거동 보소.

"어느 양반인데. 우리 안전님 걸인 혼금하니, 그런 말은 내도 마오."

등을 밀쳐내니, 어찌 아니 명관인가? 운봉雲峰이 그 거동을 보고 본관에게 청하는 말이, "저 걸인의 의관은 남루하나 양반의 후예인 듯하니, 말석에 앉히고 술잔이나 먹여 보냄이 어떠하뇨?"

본관 하는 말이, "운봉 소견대로 하오마는" 하니, '마는' 소리 훗입맛이 사납것다. 어사 속으로, '오냐, 도적질은 내가 하마. 오라는 네가 져라'.

운봉이 분부하여, "저 양반 듭시래라".

어사또 들어가 단좌하여 좌우를 살펴보니, 당상의 모든 수령 다담을 앞에 놓고 진양조[83]가 양양할 제, 어사또 상을 보니 어찌 아니 통분하랴. 못 떨어진 개상판에 닥채 저붐, 콩나물, 깍두기, 막걸리 한 사발 놓았구나. 상을 발길로 탁 차 던지며, 운봉의 갈비를 직신, "갈비 한 대 먹고지고".

"다라도 잡수시오" 하고 운봉이 하는 말이, "이러한 잔치에 풍류로만 놀아서는 맛이 적사오니, 차운 한 수씩 하여보면 어떠하오?"

"그 말이 옳다" 하니, 운봉이 운을 낼 제, 높을 고高 자 기름 고膏 자 두 자를 내어놓고 차례로 운을 달 제, 어사또 하는 말이, "걸인도 어려서 추구권抽句卷이나 읽었더니, 좋은 잔치 당하여서 주효를 포식하고 그저 가기 무렴하니, 차운 한 수 하사이다".

운봉이 반겨 듣고 필연^{筆硯}[84]을 내주니, 좌중이 다 못 하여 글 두 구를 지었으되, 민정을 생각하고 본관 정체를 생각하여 지었것다.

금준미주 천인혈이요

옥반가효 만성고라

촉루낙시 민루락이요

가성고처 원성고라

金樽美酒千人血

玉盤佳肴 萬姓膏

燭淚落時民淚落

歌聲高處 怨聲高

이렇듯이 지었으되 본관은 몰라보고, 운봉이 글을 보며 내렴에, "아뿔싸, 일이 났다".

이때 어사또 하직하고 간 연후에, 공형^{公兄}[85] 불러 분부하되, "야야, 일이 났다".

공방 불러 포진^{鋪陳}[86] 단속, 병방 불러 역마 단속, 관청색 불러 다담 단속, 옥형리 불러 죄인 단속, 집사 불러 형구 단속, 형방 불러 문부 단속, 사령 불러 합번^{合番}[87] 단속, 한참 이리 요란할 제, 물색 없는 저 본관이, "여보, 운봉은 어디를 다니시오?"

"소피^{所避}[88]하고 돌아오오."

본관이 분부하되, "춘향을 급히 올리라"고 주광^{酒狂}[89]이 난다. 이때에 어사또 군호할 제 서리 보고 눈을 주니, 서리 중방 거동 보소. 역졸 불러 단속할 제, 이리 가며 수군, 저리 가며 수군수군. 서리, 역졸 거동 보소. 외올 망건, 공단^{貢緞}[90]

쌔기, 새 패랭이 눌러쓰고, 석 자 감발 새 짚신에 한삼 고의 산뜻 입고, 육모 방치 녹비 끈을 손목에 걸어 쥐고, 예서 번뜻 제서 번뜻, 남원읍이 우군우군. 청파 역졸 거동 보소. 달 같은 마패, 햇빛같이 번듯 들어, "암행어사 출도야" 외는 소리, 강산이 무너지고 천지가 뒤눕는 듯, 초목금수인들 아니 떨랴?

남문에서 "출도야", 북문에서 "출도야", 동, 서문 '출도' 소리 청천을 진동하고, "공형 들라" 외는 소리, 육방이 넋을 잃어 "공형이오".

등채로 후닥닥, "공방, 공방".

공방이 포진 들고 들어오며, "안 하려는 공방을 하라더니, 저 불 속에 어찌 들랴".

등채로 후닥닥, "애고, 박 터졌네".

좌수, 별감 넋을 잃고, 이방, 호장 실혼失魂[91]하고, 삼색 나졸 분주하네. 모든 수령 도망할 제 거동 보소. 인궤印櫃 잃고 과절 들고, 병부 잃고 송편 들고, 탕건 잃고 용수 쓰고, 갓 잃고 소반 쓰고, 칼집 쥐고 오줌 누기, 부서지니 거문고요, 깨지나니 북, 장고라. 본관이 똥을 싸고, 멍석 구멍 생쥐 눈 뜨듯 하고 내아로 들어가서, "어! 추워라, 문 들어온다. 바람 닫아라. 물 마른다, 목 들여오라".

관청색은 상을 잃고 문짝 이고 내달으니, 서리, 역졸 달려들어 후닥닥, "애고, 나 죽네".

이때 어사또가 분부하였다.

"이 고을은 대감이 좌정하시던 고을이라 소란을 금하고 객사로 옮기어라!"

좌정한 후에 다시 분부한다.

"본관은 봉고파직封庫罷職[92]하라!"

"본관은 봉고파직이오!"

사대문에 방을 붙이게 하고 옥 형리를 불러 분리하되, "네 고을 옥수獄囚[93]를 다 올려라!"

호령하니 죄인을 올리거늘 다 각각 문죄한 후에 죄 없는 자는 놓아줄 때, 어사또가 묻는다.

"저 계집은 무엇이냐?"

형리가 여쭙는다.

"기생 월매의 딸인데 관청 뜰에서 포악하게 군 죄로 옥중에 있습니다."

"무슨 죄냐?"

"본관 사또의 수청으로 불렀더니 수절이 정절이라 수청을 아니 들려 하고 관청 뜰에서 포악한 춘향이올시다."

어사또가 분부한다.

"네년이 수절한다고 관청 뜰에서 포악하였으니 살기를 바랄쏘냐? 죽어 마땅하되 내 수청도 거역할까?"

춘향이 기가 막혀 말한다.

"내려오는 관장마다 모두가 명관이로구나. 수의사또[94] 들으소서. 층암절벽, 높은 바위가 바람이 분다고 무너지며 청송녹죽이 눈이 온다고 변하리까. 그런 분부 마옵시고 바삐 죽여주오."

그리고 향단을 부른다.

"서방님 어디 계신가 보아라. 어젯밤에 옥문간에 오셨을 때 천만 번 당부하였더니 어디로 가셨는지 나 죽는 줄 모르는가?"

어사또가 분부한다.

"얼굴을 들어 나를 보아라!"

춘향이 고개를 들어 대 위를 살펴보니 걸객으로 왔던 낭군이 어사또로 뚜렷이 앉았구나. 반웃음 반울음으로, "얼씨구나 좋을씨고. 어사 낭군 좋을씨고. 남원읍 내 추절秋節[95] 들어 떨어지게 되었더니, 객사에 봄이 들어 이와 춘풍 날 살린다. 꿈이냐, 생시냐, 꿈을 깰까 염려로다".

한참 이리 즐길 때에 춘향 모 들어와서 한없이 기뻐하는 말을 어찌 다 말하랴.

춘향의 높은 절개가 광채 있게 되었으니 어찌 아니 좋을쏜가. 어사또는 남원 공사 닦은 후에 춘향 모녀와 향단이를 서울로 데려갈 때, 위세가 당당하니 세상 사람들이 누가 아니 칭찬하랴.

춘향이 남원을 하직할 때 영귀榮貴하게 되었건만 고향을 이별하니 한편 기쁘고 또 한편 슬프지 아니하랴.

놀고 자던 부용당아

너 부디 잘 있거라

광한루, 오작교며

영주각도 잘 있거라.

봄 뜰은 해마다 푸르르건만

왕손王孫은 다시 못 온다더니

나를 두고 이른 말이로다.

다 각기 이별할 때

만세 무량하옵소서.

다시 보기 망연이라.

이때 어사또는 좌우도左右道를 돌며 민정을 살핀 후에 서울로 올라가 어전에 절하니, 삼당상에 입시하여 문부를 사정한 후에 임금께서 크게 칭찬하시고 곧바로 이조참의 대사성을 봉하시고 춘향으로 정렬부인을 봉하시니, 은혜에 감사하며 물러나와 부모 앞에 뵈오며 넓으신 은혜에 감사드리었다.

이판, 호판, 좌우 영상을 다 지내고 벼슬을 물러난 후에 정렬 부인과 더불어 100년을 동락할 때에 정렬 부인에게 3남 2녀를 두었으니 모두 총명하여 그 부친을 뛰어넘고 계계승승 직이 일품으로 만세에 유전하였더라.

| 작가 소개와 작품 해설 |

저자 소개

작자와 연대 미상이다. 조선 후기 소설로 약 120여 종의 이본이 전하며, 제목도 각기 다르다. 한문본도 있으며 〈춘향전〉, 〈춘향가〉, 〈별춘향전〉, 〈열녀춘향수절가〉, 〈남원고사〉, 〈광한루악부〉 및 이해조가 개작한 신소설 〈옥중화〉도 있다.

목판본으로 경판, 안판, 완판의 3종이 있고, 활자본으로도 1911년 발행한 〈옥중화〉를 비롯해 수십 종이 있다. 필사본은 영조 30년의 〈춘향가〉가 가장 오래된 것으로 알려져 있다.

여러 이본 중 전주 완서계서포完西溪書鋪에서 발간한 〈열녀춘향수절가〉가 가장 오래된 판본으로 인정되고 있다.

주제

계급을 초월한 사랑과 부패한 관료 고발 및 평등사상 고취

작품 해설

〈춘향전〉은 봉건사회의 도덕을 깨뜨리고 자유연애를 주장하였으며, 탐관오리의 폭정을 폭로하여 위정자의 반성을 촉구하였다. 한편 계급을 초월한 사랑을 표상함으로써 신분 타파를 주장하였다.

유교적인 정절을 강조하는 반면, 민중의 반항을 은근히 드러낸다. 이 소설은 반봉건적 문학으로서 조선 시대의 최대 걸작으로 평가된다.

이본에 따라 춘향은 여러 모습으로 나타난다. 판소리 계열에서 대표적인 〈열녀 춘향수절가〉는 전반부에 이 도령과 춘향의 연애사가 노골적으로 표현되고, 또 다른 판본에서는 소경 판수까지 장난을 부린다.

〈춘향전〉은 〈심청전〉, 〈흥부전〉, 〈토끼전〉, 〈옹고집전〉, 〈배비장전〉 등과 함께 판소리계 소설이다. 근원 설화로는 열녀 설화, 암행어사 설화, 신원 설화, 염정 설화 등이 있다. 신원 설화는 남원에 춘향이라는 기생이 이 도령을 사모하다 죽었다는 내용이다. 또는 벽오 이시경이나 남원 사람 육계 노정의 실제 이야기라는 설이 있고, 전북 지방에 떠돌던 이야기라는 등 추측이 많으나 확실한 것은 없다.

천민 내지 상민의 원한을 푸는 내용으로, 고전소설 중 양반과 관료의 대표적 소설인 〈구운몽〉과 대조적이다. 유교적 색채가 짙은 중국의 〈서상기西廂記〉에 크게 영향을 받은 것으로 보인다.

줄거리

전라도 남원 부사의 아들 이몽룡이 방자를 데리고 광한루에서 봄 풍경을 바라보다가, 마침 멀리서 그네를 뛰고 있는 기생 월매의 딸 춘향을 발견한다.

그는 방자를 시켜 춘향을 불러 그녀의 아름다운 얼굴과 자태에 반해 그날 밤으로 춘향을 찾아가 백년가약을 맺는다. 두 청춘 남녀는 이내 깊은 사랑에 빠진다. 그러나 남원 부사가 갑자기 동부승지로 영전되어 서울로 가게 되어, 춘향과 이도령은 이별하는 신세가 된다.

남원 부사로 새로 부임한 변 사또는 춘향이 절세미인이라는 것을 알고 수청 들기를 명하지만, 춘향은 이 도령과의 언약 때문에 죽기를 각오하고 수청을 거절한다. 갖은 회유와 고문에도 춘향이 흔들리지 않자, 사또는 춘향을 옥에 가두어버린다.

한편 서울로 올라간 이 도령은 열심히 공부하여 과거에 장원급제한다. 그리고 전라도 지방의 암행어사가 되어 남원으로 내려온다. 어사 이몽룡은 춘향이 변 사또의 수청을 거절하여 옥중에서 갖은 고생을 다 하고 있다는 사실을 알게 된다. 어사는 변 사또의 생일 잔치에 거지 행색으로 찾아가 각 고을의 수령들이 모인 자리에서 어사 출도를 단행한다. 그리하여 변학도를 봉고파직시키고, 춘향을 구하여 행복하게 산다.

신분상의 제약에서 벗어나려는 인간성 회복에 관심이 고조되어 있다. 그리고 이 작품은 처음 판소리로 형성되어 나중에 소설로 정착되었다.

우리나라 최초의 국립 극장인 원각사에서 판소리 이후에 창극으로 공연되었으며, 그 뒤에 희곡, 영화, 뮤지컬, 오페라 등 다양한 장르로 대중과 친숙해졌다.

소재의 설화성, 배경의 현실성, 표현의 진취성, 저항과 인내의 정신, 해학과 풍자성으로 보아 고전문학의 금자탑이라 하겠다.

유교적 색채가 짙은 중국의 〈서상기〉가 있고, 국내 작품으로는 〈숙향전〉, 〈숙영낭자전〉 또는 〈옥단춘전〉을 들 수 있다. 일반 애정소설로는 〈이진사전〉과 〈양산백전〉이 있으며, 열부소설로는 〈옥낭자전〉과 〈김씨열행록〉이 있다.

1   예절에 맞는 몸가짐과 곧은 절개.

2   자하문.

3   가늘고 고운 최고급 무명.

4   여섯 겹 비단.

5   중국 비단의 하나.

6   당하관이 띠던 검은 실로 짠 띠.

7   온갖 꽃과 풀잎.

8   서로 맞붙어 다툼.

9   창기나 창녀가 있는 곳.

10   절을 하거나 웃어른을 뵐 때, 두 손을 앞으로 모아 포개 잡는 것. 남자는 왼손을 오른손 위에 놓고, 흉사가 있을 때는 반대로 한다. 여자는 그 반대다.

11   꿈으로 본 징조.

12   술상.

13   정식 혼례를 올리지 않고 남몰래 드나들며 남편 행세를 하는 남자를 낮잡아 이르는 말.

14   색이 희고 품질 좋은 꿀.

15   참고하고 살펴볼 문서와 장부.

16   조사하고 고침.

17   기생집에 드나들며 첩을 둠.

18   신주를 모시는 작은 가마.

19   새로 부임하는 감사나 수령을 그 집에 가서 맞아 오는 일.

20   관노의 우두머리.

21   죽을 때까지 한 남편을 따름.

22   죄인의 시체를 저자에 버리는 중국 형벌.

23   죄인을 죽인 것을 알리는 글.

24 여자가 따라야 할 세 가지 도리. 어려서는 아버지를, 결혼해서는 남편을, 남편이 죽으면 아들을 따라야 한다. 삼종지도.

25 다섯 가지 윤리와 도덕.

26 오랫동안 계속되는 큰 홍수. 중국 요나라 때 9년 동안이나 계속되었다는 큰 홍수에서 유래함.

27 열 번 살고 아홉 번 죽는다는 뜻으로, 위태로운 지경에서 겨우 벗어남을 이르는 말.

28 25현 비파로 밤에 뜬 달을 노래함.

29 문수와 문복은 둘 다 점쟁이에게 길흉을 묻는 것을 뜻함.

30 시경과 서경, 제자백가서를 통틀어 이름.

31 나라에 경사가 있을 때 특별히 실시하던 과거.

32 임금이 친히 내린 과거 글제.

33 시가나 문장 따위를 비평하여 아주 잘된 곳에 찍는 둥근 점.

34 글이나 시문을 하나하나 따져보면서 잘된 곳에 치던 동그라미.

35 용과 뱀이 날아오르는 듯한 힘찬 글씨.

36 평평한 모래톱에 내려앉은 기러기처럼 단아한 글씨.

37 과거 급제한 사람이 입던 연둣빛 옷.

38 문관이 띠던, 학을 수놓은 허리띠.

39 지방 수령이나 암행어사 등이 검시할 때 쓰던 놋쇠로 만든 자.

40 지방 수령을 따라다니며 시중들던 사람.

41 푸른 치마. 기생의 비유.

42 태평한 세월을 뜻함.

43 큰 가뭄.

44 땅을 일궈 경작함.

45 배불리 먹고 배를 두드린다는 뜻으로, 먹을 것이 풍족하여 즐겁게 지냄.

46 여러 사람이 이름을 잇대어 써서 관청에 올려 하소연함.

47 아침에는 푸르고 윤기 있던 머리가 저녁에는 하얗게 변했다는 뜻으로, 사람이 쉬이 늙음을 읊은 이백의 〈장진주將進酒〉에 나오는 시구.

48 꽃피는 아침과 달이 지는 저녁, 사계절 아름다운 경치라는 두 구절이 함께 스이면 사계절 내내 변화하는 자연의 아름다움과 계절의 정취를 노래하는 시적 표현.

49 음력 9월. 가을이란 뜻.

50 창기의 집. 춘향 모가 기생이었다는 뜻.

51 말버릇.

52 앞서 그 자리에 있던 벼슬아치.

53 여자들끼리 주고받던 편지.

54 먼 지방.

55 전주에 있던 전라 감영을 달리 이르던 말. 전주의 옛 이름이 완산주인 데서 유래함.

56 중국 당나라 시인 왕유가 지은 〈송원이사안서送元二使安西〉의 한 구절로, 객사 앞 버들잎이 더욱 푸르고 새롭다는 뜻.

57 푸른 나무 우거진 진나라 수도 진경을 뜻함.

58 위태로운 처지.

59 감화되어 마음이 움직임.

60 직계 남자 자손이 없어서 외손의 제사를 받는 것.

61 옥쇄장. 감옥을 지키는 사람.

62 서로 그리워하는 마음.

63 갖가지 정과 회포.

64 남모르게 사정이나 형편 따위를 물어봄.

65 공무로 지방에 가는 벼슬아치의 도착 예정일을 미리 그곳 관아에 알리던 공문. 지방에 가는 벼슬아치에게 각 지방의 역에서 말과 침식을 제공받을 수 있도록 마패 대신 발급하였는데, 여기에는 마필의 수, 수행하는 종의 수, 노정 따위를 상세히 기록하였다.

66 세월이 흐를수록 더해감.

67 가뭄 때 비를 기다림.

68 비단 이름의 하나.

69 가닥가닥이 흩어져 드리워진 쪽 찐 머리.

70 곤장 맞아 죽음.

71 함경북도의 육진이 있던 곳에서 나는 베. 척수尺數가 다른 곳에서 나는 것보다 훨씬 길다.

72 절개를 지키다가 원통하게 죽음.

73 원통함을 풀어줌.

74 후하게 굴거나 박하게 구는 일.

75 죽을지 살지 알 수 없는 지경에 이름.

76 관청 및 수령의 음식물을 맡은 곳의 아전.

77 지방 관아에 쇠고기를 바치던 관노. 육직이.

78 북 치는 사람.

79 지방 관아의 서리 밑에서 잡무를 맡아보는 사람.

80 군대에서 쓰던 깃발과 무기 따위를 통틀어 이르던 말.

81 북, 장구, 해금, 피리, 태평소 둘로 이루어진 악기 편성.

82 술과 안주.

83 길고 느린 곡조.

84 붓과 벼루.

85 삼공형의 준말. 각 고을의 호장, 이방, 수형리.

86 돗자리.

87 큰일이 있을 때에 벼슬아치들이 모여서 함께 숙직하던 일.

88 오줌. 오줌 누는 일.

89 술주정이 심하게 남.

90 두껍고 무늬 없는 고급 비단.

91 몹시 두려워 정신을 잃음.

92 어사나 감사가 못된 짓을 많이 한 고을의 원을 파면하고 관가의 창고를 봉하여 잠금.

93 옥에 갇힌 죄수.

94 '어사또'를 달리 이르던 말. 사또를 높여 부르는 말이다,

95 가을철.

홍길동전

허균

조선국 세종 때에 한 재상이 있었다. 성은 홍洪이요 이름은 모某라. 대대로 명문 거족으로 어려서 과거에 급제하여 물망이 조야에 으뜸이고 충효가 겸비하기로 이름이 일국에 떨쳤다.

일찍이 두 아들을 두었으니 맏아들의 이름은 인형仁衡으로 정실 부인 유씨의 소생이요, 둘째 아들의 이름은 길동吉童으로 시비 춘섬春纖의 소생이었다.

길동이 세상에 태어나기 전 한낮에 한 꿈을 꾸니 문득 하늘에서 뇌성벽력이 진동하며 청룡이 하늘에서 달려오거늘 깜짝 소스라쳐 놀라 눈을 떴다.

공은 마음속으로 크게 기뻐하며, "용꿈을 꾸었으니 귀한 아들을 낳으리라" 생각하고 낮인데도 불구하고 내실로 들어가니, 부인 유씨가 일어나 맞는다.

공이 홀연히 그 옥수를 잡고 누르려 하니 부인은 정색을 하며, "상공은 신분이 높으시거늘 어찌 어리고 경박한 사람의 비루한 일을 하고자 하십니까? 첩은 받들어 행하지 못하겠습니다" 하고 손을 잡아 빼낸다. 공은 하는 수 없이 외당으로 나와 부인의 생각 없음을 한탄해 마지않았다.

이때 시비 춘섬이 차를 가지고 들어와 올리는데, 공이 춘섬의 자태를 살펴보고 얼굴 생김이 고움을 내심 감탄하고는 춘섬의 손을 잡고 곁방으로 들어가 일을 하게 되었다.

춘섬은 그날부터 태기가 있어 열 달 만에 옥동자를 낳았는데 어린 아기의 기골이 비범해서 진실로 명승호걸 같았다.

길동이 점점 자라 8세 되매, 총명이 뛰어나 하나를 들으면 백을 통하니 공公이 더욱 애중하나, 호부호형呼父呼兄[1]하면 문득 꾸짖어 못하게 하니 길동이 10세 넘도록 감히 부형을 부르지 못하고, 비복 등이 천대함을 각골통한刻骨痛恨[2]하여 심사를 정하지 못하였다.

추구월秋九月 망간望間[3]을 당하매, 명월은 비치어서 빛나고 청풍은 소슬하여 사람의 심회를 돕는지라, 길동이 서당에서 글을 읽다가 문득 서안을 밀치고, "대장부 세상에 나매 공맹孔孟을 본받지 못하면, 차라리 병법을 배워 대장인大將印[4]을 허리에 비껴 차고 동정서벌東征西伐[5]하여, 국가에 큰 공을 세우고 이름을 만대에 빛냄이 장부의 쾌사라. 나는 어찌하여 일신이 적막하고, 부형이 있으나 호부호형을 못 하니 심장이 터질지라. 어찌 통한치 아니하리요".

탄식하며 뜰에 내려가 이날부터 검술을 공부하게 되었다. 어느 날 공이 월색을 구경하다가 길동의 배회함을 보고 즉시 불러 묻는다.

"네 무슨 흥이 있어 야심토록 잠을 자지 아니하느냐?"

길동이 공경하여 대답한다.

"소인이 마침 달빛을 사랑함이어니와, 대개 하늘이 만물을 내시매 오직 사람이 귀하오나, 소인에게 이르러는 귀하옴이 없사오니, 어찌 사람이라 하오리까?"

공이 그 말을 짐작하나, 짐짓 책망한다.

"네 무슨 말인고?"

길동이 재배하고, "소인이 평생 설운 바는, 대감유 정기로 당당하온 남자 되었사오매 부생모육지은父生母育之恩[6]이 깊거늘, 그 부친을 부친이라 못 하옵고 그 형을 형이라 못 하오니, 어찌 사람이라 하오리이까?"

눈물을 흘려 단삼을 적시거늘, 공이 청파에 비록 측은하나, 만일 그 뜻을 위로하면 마음이 방자할까 염려하여, "재상가 천비 소생이 비단 너뿐이 아니어든, 네 어찌 방자함이 이 같으뇨. 차후 다시 이런 말이 있으면, 안전에 용납치 못하리라".

크게 꾸짖으니, 길동이 감히 일언一言을 고하지 못하고, 다만 엎드려 눈물을 흘릴 뿐이라. 공이 명하여 물러가라 하거늘, 길동이 침소로 돌아와 설워함을 마지 아니하더라. 길동이 본래 재기 뛰어나고 도량이 활달한지라 마음을 진정치 못하여 밤이면 잠을 이루지 못하더니, 하루는 길동이 어미 처소에 가 울며 여쭙는다.

"소자 모친으로 더불어 전생 연분이 중하여 금세에 모자 되오니 은혜 망극하옵니다. 그러나 소자의 팔자 기박하여 천한 몸이 되오니 품은 한 깊사옵니다. 장부 세상에 처하매 남의 천대받음이 불가하온지라, 소자 자연 기운을 억제치 못하여 모친 슬하를 떠나려 하오니, 바라옵건대 모친은 소자를 염려치 마시고 귀체를 보중하소서."

그 어미 청파에 대경大驚하여 말한다.

"재상가 천생이 너뿐이 아니어든, 어찌 좁은 한 마음을 발하여 어미 간장을 사르느냐?"

길동이, "옛날 장충의 아들 길산은 천생이로되, 세 살에 그 어미를 이별하고 운봉산에 들어가 도를 닦아 아름다운 이름을 후세에 전하였으니, 소자 그를 본받아 세상을 벗어나려 하오니 모친은 안심하시고 후일을 기다리소서. 근간 곡산모 초란의 형색을 보니, 상공의 은총을 잃을까 하여 우리 모자를 원수같이 아는지라, 큰 화를 입을까 하오니 모친은 소자 나감을 염려치 마소서" 대답하니, 그 어미 또한 크게 슬퍼하였다.

원래 곡산모는 곡산 기생으로 있다가 상공의 총첩寵妾[7]이 된 여자로 이름은 초란이라. 매우 교만하고 방자하여 집안에 폐단이 무수하더니 자기는 아들이 없고 춘섬은 길동을 낳아 상공의 귀여움을 받는 것을 시기하여 길동을 없애기로 마음먹고 관상녀와 내통하여 길동을 위험한 인물이라고 모함하기에 이르렀다. 드디어는 모함에 그치지 않고 특재라는 자객을 천금을 들여 구해서는 길동을 없애라고 밀명을 내렸다.

길동은 천대와 원통함을 생각하며 매일 밤잠을 설치고 고민하는데 어느 날 밤, 촛불을 밝히고 《주역》 읽기에 몰두하다가 문득 들으니 까마귀 세 번 울고 가거늘, 길동이 괴이히 여겨 혼잣말로, "이 짐승은 본래 밤을 꺼리거늘, 이제 울고 가니 심히 불길하도다!"

잠깐 팔괘를 벌여 보고 크게 놀라, 서안을 물리치고 둔갑법을 행하여 그 동정을 살피더니, 4경쯤 하여 한 사람이 비수를 들고 천천히 방문을 열고 들어온다. 길동이 급히 몸을 감추고 주문을 염수하니, 홀연 한 줄기 미친 바람이 일어나며 집은 간데없고 첩첩한 산중에 풍경이 거룩하다.

특재가 크게 놀라 길동의 조화 신기함을 알고 비수를 감추고 피하고자 하더니, 문득 길이 끊어지고 층암절벽이 가리웠으니 진퇴유곡이라 사면으로 방황하는데, 문득 피리 소리 들리거늘 정신을 차려 살펴보니, 한 소동이 나귀를 타고 오며 피리 불기를 그치고 꾸짖는다.

"네 무삼 일로 나를 죽이려 하느냐? 무죄한 사람을 해하면 어찌 하늘의 재앙이 없으리요?"

뒤이어 주문을 염하니, 홀연 한 줄기 흙바람이 일어나며 큰비 붓듯이 오고 모래와 돌이 날리거늘, 특재 정신을 수습하여 살펴보니, 이 곧 길동이라.

특재 그 재주를 신기히 여기나, '어찌 나를 대적하리요?'

달려들며 크게 외어, "너는 죽어도 나를 원망치 마라. 초란이 무녀와 관상녀로 하여금 상공과 의논하고 너를 죽이려 함이니, 어찌 나를 원망하리요?"

칼을 휘두르거늘, 길동이 분기를 참지 못하여 요술로 특재의 칼을 빼앗아 들고 크게 꾸짖는다.

"네 재물을 탐하여 사람 죽임을 좋이 여기니, 너 같은 무도한 놈은 죽여 후환을 없이하리라" 하고 한번 칼을 드니, 특재의 머리가 방중에 떨어졌다. 길동이 분기를 이기지 못하여 바로 관상녀를 잡아 특재 죽은 방에 들이치고 꾸짖어, "네 내게 무슨 원수 졌기에 초란과 함께 나를 죽이려 하더냐?" 베니, 어찌 가련치 아니하리요.

이때 길동이 두 사람을 죽이고 건상乾象[8]을 살펴보니, 은하수는 서쪽으로 기울어지고 달빛은 희미하여 슬픈 심회를 돕는지라. 분기를 참지 못하여 초란까지 죽일까 하다가, 상공이 사랑하심을 깨닫고 칼을 던지며 망명도생亡命圖生[9]함을 생각하고, 바로 상공 침소에 나아가 하직을 고하고자 하는데, 이때 공이 창 밖에 인적이 있음을 괴이히 여겨 창을 열고 보니 길동이라, 곧 불러서 묻는다.

"밤이 깊었거늘 네 어찌 자지 아니하고 이리 방황하느냐?"

길동이 땅에 엎드려, "소인이 일찍이 부생모육지은을 만분지일[10]이나 갚을까 하였으나, 집안에 의롭지 못한 사람이 있어 상공께 참소譏訴[11]하고 소인을 죽이려 하매 겨우 목숨을 보전하였사오나, 상공을 모실 길이 없기로 오늘 상공께 하직을 고하나이다".

공이 크게 놀라 말한다.

"네 무슨 변괴 있기에 어린아이 집을 버리고 어디로 가려 하느냐?"

"날이 밝으면 자연 아시려니와, 소인의 신세는 뜬구름과 같사오니, 상공의 버린 자식이 어찌 갈 곳을 두리까."

길동이 대답하고 두 줄기 눈물이 흘러 말을 이루지 못하거늘, 공이 그 형상을 보고 측은히 여겨 타이른다.

"내 너의 품은 한을 짐작하나니, 오늘부터 호부호형함을 허하노라."

길동이, "소자의 일편지한一片之恨[12]을 아버님이 풀어주옵시니 죽어도 한이 없소이다. 바라옵건대 아버님은 만수무강하옵소서".

재배 하직하니, 공이 붙들지 못하고 다만 무사하기를 당부하더라.

길동이 또 어미 침소에 가 이별을 고한다.

"소자, 지금 슬하를 떠나매 다시 모실 날이 있사오리니, 모친은 그사이 귀체를 보중하소서."

그 어미 이 말을 듣고 무슨 변괴 있음을 짐작하나, 어린 자식의 하직함을 보고 손목 잡고 통곡한다.

"네 어디로 가고자 하느냐? 한집에 있어도 처소가 서로 멀어 매양 연연하였더니, 이제 너를 정처 없이 보내고 어찌 잊으리요. 너는 곧 돌아와 모자 상봉함을 바라노라."

길동이 재배 하직하고 문을 나오매, 운산이 첩첩하여 지향 없이 행하니 어찌 가련치 않으리요.

초란이 특재의 소식이 없음을 십분 의아히 여기고 사람을 시켜 알아보게 하니, 길동은 간데없고 특재와 한 계집의 주검이 방 안에 있다는 소식이다.

초란이 혼비백산하여 급히 부인에게 달려가 사실을 고한다.

"길동은 간데없고 두 주검이 있나이다."

말을 들은 부인 또한 크게 놀라 아들 좌랑을 불러 일을 말하고 공에게 고하니 공은 크게 놀란다.

"길동이 밤에 와서 슬피 울며 하직하기로 이상히 여겼더니 이런 일이 있었구나."

아들 좌랑은 사실을 숨길 수 없음을 알고 초란의 계획을 자세히 아뢴다. 공은 크게 노하여 초란을 내치고, 조용히 그 시체들을 처치케 하고, 노복들을 불러 말을 내지 말 것을 분부하였다.

집을 나온 길동이 정처 없이 가다가 한 곳에 다다르니 경개가 절승絶勝한지라. 인가를 찾아 들어가니 인가는 없고 큰 바위 밑에 돌문이 닫혀 있다.

길동이 문을 열고 들어가니 넓은 평야에 수백 가구 집이 들어서 있고 무슨 잔칫날이던가 많은 사람이 모여 즐기고 있다.

이곳은 다른 곳이 아니라 도둑의 소굴이라. 문득 길동을 보고, 그 위인이 녹록지 않음을 보고 한 사람이 나서서 반기며 묻는다.

"그대는 어떤 사람인데 이곳에 왔는가. 이곳엔 영웅이 모였으나 아직 괴수를 정하지 못하였으니 그대 만약 용력勇力[13]이 있어 참례코자 할진대 저 돌을 들어 보라."

말을 듣고 길동이 그 돌을 들어 수십 보를 가다가 던지니 그 돌 무게 천근이라. 모두가 일시에, "과연 장사로다. 우리 수천 명 중에 이 돌 들 자 없더니 오늘 하늘이 도와 장군을 주심이로다" 하고 길동을 상좌에 앉히고 술을 차례로 권하며 백마를 잡아 그 피로 맹세하며 언약을 굳게 하고 종일토록 즐기었다.

이후로 길동이 그들과 더불어 무예를 연습하니 몇 달 안에 군법이 정제한지라. 하루는 여러 사람이, "우리들이 해인사를 치고 그 재물을 약탈코자 하오나 지략이 부족하여 일을 거행치 못하였더니, 이제 장군의 의향이 어떠시오?"

묻거늘 길동이 웃으며, "내 장차 발군發軍[14]하리니 그대들은 지휘대로 하라".

청포 흑대에 나귀를 타고 종자 수인을 데리고 나가며, "내 그 절에 가 동정을 보고 오리라".

주승을 불러, "나는 경성 홍 판서댁 자제라. 이 절에 공부하러 왔거니와 명일에 백미 스무 석을 보낼 것이니 음식을 정히 차리면 너희들도 함께 먹으리라".

후일을 기약하고 동구를 나오니 중들이 기뻐한다.

길동이 돌아와 백미 수십 석을 보내고 사람들을 불러, "내 아무 날은 그 절에 가 이리이리 하리니 그대들은 뒤를 쫓아와 이리이리 하라".

그날을 기다려 종자 수십 인을 데리고 해인사에 이르니 중들이 맞아들인다.

길동이 상좌에 앉아 중들을 청하여 술을 마시며 차례로 권하니 모든 중이 황감하여 하더라. 길동이 문득 모래를 가만히 입에 넣고 깨무니 소리가 큰지라 여러 중이 듣고 놀라 사죄한다.

그러나 길동은 큰 소리로 꾸짖는다.

"너희들이 어찌 음식을 이리 부정히 하였느냐? 이는 나를 능멸함이다."

종자에게 분부하여 모든 중을 한 줄에 결박하여 앉히었다. 그러자 대적 수백여 명이 일시에 달려들어 모든 재물을 다 제 것 가져가듯 하거늘, 이때 한 사람이 마침 나갔다가 이런 일을 보고 즉시 관가에 알리니 관군이 도둑의 뒤를 쫓을 때 한 중이 송낙[15]을 쓰고 장삼을 입고 다가와 말한다.

"도둑이 저 북편으로 가니 빨리 가서 잡으시오."

관군이 그 절의 중이 가리키는 줄 알고 풍우같이 북편으로 찾아 나아가다가 날이 점점 저문 후 잡지 못하고 돌아가니, 길동이 도둑 떼를 남편 대로로 보내고 제 홀로 중의 복색으로 관군을 속인 후 무사히 굴로 돌아왔다.

이후로 길동이 활빈당이라 이름하여 조선 팔도로 다니며 각 읍 수령의 불의의 재물이 있으면 탈취하고 혹 집이 빈한한 자 있으면 구제하며 백성을 털끝만큼도 범치 아니하고 나라에 속한 물재는 추호도 범치 아니하였다.

하루는 길동이 여러 사람을 모으고, "이제 함경감사 탐관오리로 백성이 도탄에 든지라, 우리들이 그저 두지 못하리니 그대들은 내 지휘대로 하라”.

아무 날 밤으로 기약을 정하여 남문 밖에 불을 지르니, “그 불을 꺼라”.

관속이며 백성들이 일시에 내달아 그 불을 구할 때, 길동의 수백 명 적당이 일시에 성중에 달려들어 전곡과 군기를 수탈하여 북문으로 달아나니, 감사 대경실색하여 그 도둑 잡기를 힘쓰더니 홀연 북문에 방을 붙였는데, “아무 날에 전곡 도둑질한 자는 활빈당 행수 홍길동이다”.

하루는 길동이 모든 사람을 모으고 짚으로 사람 일곱을 만들어 진언을 염하고 혼백을 붙이니 일곱 길동이 일시에 팔을 뽐내며 크게 소리치고 어지럽게 수작하니 어느 것이 정작 길동인지 알지 못하였다. 각 도에 하나씩 흩어지되 각각 수백 명씩 거느리고 다니니 그중에 정작 길동이 어느 곳에 있는 줄은 알지 못하였다. 바람을 부르고 비를 부르는 술법을 행하며 각 읍 양곡을 밤낮으로 종적없이 가져가며 서울 오는 봉물을 탈취하니 팔도 각 읍이 소요하여 밤에 능히 잠을 자지 못하고 도로에 행인이 그쳤으니, 이러므로 팔도 요란한지라, 상이 크게 놀라 길동 잡기를 명하였다.

이에 우포장 이흡이 나섰다.

“신이 비록 재주 없으나 그 도둑을 잡아 올리리니 전하는 근심 마소서. 조그마한 도둑으로 인하여 어찌 좌우 포장이 다 발군하리까?”

상이 옳게 여기고 급히 발행할 것을 명하니 이흡이 하직하고 많은 관졸을 거느리고 발행할 때, 각각 흩어져 아무 날 문경으로 모이기로 약속하고 이흡이 약간 포졸을 데리고 변복하고 다니다가 하루는 날이 저물어 주막에서 쉬는데 한 소년이 나귀를 타고 들어와 말한다.

“지금 홍길동이란 도둑이 팔도로 다니며 작란하매 민심이 소동하거늘 이놈을 잡아 없애지 못하니 어찌 분하지 않으리요.”

“그대 기골이 장대하고 언어 충직하니 나와 함께 도둑을 잡음이 어떠한가?”

“그대 나를 따라오면 길동을 잡으리라.”

포장이 첩첩산곡으로 따라가니 그 소년이 문득 돌아서며 말한다.

“이곳이 길동의 굴혈이라. 내 먼저 들어가 탐지할 것이니 그대는 여기서 기다리라.”

포장이 마음에 의심되나 빨리 잡아 오기를 당부하고 앉았더니 홀연 산곡으로 군졸이 소리 지르며 나와 포장을 결박하고 꾸짖는다.

“너 포도대장 이흡아, 우리들이 지부왕地府王의 명을 받아 너를 잡으러 왔도다.”

한곳에 이르러 꿇어앉히거늘 포장이 정신을 가다듬고 머리를 들어보니 궁궐이 광대한데 무수한 황건역사黃巾力士 좌우에 나열하고 전상에 한 군왕이 앉아 말한다.

“이 사람아, 나를 자세히 보라. 나는 활빈당 행수 홍길동이다. 그대 나를 잡으려 하매 그 용력과 뜻을 알고자 어제 내 청포 소년으로 그대를 인도하여 이곳에 와 나의 위엄을 보게 함이다. 그대는 부질없이 다니지 말고 빨리 돌아가되 나를 보았다 하면 반드시 죄책이 있을 것이니 부디 이런 말을 내지 마라.”

술을 부어 권하며 좌우로 명하여 내보내라 하니, 포장이 생각하되, ‘내가 이것이 꿈인가 상시常時인가, 어찌하여 이리 왔으며……’.

길동의 조화를 신기히 여겨 일어나고자 하더니 홀연 사지를 요동치 못하는지라. 괴히 여겨 정신을 진정하여 살펴보니 가죽 부대 속에 들었거늘 간신히 나와 본즉 부대 셋이 나무에 걸렸거늘, 차례로 끌어내보니 처음 떠날 제 데리고 왔던 하인이라. 서로 이르되, “이것이 어쩐 일인가. 우리 떠날 제 문경으로 모이자 하였더니 어찌 이곳에 왔는가?”

두루 살펴보니 다른 곳 아니요 장안성 북악北嶽이라. 4인이 어이없어 장안을 굽어보며 하인더러 일러 가로되, "너희는 어찌 이곳에 왔는가?"

3인이 말하되, "소인 등은 주점에서 잤더니 홀연 풍운에 싸여 이리 왔사오니 무슨 연고인지 알지 못하나이다".

포장 왈, "이 일이 자못 허무맹랑하니 남에게 전설傳說치 마라. 그러나 길동의 재주 불측하니 어찌 인력으로써 잡으리요. 우리 등이 이제 그저 들어가면 필경 죄를 면치 못하리니 아직 수 개월을 기다려 가자" 하고 내려오더라.

차시此時, 상이 팔도에 행관하사 길동을 잡으라 하시되 그 변화가 불측하여 장안 대로로 혹 초헌軺軒[16]도 타고 왕래하며 혹 각 읍에 노문 놓고 쌍교雙轎도 타고 왕래하며, 혹 어사의 모양을 하여 각 읍 수령 중 탐관오리하는 자를 문득 선참후계先斬後啓하되 가假어사 홍길동의 계문啓聞이라 하니 상이 더욱 진노하사 왈, "이놈이 각 도에 다니며 이런 작란을 하되 아무도 잡지 못하니 이를 장차 어찌하리요".

3공 6경을 모아 의논하시더니, 연하여 장계 오르니 다 팔도에 홍길동이 작란하는 장계라. 이때 상이 크게 근심하시어 좌우를 둘러보며 물었다.

"이놈이 아마도 사람은 아니요 귀신의 작폐이니 군신 중에 뉘 능히 근본을 짐작하리요?"

군신 중에 한 사람이 나서며 말한다.

"홍길동은 전임 이조판서 홍모의 서자요, 병조좌랑 홍인형의 서제이니, 이제 그 부자를 불러 친문하시면 알 수 있으리다."

즉시 홍모는 금부에 잡아 가두고 인형을 먼저 잡아들여 친국하였다.

"길동이란 도둑이 너의 서제라 하니 어찌 말리지 아니하고 그저 두어 큰 환란이 되게 하느냐? 네 만일 잡아들이지 아니하면 너희 부자를 처벌하리니 빨리 잡아들여 나의 근심을 풀어라."

경상감사를 제수하고 1년의 기한을 주니, 인형이 하직하고 나와 그날로 감영에 도임하고 각 읍에 방을 붙였다. 이는 길동을 달래는 방이었다.

"사람이 세상에 나매 오륜이 으뜸이요 오륜이 있으매 인의예지 분명하거늘, 이를 알지 못하고 군부의 명을 거역하여 불충불효되면 어찌 세상에 용납하리요. 우리 아우 길동은 이를 알 것이니 스스로 형을 찾아와 사로잡혀라. 우리 부친이 너로 말미암아 병이 골수에 들고 성상이 크게 근심하시니 네 죄악이 큰지라. 이러므로 나로 특별히 도백道伯을 제수하시고 너를 잡아들이라 하시니 만일 잡지 못하면 우리 홍문門의 누대 청덕淸德이 하루아침에 멸하리니 어찌 슬프지 않으랴. 바라건대 아우 길동은 이를 생각하여 일찍 스스로 나타나면 너의 죄도 덜 것이요 일문을 보존하리니 너는 만 번 생각하여 스스로 나타나거라."

감사 이 방을 각 읍에 붙이고 공사를 전폐하고 길동이 나타나기만 기다리더니, 하루 한 소년이 나귀를 타고 하인 수십을 거느리고 원문 밖에 와서 뵙기를 청하였다 하거늘, 감사 들어오라 하니 소년이 당상에 올라 절한다. 감사 자세히 보니 기다리던 길동이라, 크게 놀라고 크게 기뻐하여 좌우를 물리치고 그 손을 잡고 흐느껴 울며 말한다.

"길동아, 네 한 번 집을 나간 후 사생존망死生存亡을 알지 못하여 부친께서 병이 깊거늘 너는 갈수록 불충불효를 행하며 또한 도둑이 되어 세상에 죄를 짓는구나. 이러므로 성상이 진로하여 나로 하여금 너를 잡아들이라 하시니, 이는 피치 못할 죄라. 너는 일찍 서울에 나아가 천명을 받아라."

"천한 소생 길동이 여기에 왔음은 부형의 위태함을 구하고자 함이니 어찌 다른 말이 있겠습니까? 대감께서 당초에 천한 길동을 위하여 부친을 부친이라 하고 형을 형이라 할 수 있게 하였던들 어찌 이에 이르렀겠습니까? 지난 일은 일러 쓸데없거니와 이 소제小弟를 결박하여 서울로 올려보내소서."

길동을 결박하여 서울로 보내니 각 읍 백성들이 길동의 재주를 들었는지라 길을 메우고 나와 구경하였다.

이때 팔도에서 길동을 잡아 올리니 조정과 장안 인민이 알 이 없더라. 상이 놀라서 친국하실 때, "네가 길동이요, 나는 아니다".

저희 서로 싸우니 어느 것이 정말 길동인지 분간치 못한다. 상이 이상히 여겨 곧 홍모를 불러 명하였다.

"저 여덟 중에 경이 아들을 찾아내시오."

"신의 천생 길동은 왼쪽 다리에 붉은 혈점이 있으니 이를 보면 알 수 있습니다."

여덟 길동을 꾸짖는다.

"네 지척에 임금이 계시고 아래로 아비 있거늘 이렇듯 천고에 없는 죄를 지었으니 죽기를 아끼지 마라."

이에 길동이 상께, "신의 아비 국은을 많이 입었으니 신이 어찌 불측한 행사를 하오리까마는, 신은 본래 천비 소생이라 그 아비를 아비라 못하고 그 형을 형이라 마음대로 못 하니 평생에 이 한 조각 한이 뼛속에 맺혔기로 집을 버리고 도둑이 되었으나, 백성은 조금도 범하지 않았고 각 읍의 수령이 백성의 피를 빠는 재물을 빼앗았습니다. 이제 십 년을 지나면 떠나갈 곳이 있으니 바라건대 성상은 근심치 마시고 신을 잡으라는 명령을 거두십시 오."

여덟 길동이 일시에 넘어지거늘 자세히 보니 다 초인草人이라. 상이 더욱 놀라시며 정말 길동 잡기를 공문을 보내어 팔도에 명하시었다.

이때 길동은 초인을 없애고 두루 다니다가 사대문에 방을 붙였다.

"요신 홍길동은 아무리 하여도 잡지 못할 것이니 병조판서 교지를 내리시면 잡히리라."

상이 그 방문을 보시고 조신을 모아 의논하시니 제신이 말한다.

"이제 그 도둑을 잡으려다가 잡지 못하고 도리어 병조판서를 제수하심은 옳지 못합니다."

상이 옳게 여기고 다만 경상감사에게 길동 잡기를 재촉하였다. 이때 경상감사 어찌할 바를 모르더니 하루는 길동이 공중에서 내려와 절하고 말한다.

"소제 지금은 정작 길동이오니 형님은 아무 염려 마시고 결박하여 서울로 보내소서."

"이 무지한 아이야, 너도 나와 동기거늘 부행의 교훈을 듣지 아니하고 일국을 소동케 하니 어찌 애석치 않으랴. 네 이제 정작 잡혀가기를 자원하니 도리어 기특한 아우로다."

감사, 급히 길동의 왼쪽 다리를 보니 과연 붉은 점이 있거늘, 곧 사지를 결박하고 함거에 실어 건장한 장교 수십을 가려 철통같이 싸고 풍우같이 몰아가나 길동의 안색이 조금도 변치 아니하였다. 여러 날 만에 경성에 다다르니 궐문에 이르자 길동이 몸을 한번 요동하매, 철색이 끊어지고 함거 깨어져 마치 뱀이 허물 벗듯 공중으로 오르며 표연히 운무에 묻혀 가니 장교와 여러 군사가 어이없어 공중만 바라보고 다만 넋을 잃을 따름이다. 할 수 없어 이 연유를 상달하였는데 상이 들으시고, "천고에 이런 일이 어디 있으리요".

크게 근심하시니 제신 중 1인이 말하기를, "길동의 소원이 병조판서를 한 번 지내면 조선을 떠나리라 하오니 한번 그 원을 풀면 스스로 사은謝恩할 것입니다. 이때를 타 붙들면 좋을까 합니다".

상이 제신의 의견을 옳게 여겨 곧 홍길동으로 병조판서를 제수하시고 사문에 방을 붙였다. 이에 길동이 곧 사모관대를 갖추고 대궐에 나타났다.

백관이 의논하기를 '길동이 오늘 사은하고 나올 것이니 도부수刀斧手를 맹복하였다가 나오거든 일시에 내달아 쳐 죽여라' 하고 약속을 정하였더니 길동이 궐내에 들어가 임금께 절하고, "소신의 죄악이 크거늘 도리어 천은을 입어 평생 한을 풀고 돌아가니 바라건대 성상은 만수무강하소서".

말을 마치며 몸을 공중에 솟구쳐 구름에 싸여 가니 그 가는 바를 알 수 없더라.

길동이 제 곳에 돌아와, "내 다녀올 곳이 있으니 그대들은 아무 데도 출입 말고 나 오기를 기다려라".

도둑들에게 이르고 곧장 몸을 솟구쳐 남경으로 향하여 가다가 한곳에 다다르니 이는 이른바 율도국律道國이었다.

사면을 살펴보니 산천이 청수하고 인물이 번성하여 가히 안신安身할 곳이라 하고, 남경에 들어가 구경하며 또 제도堤島라는 성중에 들어가 두루 다니며 산천도 구경하고 인심도 살피며 다니다가 오봉산에 이르니 제일 강산이라. 옥야 전답이 가득하여 사람 살기에 적당하였다. 내심으로, '내 이미 조선을 하직하였으니 이곳에 와 은거하였다가 대사를 도모하리라'.

표연히 본 곳에 들어와 모든 사람에게 일렀다.

"그대들이 아무 날 양천강陽川江가에 가 배를 많이 지어 모월 모일에 경성 한강에 대령하라. 내 임금께 간청하여 쌀 천 석을 얻어 올 것이니 기약을 어기지 마라."

길동이 쌀 1천 석을 얻어 3천 적당을 거느리고 대해에 떠 남경땅 제도 섬으로 들어가, 수천 호 집을 짓고 농업에 힘쓰고 재주를 배워 무기를 만들며 군법을 연습하니 군사와 양곡이 넉넉하였다. 하루는 길동이 모든 사람을 불러, "내 망탕산芒碭山에 들어가 살촉에 바를 약을 얻어 올 것이니 그대들은 그사이 이곳을 잘 지켜라".

그날로 발선하여 망탕산으로 들어갈 때, 수일 만에 낙천洛川 땅에 이르러 요괴를 소멸하고 요괴에게 잡혔던 두 여자를 아내로 얻으니, 첫째 아내는 백 소저요, 둘째 아내는 조 소저였다. 길동이 나이 스물이 넘도록 원앙의 재미를 모르더니 하루아침에 두 아내로 낙을 보니 마음 깊이 서리어 못내 잊히지 못할 정비할 데 없다. 이러저러 날이 오래되매 제도 섬으로 두 집 가산과 친척을 거느리고 가니 모든 사람이 반기며 부인 처소를 따로 정하고 세월을 보내더니 이때는 칠월 망간이었다.

길동이 하루는 마음을 슬퍼하더니 문득 천문을 살피고 눈물을 흘리거늘 백 소저가 묻는다.

"무슨 일로 슬퍼하십니까?"

"나는 천지간 용납지 못할 불효라. 내 본디 이곳 사람이 아니요, 조선국 홍 판서의 천첩 소생으로 사람 지위에 참례치 못하매 평생 한이 맺힌 자라. 장부 심사 편치 못하므로 부모를 하직하고 이곳에 와 의지하였으나 부모의 안부를 천상 성신星辰으로 살피던 중 아까 건상을 살펴보니 부친께서 병환이 위중하여 오래지 아니하여 세상을 버리실 것이나, 내 몸이 만 리 밖에 있어 미처 득달치 못하였으니 이로 인하여 슬퍼하노라."

이튿날 길동이 월봉산에 올라가 역군을 얻어 산역山役**17**을 시작하고 사람들을 불러 큰 배를 준비시켰다.

"조선국 서강西江 강변에 대라."

즉시 머리를 깎아 대사大師의 모양으로 배를 타고 조선국으로 향하였다.

이때 홍 공이 팔순에 홀연 병을 얻어 점점 침중하다가 명이 다하니 일가 모든 범절을 극진히 지내나 다만 산지를 얻지 못하여 민망하더니, 하루는 하인이 들어와 아뢴다.

"문밖에 어떤 중이 와서 상공 영위靈位에 조문하려 합니다."

“들어오라.”

그 중이 들어와 방성 대곡하니 사람들이, “상공 전에 친한 중이 없더니 어떤 중이기에 저다지 애통하는고” 하더라.

상제가 자세히 보니 아우 길동이라 붙들고 통곡하며, “이 무지한 아이야. 그 사이 어디로 갔더냐? 부친 생시에 너를 생각하시고 임종에 유언하시되, 너를 위하여 눈을 감지 못한다 하셨으니 어찌 자식 된 도리로 차마 견딜 바이냐?”

그 손을 이끌어 내당에 들어가 모 부인께 뵙고 또 춘섬을 불러 보게 하니 모자 붙들고 통곡한다.

“네 어찌 중이 되었느냐?”

“소자 처음에 마음을 그릇 먹고 작란을 일삼았으나 부형이 화를 보실까 두려워하여 조선을 떠나 삭발하고 중이 되어 지술을 배웠습니다. 이제 부친이 세상 뜨심을 짐작하고 왔으니 모친은 과히 슬퍼 마십시오.”

부인과 춘섬이 이 말을 듣고 눈물을 거두며 말하였다.

“네 지술을 배웠으면 천하에 유명하리니 너는 부공을 위하여 산지를 얻어 보라.”

“소자 과연 산지는 얻었으나 천 리 밖에 있으니 행상하기 어려워 근심합니다.”

상인이 듣고 크게 기뻐하였다.

“네 재주와 효행을 아니, 다만 길지吉地만 얻었다면 어찌 원로를 근심하겠느냐?”

“형님 말씀이 그러시다면 상구喪柩[18]를 발행하소서. 소제는 벌써 산역을 시작하고 안장 택일을 정하였으니, 형님 염려 마십시오.”

이때 길동이 상구를 모시고 따르며 모친과 함께 서강 강변에 이르니 길동이 지휘한 배 일시에 대기한지라, 모두 배에 올라 행선하니, 망망대해에 순풍이 일어나서 배 빠르기 살 같았다. 한곳에 다다르니 여러 사람이 수십 척 배를 띄우고 길동을 기다리다가 보고 반기며 좌우로 호위하여 가니 위의 거룩하더라. 인형이 의아하여 묻는다.

"이 어쩐 연고냐?"

길동이 그제야 전후사를 이야기한다.

"소제 거한 곳 옥야沃野[19] 천리요 창곡倉穀[20]이 몇만이요. 두 처가에 재산이 넉넉합니다."

시時를 기다려 하관 후 좌랑과 모친을 모시고 처소에 돌아오니 백, 조 양 소저 중당에 나와 시어머니와 시숙을 모시어 비로소 예하니 좌랑이 맞아 반기며 길동의 신기함을 탄복하였다.

세월이 흐르는 물과 같아 삼상三喪을 마치고 다시 모든 영웅을 모아 무예를 연습하고 농업에 힘쓰던 중 하루는 길동이 사람들을 불러, "내 당초에 사방으로 다닐 때 율도국을 유의하고 이곳에 머물렀더니 이제 마음이 자연 발하니 운수 열림을 가히 알지라" 하고 택일 출사出師[21]하여 율도국에 다다라 도성을 칠 때 격서를 써 율도 왕에게 보내니, "의병장 홍길동은 율도 왕에게 글월을 보내니, 싸우고자 하거든 싸우고 그렇지 않으면 일찍이 항복하라".

왕이 놀라 자결하니 세자, 왕비 또한 자결하는지라. 길동이 성중에 들어가 백성을 다독거려 위로하고 양과 소를 잡아 제장諸將, 군졸을 먹이고 길동이 왕위에 나아가니, 만조백관이 하례하며 원근 백성이 덕을 칭송한다. 왕의 즉위 3년에 국태민안하고 사방에 일이 없으니 옹의 덕택이 성탕成湯[22]에 비할 만하였다.

왕위 등극 30년에 칠순이라. 하루는 후원 영락전永樂殿에 온갖 풍악을 갖추고 노래를 지어, "세상사를 생각하니 풀 끝의 이슬 같도다. 백 년을 산다 하나 이 또한 뜬구름 같도다. 귀천이 때 있음이여, 다시 보기 어렵도다. 소년이 어제더

니 백발 될 줄 어이 알았으리” 부르며 두 왕비와 즐기는데, 문득 오색구름이 전
각을 두르며 한 노옹이 청려장靑藜杖을 짚고 속발관을 쓰고 학창의를 입고 전상
에 오르며, “그대 인간 재미 어떠하냐? 이제 우리 모이리라”.

　문득 왕과 왕비가 간데없었다.

저자 소개

허균許筠, 1569~1618 : 조선조 선조와 광해군 때의 시인이며 정치가. 자는 단보端甫, 호는 교산蛟山 또는 성소惺所이며, 별호는 일월거사日月居士다.

선조 2년 서화담의 고제高弟[23]인 허엽의 셋째 아들로 서울에서 태어났다. 형들은 당대의 문사였고, 허난설헌이 그의 누이다.

26세에 문과 중시에 장원급제하여 이후 황해도 도사, 삼척부사, 형조판서 등을 거쳐 좌참판에 이르기도 했다. 문장이 당대에 떨쳤으며 정부사正副使로 세 차례나 명나라에 다녀오기도 했다.

성격이 호탕하고 급진적인 개혁 사상을 품어 여러 번 관직에서 쫓겨났으며, 서자 출신들과 결탁하여 혁명을 꾀하다가 발각되어 광해군 10년 8월에 역적으로 몰려 처형당했다.

작품으로는 142수의 시가 있으며, 가사로는 〈규원가〉, 〈봉선화가〉 등이 있다. 문집으로 《성소복부고》, 《비한정록》, 《교산시화》, 《학산초담》이 있으며, 〈엄처사전〉, 〈손곡산인전〉, 〈장산인전〉, 〈남궁선생전〉, 〈장생전〉 등의 소설이 있다.

주제

봉건적 계급 타파와 탐관오리 규탄

허균은 매우 총명하고 문장이 뛰어나 당시에 견줄 자가 없었으나, 사람됨이 경박하여 그 시대에 용납받을 수 없는 행동을 서슴없이 자행하곤 했다.

당시 계급과 적서의 차별이 혹독했는데, 허균은 날카로운 지성으로 현실을 깨뜨려 보겠다는 신념으로 〈홍길동전〉을 썼다.

그는 서자가 아니지만, 일찍이 서자 출신의 대시인 이달李達에게서 글을 배웠다. 서자 출신 지사들과 교류하면서 사회제도의 모순을 느꼈던 것이다. 작품에 그러한 작가 의식이 반영되어 있다.

〈홍길동전〉은 도적을 주인공으로 한 영웅소설, 반상과 적서의 차별에 항거한 사회소설, 이상향을 그리는 낙원소설, 도교적인 도술소설 등 다양한 면을 지니고 있다. 또한 최초의 한글소설이라는 문학사적 의의와 함께 흥미진진한 가전체 소설이기도 하다.

흔히 중국의 〈수호지〉, 〈삼국지연의〉, 〈서유기〉 등의 영향을 받았다고 평가하고 있다. 또한 연산군 때 실존한 홍길동, 명종 때 임꺽정, 작가 자신의 개혁 사상 등 여러 가지 요소가 복합적으로 얽혀 있는 작품이다.

홍길동은 조선조 세종 때 한양에 사는 홍 판서의 시비 춘심의 소생인 서자다. 홍길동은 어려서부터 총명하고 도술을 익혀 장차 훌륭한 인물이 될 기상을 보였으나, 서자 학대라는 위기에서 벗어나 방랑의 길을 떠난다.

그러다가 도적의 소굴에 들어가 힘을 겨루어 두목이 된다. 그 뒤 활빈당이라는 무리를 만들어 기이한 계략과 도술로써 지방 탐관오리들의 재물을 탈취하여 빈민들에게 나누어준다. 그는 함경도 감영의 재물을 탈취해 가면서 자신이 가져간다는 방을 붙여놓기도 했다. 어느 때는 여러 지방의 도적당한 날짜가 한날 한시이기도 했다. 우포장이 길동을 잡으러 나섰다가 도리어 우롱만 당하고 만다.

국왕이 홍길동을 잡으라는 체포 명령을 전국에 내렸더니, 전국에서 잡힌 홍길동이 무려 300여 명이나 됐다. 둔갑법, 축지법, 분신법을 마구 구사하는 초인간적인 길동의 도술을 당해낼 수 없었던 것이다.

그 뒤 홍길동은 고국을 떠나 남경으로 가다가 산수가 수려한 율도국을 발견한다. 그곳의 요괴를 퇴치해 볼모로 잡혀 온 미녀를 구하고서 율도 왕이 된다. 그러나 아버지의 부음을 듣고 고국에 돌아와 아버지의 3년상을 치르고 다시 율도국으로 돌아가 나라를 다스린다.

독서 토론

〈홍길동전〉은 영웅의 일대기를 골격으로 한 최초의 한글소설이다. 사회의 부조리와 새로운 사회라는 이상적인 내용을 담고 있어 소설이 지니는 문학적 역할을 충실하게 구현하고 있다.

대부분 작자가 알려지지 않은 고대 소설과 달리 이 작품은 작자가 분명할 뿐만 아니라, 그의 생애와 사상과 행동이 작품에 반영돼 있다.

선조 39년에 일어난 칠서지옥七庶之獄 때 죽은 서자들의 꿈이 반영돼 있으며, 정의 사회를 향한 의적들의 활동이 인상적이다. 저항 정신이 반영된 평민 문학이자, 사회제도의 불합리성을 문제 삼은 선구적인 사회소설이다.

비교 작품

중국의 〈수호지〉, 〈서유기〉, 〈삼국지연의〉가 있으며, 〈전우치전〉, 〈서화담전〉 등의 전기체 아류가 있다. 이상향을 그린 〈허생전〉도 있다. 또한 기인전으로 〈삼설기〉, 〈광문자전〉, 〈최고운전〉이 있다.

1 아버지와 형이라 부름.

2 뼈에 사무치게 맺힌 원한.

3 음력 보름.

4 장수가 차던 도장.

5 여러 나라를 정벌함.

6 아버지가 낳으시고 어머니가 기르신 은혜.

7 극진한 사랑을 받는 애첩.

8 하늘의 현상이나 일월성신이 돌아가는 이치.

9 도망쳐 삶을 꾀함.

10 만으로 나눈 것의 하나라는 뜻으로, 아주 적은 경우를 이르는 말.

11 남을 헐뜯어서 죄가 있는 것처럼 꾸며 윗사람에게 고하여 바침.

12 오랜 세월이 흘러도 잊히거나 수그러지지 않는 원한.

13 뛰어난 역량.

14 군사를 일으킴.

15 여승이 주로 쓰던, 송라를 우산 모양으로 엮어 만든 모자.

16 종2품 이상의 벼슬아치가 타던 수레. 긴 줏대에 외바퀴가 밑으로 달리고, 앉는 데는 의자 비슷하게 되어 있으며, 두 개의 긴 채가 달려 있다.

17 무덤을 만듦.

18 시체를 넣은 상자 혹은 관.

19 기름진 들.

20 창고에 쌓인 곡식.

21 출병.

22 나라와 백성을 아주 잘 다스렸다는 중국 고대 성왕과 탕왕.

23 고족제자의 준말. 학식과 품행이 뛰어난 제자.

화왕계 花王戒

설총

옛날 이야기다. 꽃 임금이 처음 이 세상에 왔다. 모란이었다. 향기로운 동산에 심고 푸른 휘장으로 둘러치고선 임금님으로 받들어 모셨다.

바야흐로 따스한 봄이 돌아왔다. 온갖 꽃들이 피어나고 있다. 꽃 임금은 곱고 탐스러운 꽃을 피웠다. 꽃 중의 꽃으로 빼어나게 아름다웠다.

멀고 가까운 곳에서 여러 가지 꽃들이 다투어 꽃 임금을 뵈러 왔다. 깊고 그윽한 골짜기의 맑은 정기를 타고난 탐스러운 꽃들과 양지바른 동산에서 싱그러운 향기를 맡으며 피어난 꽃들이 앞을 다투어 모여들었다.

문득 한 가인佳人이 앞으로 나왔다. 붉은 얼굴에 옥 같은 이와 신선하고 탐스러운 감색 나들이옷을 차려입고, 방랑하는 무희처럼 얌전하게 걸어 나왔다. 가인은 임금에게 아뢰었다.

"이 몸은 설백雪白의 모래사장을 밟고, 거울같이 맑은 바다를 바라보며 자라났습니다. 봄비가 내리면 목욕하여 몸의 먼지를 씻고, 상쾌하고 맑은 바람 속에 유유자적하면서 지냈습니다. 이름은 장미라 하옵니다. 전하의 높으신 덕을 듣자옵고, 꽃다운 침소에 그윽한 향기를 더하여 모시고자 찾아왔습니다. 전하께서 이 몸을 받아주실는지요?"

이때 베옷을 입고 허리에는 가죽띠를 두르고 손에는 지팡이, 머리에는 백발을 인 장부丈夫 하나가 둔중한 걸음으로 나와 공손히 허리를 굽혔다.

"이 몸은 서울 밖 한길 옆에 사는 놈으로서 이름은 백두옹白頭翁[1]이라 하옵니다. 아래로는 창망한 들판을 내려다보고 위로는 우뚝 솟은 산 경치를 의지하고 있습지요. 가만히 보건대, 좌우에서 보살피는 신하는 고량진미와 향기로운 차와 술로 수라상을 받들어 전하의 식성을 흡족케 하고 정신을 맑게 해드리고 있사옵니다. 하지만 또한 저장되어 있는 것이 있다면 보자기를 풀어, 좋은 약으로는 전하의 양기를 돕고 나쁜 돌이 있다면 그것은 그것대로 전하의 몸에 있는 독을 제거해 올려야 할 줄 아옵니다. 그래서 말하기를, '비록 명주나 삼베가 있어도 군자된 자는 사초라고 해서 버리는 일이 없고, 부족에 대비하지 않음이 없다[2]고 하옵니다. 전하께서도 이러한 뜻을 가지고 계신지 모르겠습니다."

한 신하가 아뢰었다.

"두 사람이 왔사온데, 전하께서는 누구를 취하고 누구를 버리시겠습니까?"

꽃 임금이 입을 열었다.

"장부의 말도 도리가 있긴 하나 가인은 얻기 어려우니 어찌할꼬?"

장부가 앞으로 나와 입을 열었다.

"제가 온 것은 전하의 총명이 모든 사리를 잘 판단한다고 들었기 때문입니다. 하오나 지금 뵈오니 그렇지 않으시군요. 대체로 임금된 자로서 간사하고 아첨하는 자를 가까이하지 않고 정직한 자를 멀리하지 않는 이는 드뭅니다. 그래서 맹자는 불우한 가운데 일생을 마쳤고, 풍당馮唐[3]은 낭관郎官으로 파묻혀 머리가 백발이 되었습니다. 예부터 이러하오니 전들 어찌하오리까."

꽃 임금은 비로소 깨달은 듯 말했다.

"내가 잘못했다, 잘못했다."

저자 소개

설총薛聰: 신라 35대 경덕왕 때의 문신이자 학자로서 자는 총지聰智, 호는 빙월당氷月堂이다. 경주 설씨 시조로서 원효대사와 요석궁 공주의 아들이다.

신라 10현賢의 한 사람이다. 벼슬은 한림을 지냈고, 왕의 자문이었다. 그가 착안한 한문에 토를 다는 방법은 당시 한문 보급에 큰 도움을 주었다.

〈화왕계〉는 신문왕의 지혜를 돕기 위한 것이었다.

주제

아름다운 여인과 충직한 신하

작품 해설

화창한 봄날 모든 꽃이 각양각색으로 자태를 뽐내며 꽃 임금 앞으로 모여든다. 그중에서 장미꽃과 할미꽃이 서로의 충절을 고한다. 이때 할미꽃의 이야기를 들은 임금은 일리가 있다고 받아들인다. 모란은 꽃 임금이고, 장미는 가인이며, 백두옹은 장부다.

모란은 신라와 연관이 많아서 진평왕 때 당나라에서 모란도와 종자가 처음 들어왔다. 이때 영민한 선덕이 그림을 보고 나비가 없는 것으로 보아 향기가 없을 것이라고 했는데, 그게 사실이었다. 진평왕은 이를 영특하게 여겨 대권을 딸에게 물려준 것이라고 한다.

화창한 봄날, 모란이 임금으로 군림하였다. 형형색색의 꽃들이 앞다투어 화왕의 궁에 입조할 때, 장미라는 요염한 가인이 아양을 부리며 화왕께 자신을 받아달라고 아뢴다. 이때 할미꽃이 화왕에게 충언을 직간한다. 그러나 화왕은 요염한 장미에게 끌려 할미꽃의 충언을 받아들이지 않는다. 할미꽃이 예로부터 임금은 간사한 자를 가까이하면 충신을 멀리한다며 사의를 표하자, 그제야 화왕은 비로소 깨닫고 할미꽃에게 사과하였다.

어느 날 신문왕이 설총에게 재미있는 이야기를 하라고 하니, 그가 화왕 이야기를 했다고 한다. 이에 신문왕이 밝은 얼굴로 이는 훗날 왕자들에게 가르침이 될 만하니 글로 만들라 해서 쓴 것이 이 소설이다.

모란은 신라 왕실과 깊은 인연을 가지고 있다. 동양에서는 모란을 화왕이라 하고, 서양에서는 이미 3천 년 전에 호머가 장미를 화왕으로 노래했다.

대개 설총이 이두를 창제했다고 하지만, 그가 생존하기 이전인 진평왕 때의 〈서동요〉나 선덕여왕 때의 〈풍요〉가 이두로 기록되어 있는 것으로 보아 사실이 아닌 것 같다. 대신 그가 집대성해서 완성한 것으로 보인다.

가전체 소설로 〈공방전〉, 〈국선생전〉, 〈저생전〉, 〈죽부인전〉, 〈모영전〉, 〈국순전〉 등이 있다.

1   머리 하얀 노인. 여기서는 할미꽃.

2   雖有絲麻, 無弃菅蒯, 凡百君子, 無不代匱.《춘추좌전》에서 인용한 말.

3   한나라 사람으로 문제 때 벼슬이 중랑서장에 그침. 무제 때에 이르러 추천을 받았으나 풍당
     의 나이 이미 90세여서 벼슬을 할 수 없었다.

흥부전

작자 미상

형제는 오륜五倫의 하나요, 한 몸을 쪼갠 것이다. 그러므로 부귀와 화복을 같이하는 것이다. 그런데 형제도 형제 나름이다.

충청, 전라, 경상의 3도가 만나는 어름에 사는 연 생원이라는 양반이 아들 형제를 두었는데 형의 이름 놀부요 동생의 이름은 흥부였다. 틀림없는 한 어머니 소생이건만 흥부는 마음씨 착하고 효행이 지극하며 동기 간의 우애가 극진한데, 놀부는 부모에게는 불효이고 동기간에 우애가 조금도 없으니, 그 마음 쓰는 것이 괴상하였다.

모든 사람, 5장에 6부를 가졌지만 놀부는 당초부터 5장에 7부였다. 말하자면 심술보가 하나 더 있어 심술보가 한 번만 뒤집히면 심사를 야단스럽게도 피웠다.

술 잘 먹고, 욕 잘하고, 거드름 빼고, 싸움 잘하고, 초상난 데 춤추기, 불난 데 부채질하기, 해산한 데 개 잡기, 장에 가면 억지 흥정, 우는 아기 똥 먹이기, 죄 없는 놈 뺨치기, 빚값으로 계집 뺏기, 늙은 영감 덜미 잡기, 아이 밴 아낙네 배차기, 우물 곁에 똥 누어놓기, 올벼 논에 물 터놓기, 잦힌 밥에 흙 퍼붓기, 패는 곡식 이삭 빼기, 논두렁에 구멍 뚫기, 애호박에 말뚝 박기, 곱사등이 엎어놓고 밟아주기, 똥 누는 놈 주저앉히기, 앉은뱅이 턱살 치기, 옹기장수 작대기 치

기, 면례緬禮[1]하는 데 뼈 감추기, 남의 양주兩主[2] 잠자는데 소리 지르기, 수절 과
부 겁탈하기, 통혼한 데 간혼間婚[3] 놀기, 만경창파에 배 뚫기, 닫는 말에 앞발 치
기, 목욕하는데 흙 뿌리기, 담 붙은 놈 코침 주기, 얼굴에 종기 난 놈 쥐어박기,
눈 앓는 놈 눈에 고춧가루 넣기, 이. 앓는 놈 뺨치기, 어린아이 꼬집기, 다 된 흥
정 파의하기, 중을 보면 대테[4] 메기, 남의 제사에 닭 울리기, 큰 한길에 허망 파
기, 비 오는 날에 장독 열기 등이었다.

이놈의 심사가 이렇듯 모과나무같이 뒤틀리고 동풍 안개 속에 수숫잎같이 꼬
여 그 흉악함을 헤아릴 수 없었다. 그러나 흥부는 충실, 온후, 인자하였으니, 형
의 하는 짓을 탄식하고 때로는 간할 마음을 가져보았으나 말해보아야 쓸데없으
므로 말없이 주면 먹고 시키는 일이나 공손히 하였다. 놀부의 악한 마음은 부모
가 물려준 많은 재산을 독차지하고 아우 흥부를 구박하나 흥부의 어진 마음은
조금도 변함이 없었다.

놀부는 부모 제삿날이 와도 제물은 장만하지 않고 돈으로 대신 놓고 지내면
서, "이번 제사에도 황초값 닷 푼은 온데간데없구나" 하는 식이었다. 그런 천하
에 몹쓸 놈이라 아우를 내쫓을 궁리를 하게 된 것이다.

"형제란 것은 어려서는 같이 살아도 처자를 갖춘 다음엔 각각 따로 사는 것이
떳떳한 법이다. 너는 처자를 데리고 나가 살아라."

처음엔 사정도 해보았으나 놀부는 듣지 않았다. 흥부는 하는 수 없이 아내와
어린것들을 이끌고 대문을 나섰다.

건넛산 언덕 밑에 가서 움을 파고 온 식솔이 모여 앉아 밤을 새웠다. 이튿날
그 자리에 수숫대를 모아다가 한나절에 얼기설기 집을 지어놓으니, 방에 누워
다리를 뻗어보면 발목이 벽 밖으로 나가고 팔을 뻗어보면 또한 손목이 벽 밖으
로 나갔다. 기막힌 노릇이었다.

게다가 가지고 나간 양식이 한 톨도 없어 사흘에 한 끼니도 메울 수가 없게 되니 살아갈 계책이 없었다. 이 판국에 굴비 두름 같은 연년생 자식들이 밥 달라고 젖 달라고 보챈다. 하는 수 없이 흥부는 놀부를 찾아갔다.

"형님 전에 뵙니다. 세 끼를 굶어 누운 자식 살려낼 길 없어 염치코치 불구하고 찾아왔으니 동기간 정을 생각하여 무엇이든지 좀 주시면 품을 판들 못 갚으며 일을 한들 공으로 가져가겠습니까? 모쪼록 죽는 목숨 살려주십시오."

이렇듯 애걸하였으나 놀부는 차디차기만 하였다. 오히려 맹호같이 날뛰며 모진 눈을 부릅뜨고 핏대를 올리는 것이었다.

"너도 염치없는 놈이다. 내 말을 들어보아라. 하늘이 내지 않은 자는 벼슬에 못 오르고 땅이 내지 않은 자는 이름 없는 인간이다. 너는 어찌하여 복이 없어 날 보고 이렇게 보채느냐? 잔말은 듣기 싫다."

흥부는 울며 사정하였다.

"양식이 못 되거든 돈 서 돈 주시면 하루라도 살겠습니다."

"이놈아, 들어보아라. 쌀이 많다 한들 너 주자고 섬을 헐며, 벼가 많다 한들 너 주자고 노적 헐며, 돈이 많다 한들 너 주자고 궤돈 헐며, 가루 되나 주자 한들 너 주자고 큰 독에 가득한 것을 떠내며, 의복 가지나 주자 한들 너 주자고 행랑것들 벗기며, 찬밥 술이나 주자 한들 너 주자고 마루 아래 청삽사리 굶기며, 지게미나 주자 한들 너 주자고 새끼 낳은 돼지를 굶기며, 콩 섬이나 주자 한들 큰 농우가 네 필이니 너를 주고 소 굶기랴? 정말 염치없고 속이 없는 놈이로구나."

"아무리 그러시더라도 죽는 동생 살려주오."

놀부는 화를 더럭 내어 벼락같은 소리로 하인 마당쇠를 부르는 것이었다.

"이놈아, 뒷광문 열고 들어가면 저편에 보리 쌓은 담불이 있지?"

거기 있는 도끼자루 묶음을 내오게 하고는 손에 닿는 대로 골라잡더니 그만 달려들어 흥부의 뒤꼭지를 잔뜩 움켜쥐고 사정없이 친다. 마치 손 잰 중이 비질 하듯, 상좌중이 법고 치듯이다.

"이놈, 내 눈앞에 뵈지 마라."

흥부는 어찌나 맞았던지 온몸이 나른하여 그만 돌아가고 싶었다. 그러나 형수나 보고 가려고 엉금엉금 부엌으로 기어갔다. 놀부 아내가 마침 밥을 푸고 있었다. 흥부는 굶은 창자에 밥 냄새를 맡으니 오장이 뒤집혔다.

"애고 형수님, 밥 한 술만 떠주오. 이 동생을 살려주오."

그러나 이년 또한 몹쓸 년이었다.

"남녀가 유별한데 어디를 들어오노?"

밥 푸던 주걱으로 흥부의 마른 뺨을 우지끈 때리니 흥부는 두 눈에 불이 화끈 일고 정신이 아찔한 중에도 얼떨결에 손을 슬쩍 뺨 위로 밀어보니 밥이 볼때기에 붙어 있는 것이었다. 얼른 입으로 쓸어 넣는다.

"아주머님은 뺨을 쳐도 먹여가며 치시니 감사한 말을 어찌 다 하겠습니까? 수고스럽지만 이쪽 뺨마저 쳐주십시오. 밥 좀 많이 붙은 주걱으로요. 그 밥 갖다가 아이들 구경이나 시키겠소."

이 몹쓸 년이 주걱은 내려놓고 부지깽이로 흥부를 실컷 때리니, 흥부는 아프단 말도 못 하고 할 수 없이 통곡하며 돌아오는 것이었다.

이때 우는 애 젖 물리고 큰아이 달래면서 7년 가뭄에 큰비 기다리듯, 9년 홍수에 볕발을 기다리듯, 어린아이가 굿에 간 어미 기다리듯 굶은 자식들과 흥부 오기만 기다리고 있는데, 흥부가 매에 취하여 비틀비틀 걸어오니 흥부 아내는 남의 속도 모르고 반겨 마중을 나갔다.

"큰댁에 가더니 술에 잔뜩 취해 오시는구료. 어서 들어갑시다. 쌀이거든 밥 짓고 돈이거든 저 건너 김동지 집에 가서 한 끼라도 늘려 먹을 것을 팔아 옵시다."

그러나 흥부는 형의 행패를 바로 말하지 못하고서 꾸며 말하는 것이었다.

"형님 집에 갔더니 주안상이 나오고 더운 점심밥이 나오데. 상을 물리고 나니 형님과 형수씨께서 돈과 쌀을 주시더군. 큰 고개를 넘어오다가 도둑놈을 만나다 빼앗기고 빈손으로 왔네."

말은 그런데 얼른 보니 유혈이 낭자하며 얼굴이 부었고 온몸을 만져보니 성한 곳이 없다. 흥부 아내 기가 막혀 땅에 주저앉아버린다.

"여보 마누라, 슬퍼 마오. 가난 구제는 나라에서도 못 한다 하니 형님인들 어찌하시겠소? 우리 양주가 품이나 팔아 살아갑시다."

흥부 아내는 이 말에 순종하여 서로 나가서 품을 팔기도 하였다. 흥부 아내는 방아 찧기, 술집의 술 거르기, 초상난 집 제복 짓기, 대사 치르는 집 그릇 닦기, 굿하는 집의 떡 만들기, 시궁발치의 오줌 치기, 얼음이 풀릴 때면 나물캐기, 봄보리를 갈아 보리 놓기. 흥부는 이월 동풍에 가래질하기, 삼사월에 부침질하기, 일등 전답의 무논 갈기, 이 집 저 집 돌아가며 이엉 엮기, 궂은날에는 멍석 맺기 등 이렇게 내외가온갖 품을 다 팔았다. 그러나 역시 살기는 막연하였다.

하루는 생각다 못해 나랏곡식이나 한 섬 얻어먹으리라 마음먹고서 흥부는 어슷비슷 갈지자로 걸어 읍내로 들어가 관청을 찾았다.

"이방, 나랏곡식이나 좀 얻어먹고자 하는데 처분이 어떨는지?"

"가난한 사람이 막중한 나랏곡식을 어찌 달라 할까? 그러나 연 생원은 매를 더러 맞아보았소?"

"매는 왜? 나랏곡식이나 얻어주면 배고파 죽겠다는 어린 자식들을 살리겠구먼."

"나랏곡식 얻을 생각 말고 매를 맞으시오. 고을 김 부자를 어느 놈이 영문에 없는 일을 꾸며 고소했소. 김 부자를 압송하라는 공문이 왔는데 김 부자는 마침 병이 나고 친척도 병이 있어 누구를 대신 보내고자 찾고 있소. 연 생원이 김 부자 대신 영문에 가서 매를 맞으면 그 값으로 돈 서른 냥을 줄 겁니다. 그 돈 서른 냥은 예서 증서를 줄 테니 영문에 가서 대신 매를 맞고 오는 것이 어떻소?"

이방은 돈 닷 냥을 먼저 주고, 영문으로 보내는 보고장을 흥부에게 주었다.

"어서 다녀오시오. 내 편지 한 장 갖다 영문 사령에게 주면 혹시 매를 쳐도 가볍게 칠지 모르며, 또한 김 부자가 뒤로 감영 관리에게 돈 백이나 보낼 테니 염려 말고 어서 가오."

흥부는 어찌나 좋던지 여태까지 반말하던 사이 갑자기 변하여 존대말을 쓰는 것이었다.

"여보 이방님, 다녀오리다."

집으로 돌아온 흥부로부터 이 말을 들은 흥부 아내의 놀라움은 컸다.

"여보, 아이 아버지, 매 품팔이가 웬 말이오! 남의 죄를 어찌 알고 대신이라니 웬 말이오? 살인죄를 범했는지 강도죄를 범했는지 사기죄를 범했는지 남의 죄를 어찌 알고 그런 말을 하시오? 만일 영문에 올라갔다가 여러 날을 굶은 몸에 영문 곤장 맞게 되면 몇 대를 맞지 않아 쓰러져 죽을 것이니, 어서 가서 그 일일랑 거절하오. 마오, 마오, 가지 마오. 만일에 갈 생각이면 나를 죽여 묻고 가오. 나 죽여 세상 모르면 가려니 와 나를 살려두고는 못 가리다. 가지 마오, 가지 마오. 제발 내 말 듣고 가지 마오. 만일 매 맞다가 아이 아버지 죽게 되면 뭇초상이 날 테니 부디 내 말 괄시 마오."

아내가 두 손으로 구들장을 쾅쾅 치고 눈물을 흘리며 이렇듯 강권하자, 흥부는 슬며시 마누라를 얼러보는 것이었다.

"여보 마누라, 한번 높은 곳에 앉아보지도 못할 쓸데없는 이 볼기짝, 감영으로 올라가서 서른 대만 매를 맞고 나면 돈 서른 냥이 생길 테니 열 냥으로는 고기 사서 매 맞은 상처 고치고, 열 냥으로는 쌀을 팔아 온 식구가 포식하고, 열 냥으로는 소를 사서 스물넉 달 배내기 주었다가 그 소를 팔아 맏아들 장가들이고, 그놈이 아들 낳으면 우리에게 손자 되니 그 아니 경사인가?”.

말을 듣고 생각하니 사리는 맞는 것 같았으나 그러나 역시 사람 갈 길이 아니므로 흥부 아내는 한사코 말리는 것이었다. 이렇게 되고 보니 흥부는 영문에 갈 마음은 속으로만 혼자 먹고 겉으로는 얼렁뚱땅 얼버무릴 수밖에 없었다.

“그리하오. 아니 가리다. 짚신이나 삼아 신게 저 건너 김동지네 가서 짚 한 단 얻어 가지고 오리다.”

그러고 나와서 영문으로 올라가는데 삯말이나 타고 가는 것이 아니라 돈 30냥을 한몫으로 받아 쓸 작정으로 하루에 170리씩을 걸어서 갔다. 며칠 만에 영문에 다다르니 도 사령이 흥부를 보더니 아래 사령들에게 이르는 것이었다.

“저 양반이 김 부자 대신으로 왔으니 아랫방에 들여앉히고 만일 문초를 당하여 매를 치게 되더라도 아무쪼록 가볍게 칠 것을 잊지 마소. 우리 청에 편지와 돈 백 냥이 왔다네.”

여러 사람이 흥부를 위로하고 있을 때, 마침 청령 소리가 나더니 이윽고 영이 내렸다.

“죄인 중에 살인죄를 범한 자 외에는 모두 석방하라.”

흥부는 낙심천만이었다.

“여보시오, 도 사령, 나는 매를 맞아야만 수가 생기오. 그저 가면 나는 낭패요.”

“여보, 연 생원, 이번에 김 부자 일로 여기 왔는데 매 안 맞았다고 만약 돈을 안 주거든 두말 말고 곧장 영문으로만 오면 우리 가 무슨 수를 쓰든지 돈 백은 받아줄 테니 염려 말고 어서 가시오.”

도 사령의 말을 듣고 흥부는 할 수 없이 노자에서 남은 돈 한 냥으로 떡을 사서 짊어지고 집으로 돌아왔다.

이 무렵 흥부 아내는 남편이 감영에 갔음을 알고는 뒤뜰에다 단을 모으고 정화수를 길어다가 단 위에 올려놓고 두 손 모아 빌며 눈물로 나날을 보내고 있었다. 이런 참에 흥부가 거적문을 열어젖히고 들어섰다. 뛸 듯이 반갑지 않을 수 없었다.

"아이 아버지, 다녀오시오? 죄가 없어 놓여 오나? 태장 맞고 돌아오나? 형장 맞고 돌아오나? 상처는 어떠하오?"

흥부는 매도 못 맞고 돌아오는 참에 이 말을 들으니 화가 치밀어 올랐다.

"나더러 상처를 묻지 말고 네 친정 할아비한테 물어보아라. 매 한 개 맞지 못하고 건성으로 돌아오는 사람더러 이년아, 장처는 뭐고 상처는 다 뭐냐?"

"좋다, 좋다. 얼씨구 좋다! 지화자 좋을씨고! 매 맞으러 갔던 낭군 안 맞고 돌아오니 이런 경사가 또 어디 있는가!"

흥부는 마누라의 좋아하는 거동을 기가 막혀 어이없이 바라보고 있다가 어린 자식들 살릴 생각을 하니, 슬픈 감회가 치밀어서 눈물이 비 오듯 하며 통곡이 터져 나와 두 손으로 가슴을 쾅쾅 두드렸다.

이때 마침 김 부자의 조카가 지나다가 흥부가 돌아왔다는 말을 듣고 찾아 들어와서 묻는 것이었다.

"연 서방, 주린 사람이 영문에 가서 그 매를 맞고 어떻게 돌아왔나?"

흥부는 마음이 곧은 사람이라 바른대로 털어놓았다.

"맞았으면 해롭지 않을 것을 그것도 복이라고 못 맞았다네."

"자네가 마음씨만은 착한 사람일세. 나도 어디서 들었네만, 무사히 오고서야 돈 달랄 수 있나? 내가 마침 지닌 돈이 칠팔 냥 있으니 쌀말이나 팔아 먹소."

흥부는 그 돈으로 쌀 팔고 반찬 사서 며칠은 살았으나 굶기는 역시 마찬가지라 어찌하면 좋을 것인가?

그래, 짚신 장사나 해보리라 하고 김동지 집으로 짚을 얻으러 갔다.

"자네 불쌍도 하이! 형은 부자건만 자네는 그렇듯 가난하니 어찌 아니 측은한가?"

이러면서 김동지가 내주는 짚단을 얻어다가 짚신을 삼아 장에 내다 팔고 그것으로 끼니를 이었으나 그도 한두 번이지 짚인들 매양 얻을 염치가 있으랴?

흥부는 탄식하며 또한 어린 자식들을 어루만지며 통곡하니 흥부 아내도 기가 막혀 땅을 치고 우는 모양이란 차마 눈뜨고 볼 수 없는 정경이었다.

이렇게 세월을 보내고 춘삼월 좋은 계절을 맞이하니, 흥부는 이왕에 배운 바 있어 약간의 식자는 있는 터라 수숫대로 지은 집에 입춘을 써 붙였다.

3월 3일이 되니 소상강의 떼기러기는 가노라 하직하고 강남의 제비 왔노라 하고 나타날 때였다. 고대광실 다 버리고 오락가락 넘놀다가 흥부를 보고 반기면서 좋다고 지저귀니, 흥부가 제비 보고 경계하는 말이었다.

"고당화각高堂畫閣 많건만 수숫대로 지은 집에 와서 네 집을 지었다가 오뉴월 장마철에 집이 만일 무너진다면 그 아니 낭패랴? 아무리 짐승일망정 내 말을 듣고 좋은 집 찾아가서 실팍하게 집을 짓고 새끼를 치려무나."

이같이 충고해도 제비가 듣지 않고 흙을 물어다 집을 짓고 첫배 새끼를 길러 내어 날기 공부에 힘을 쏟을 때, 날아 올랐다 날아 내렸다 하면서 이를 사랑하는 것이었다. 그런데 하루는 큰 구렁이 한 놈이 별안간 달려들어 제비 새끼를 모조리 잡아먹으니 흥부는 보고 깜짝 놀랐다.

"흉악한 저 짐승아, 고량진미가 많겠건만 하필이면 죄 없는 제비 새끼를 모조리 잡아먹으니 악착같구나. 제비가 불쌍하구나. 저 제비, 곡식을 먹지 않고 자

라나서 인간에게 해를 끼치지 않고 옛 주인을 찾아오니 그 뜻이 정다운데 제 새
끼를 보전치 못하고 일시에 다 죽이니 어찌 가련치 않은가?"

그러고는 칼을 들어 그 짐승을 잡으려 할 때 제비 새끼 한 마리가 허공으로
뚝 떨어져서 피를 흘리며 발발 떠는 것이었다. 흥부는 이를 보자 펄쩍 뛰어 달
려들어 제비 새끼를 두 손으로 고이 잡고 애처롭게 여겨 부러진 다리를 조기 껍
질로 찬찬 감고 아내를 불렀다.

"당사실 한 바람만 주소. 제비 다리 동여매게."

흥부 아내가 시집올 때 가지고 온 당사실을 급히 찾아 내어주니 흥부는 얼른
받아 제비 새끼의 상한 다리를 곱게 감아 매어 찬 이슬에 얹어두었다. 그랬더니
하루 지나고 이틀 지나고 이리하여 10여 일이 지나자 상한 다리가 제대로 소생
되어 날아다니게 되니, 줄에 앉아 재잘거리며 울고 둥덩실 떠서 날아갈 때 소상
강 기러기는 왔노라 하고 강남 가는 제비는 가노라 하직하는 것이었다.

이리하여 제비가 강남 수천 리를 훨훨 날아가서 제비 왕께 입시하니 제비왕
이 물었다.

"경은 어찌하여 다리를 절며 들어오느냐?"

"신의 부모가 조선국에 나가 흥부의 집에 깃들었는데 뜻밖에 큰 구렁이의 화
를 입어 다리가 부러져 죽을 것을 흥부의 구조를 받아 살아서 돌아왔습니다. 흥
부의 가난을 면케 해주신다면 그로써 소신은 그 은공의 만분의 일이라도 갚을
까 합니다."

"흥부는 과연 어진 사람이다. 공 있는 자에게 보은함은 군자의 도리이니, 그
은혜를 어찌 아니 갚으랴? 내가 박씨 하나를 줄 테니 경은 가지고 나가 은혜를
갚도록 하라."

제비가 왕께 감사드리고 물러 나와서 그럭저럭 그해를 넘기고 이듬해 춘삼월

을 맞으니 모든 제비가 타국으로 건너갈 때였다. 그 제비 허공 중천에 높이 떠서 박씨를 입에 물고 너울너울 자주자주 바삐 날아 흥부네 집 동네를 찾아들어 너울너울 넘노는 거동은 마치 북해 흑룡이 여의주를 물고 오색구름 사이로 넘는 듯, 단산의 어린 봉이 대씨를 물고 오동나무에서 노니는 듯, 황금 같은 꾀꼬리가 봄빛을 띠고 수양버들 사이를 오가는 듯하였다. 이리 기웃, 저리 기웃, 넘노는 거동을 흥부 아내가 먼저 보고 반긴다.

"여보, 아이 아버지, 작년에 왔던 제비가 입에 무엇을 물고 와서 저토록 넘놀고 있으니 어서 나와 구경하오."

흥부가 나와 보고 이상히 여기고 있으려니 그 제비가 머리 위를 날아들며 입에 물었던 것을 앞에다 떨어뜨린다. 집어 보니 한가운데 '보은박'이란 글 석 자가 쓰인 박씨였다.

그것을 동편 울타리 밑에 터를 닦고 심었더니 이삼 일에 싹이 나고, 사오 일에 순이 뻗어 마디마디 잎이 나고, 줄기마다 꽃이 피어 박 네 통이 열린 것이다.

추석날 아침이었다. 배가 고파 죽겠으니 영근 박 한 통을 따서 박속이나 지져 먹자 하고 박을 따서 먹줄을 반듯하게 긋고서 흥부 내외는 톱을 마주 잡고 켰다. 이렇게 밀거니 당기거니 켜서 툭 타놓으니 오색 채운이 서리며 청의동자 한 쌍이 나오는 것이었다.

왼손에 병을 들고 오른손에 쟁반을 눈 위로 높이 받쳐 들고 나온 그 동자들은, "이것을 값으로 따지면 억만 냥이 넘으니 팔아서 쓰십시오".

홀연히 사라져버렸다.

박 한 통을 또 따놓고 슬근슬근 톱질이다. 쓱삭 쿡칵 툭 타놓으니 속에서 온갖 세간붙이가 나왔다.

또 한 통을 따서 먹줄 쳐서 톱을 걸고 툭 타놓으니 순금 궤가 하나 나왔다. 금

거북 자물쇠를 채웠는데 열어보니 황금, 백금, 밀화, 호박, 산호, 진주, 주사, 사향 등이 가득 차 있었다. 그런데 쏟으면 또 가득 차고 또 가득 차고 해서 밤낮 엿새를 쏟고 나니 큰 부자가 된 것이다.

다시 한 통을 툭 타놓으니 일등 목수들과 각종 곡식이 나왔다. 그 목수들은 우선 명당을 가려 터를 잡고 집을 지었다. 그다음 또 사내종, 계집종, 아이종이 나며 들며 온갖 것을 여기저기다 쌓고 법석이니 흥부 내외는 좋아하고 춤을 추며 돌아다녔다.

그러다가 덤불 밑에 있는 마지막 박 한 통을 따서 슬근슬근 툭 타놓으니 박 속에서 꽃 같은 한 미인이 나와 흥부에게 나붓이 큰절을 하는 것이었다.

"나는 월궁의 선녀입니다. 강남국 제비왕이 나더러 그대 부실이 되라 하시기에 왔습니다."

이리하여 흥부는 좋은 집에서 처첩을 거느리고 향락으로 세월을 보내게 되었다.

이런 소문이 놀부 귀에 들어가니, "이놈이 도둑질을 했나? 내가 가서 욱대기면 반재산을 뺏어낼 것이다".

벼락같이 건너가 닥치는 대로 살림살이를 쳐부수는 것이었다.

한참 이렇게 소란을 피우고 있을 때 마침 출타 중이던 흥부가 들어왔다.

"네 이놈, 도둑질을 얼마나 했느냐?"

"형님, 그 말씀이 웬 말씀이오?"

흥부가 앞뒷일을 자세히 말하자, 그럼 네 집 구경을 자세히 하자고 놀부는 나섰다.

흥부가 형을 데리고 돌아다니며 집 구경을 시키는데 월궁 선녀가 다시 나타나니 놀부는 그 계집을 자기에게 달라고 하였다. 흥부가 거절하자, 이번은 화초장이나 달라고 한다. 그러고는 흥부가 화초장을 하인을 시켜 보내주겠다는 것도 마다하고 스스로 짊어지고 가서 집에 이르니 놀부 아내는 눈이 휘둥그레진다. 그리고 그 출처와 흥부가 부자가 된 연유를 알게 되자, "우리도 다리 부러진 제비 하나 만났으면 그 아니 좋겠소?"

그해 동지섣달부터 제비를 기다렸다.

그렁저렁 섣달 정월 다 넘기고 봄철이 돌아오니 제비 한 쌍이 놀부집에 와 흙과 검불을 물어다 집을 지었다.

어미 제비가 알을 낳아 품을 무렵에는 놀부놈은 주야로 제비집 앞에 대령하여 가끔가끔 집어내어 만지작거리니 알이 모두 곯았다. 그러나 천행으로 한 개가 남아서 새끼를 까게 되었다. 차차 자라나 바야흐로 날기를 배울 때 주야로 기다리는 구렁이는 그림자도 보이지 않자 놀부는 답답함을 참지 못하여 하루는 뱀을 찾아 나갔다. 아무리 찾아도 뱀 한 마리 못 보고 돌아오는 길에 홍두깨만한 까치 독사를 만났다.

"얼씨구, 이 짐승아, 내 집으로 가서 제비집으로 올라가면 제비 새끼 떨어지고 나는 부자가 될 것이니, 네 은혜는 병아리 한 뭇에 계란 한 줄 더 얹어 갚을 것이다. 그러니 사양 말고 어서 가자."

이러고 막대기로 툭툭 건드리다 놀부는 발가락을 물리고 나자빠졌다. 그러나 빨리 집으로 돌아와 침을 맞고 약을 바른 끝에 살아나자, 제가 이무기인 양 제비 새끼 잡아 내려 두 발목을 지끈둥 분지르고는 흥부가 했던 것같이 조기 껍질로 발목을 싸고 청올치로 찬찬 동여매어 제비집에 얹어두었다.

그 제비가 겨우 살아남아 남으로 돌아갈 때 하는 말이, "원수 같은 놀부 놈아, 명년 춘삼월에 다시 와서 원수를 갚을 것이니 잘 있거라. 지지위 지지".

이듬해 춘삼월에 그 제비는 '보수報讐박'이라 쓰인 박씨를 물고 돌아왔다. 놀부가 보고 풀밭에 떨어지면 잃어버릴까 겁이 나서 삿갓을 뒤집어 들고 따라다녔다. 제비는 그 삿갓 속에 떨어뜨렸다.

한 치나 되는 박씨에 보수박이라 쓰였으나 무식한 놀부는 그것을 모르고 처마 밑에 심었다. 며칠이 안 가서 순이 나고 덩굴이 뻗고 이윽고 박이 주렁주렁 열리게 되었다. 놀부는 큰 박 하나를 우선 따다 놓고 제 계집과 켜려 하다가 그 박이 쇠같이 딱딱하므로 저희끼리는 할 수 없게 되자 목수와 힘깨나 쓰는 장정들을 불러 잘 먹인 후에, 20냥씩 선금 후히 주고 박을 켜게 하였다.

그리하여 슬근슬근 툭 타놓으니 박 속에서 글 읽는 소리가 나면서 이윽고 관을 쓴 늙은 양반, 갓을 쓴 젊은 양반, 초립 쓴 새서방님, 도포 입은 도련님이 꾸역꾸역 나왔다. 그러더니 놀부를 결박하여 노송에 높이 달아매고 참나무 절굿공이로 짓찧었다.

"이놈 놀부야! 네 아비 개불이와 네 어미 똥녀가 댁종으로 드란살이 하다가 오밤중에 도망한 지 수십 년이 되는데 이제야 찾았구나. 네 어미와 아비 몸값이 삼천 냥이다. 당장에 바쳐라."

놀부놈이 돈 삼천 냥을 들여 바치며 사죄하니 그 생원님 못 이기는 체하고 놀부에게, "이 돈 삼천 냥 용전으로 쓰겠거니와 떨어질 만하면 내 다시 오리라".

사라졌다.

다시 두 번째 박을 타보았다.

이번엔 가야금 든 놈, 소고 든 놈, 징, 꽹과리 든 놈들이 우르르 몰려나오더니, "우리가 놀부 인심 좋다는 말 듣고 일부러 찾아왔으니 한바탕 놀고 가세" 하고 쌀섬 내놔라, 술밥 내놔라, 돈 백 내놔라며 정신없이 날뛰니, 놀부는 돈 100냥에 쌀 한 섬을 주어 보낸 후 또 한 통을 탔다. 이번엔 노승이 나오고 뒤따라 상좌중이 나왔다.

"놀부야, 우리 스승님이 네 집을 위하여 사십구 일 정성을 드렸으니 돈 오천 냥만 바쳐라."

이 이상 패가망신하지 말고 그만 켜자는 놀부 계집의 말을 어기고 또 켜니 이번엔 상여 한 채가 나오고 뒤따라 각양각색의 병신 상제들이 나왔다.

"야, 이놈 놀부야, 소 잡고 잘 차려라. 돈 만 냥만 내놓아라."

놀부가 전답을 선 자리에서 헐값으로 팔아 돈 3천 냥을 주고 빌며 사정하니 상두꾼들이 상여를 메고 갔다. 놀부는 따라가며 물어보았다.

"여보, 다른 통에 보물 아니 들었소?"

상두꾼이 대답하였다.

"어느 통에 들었는지는 모르나 생금 한 통이 들기는 들었소."

놀부 놈이 옳다 하고 슬근 쓱싹 박 한 통을 다시 툭 타놓으니 박 속에서 팔도 무당들이 뭉게뭉게 나오는데, 징과 북을 두드리며 각색 소리 다 하더니 장구통을 들어 놀부 놈의 가슴팍과 배때기를 벼락 치듯 후려쳤다. 놀부놈은 눈에서 번갯불이 나는지라 분한 가운데서도 슬피 울며 비는 것이었다.

"이 어찌 된 곡절이오? 매 맞아 죽을지라도 죄명이나 알고 죽으면 한이 없겠으니 제발 덕분에 말해주오."

"이놈, 놀부야, 다름 아니라 우리가 네 집을 위하여 굿을 많이 했으니 오천 냥을 바쳐라. 만일 거역하는 날엔 네 머리가 온전치 못하리라."

놀부 놈은 기겁을 하여 돈 5천 냥을 내주고 겨우 그들을 보내고 나니 열이 치받쳤다.

"될 테면 되고 망할 테면 망해라. 남은 박을 또 계속 타보리라."

슬근슬근 툭 타놓으니 이게 웬일인가? 박 속에서 수천 명 등짐장수들이 누런 농을 지고 꾸역꾸역 나오더니 정신없이 떠들어댔다. 놀부 놈이 기가 막혀 다른 박이나 타보려고 돈 3천 냥을 내놓으니, 그들은 "뒷박통에는 금과 은이 많이 들었을 것이니 정성 들여 켜보아라".

일시에 물러나 사라졌다. 그다음 또 한 통을 따다 놓고 슬근슬근 툭 타놓으니 이번엔 박 속에서 수천 명 초라니 탈이 나오면서 오두방정을 다 떨었다. 그러고는 일시에 달려들어 놀부 놈의 덜미를 잡고 메다꽂으니, 놀부는 거꾸로 서서, "애고애고, 초라니 형님, 이게 웬일이오? 뭐든지 말씀만 하시면 분부대로 하겠습니다".

손이 발이 되도록 애걸하였다. 그러자 초라니가 호령하였다.

"이놈, 놀부야, 돈이 중하냐 목숨이 중하냐?"

"사람 생기고 돈이 났으니 돈이 어찌 중하겠습니까?"

초라니가 다시 꾸짖었다.

"이놈, 그러면 돈 오천 냥만 시각 내로 바쳐라."

놀부는 할 수 없이 돈 5천 냥을 내주었다. 그리고 물어보았다.

"다음 박통 속 일이나 자세히 일러주소."

"어느 통인지 분명히 생금이 들었으니 다 타보아라."

슬근슬근 툭, 다음 박을 타놓으니 박 속에서 수백 명 사당걸사寺黨乞士들이 나오면서 작은 북을 두드리며 저희끼리 야단스럽게 놀아나며 소리를 하더니 놀부를 보고 달려들었다.

"옳지! 이놈, 이제야 만났구나!"

여러 놈이 놀부의 사지를 갈라 잡고 헹가래를 치니 놀부놈 눈이 뒤집히고 오장이 나오는 듯하였다.

"네놈이 목숨을 보전하려면 전답 문서 다 바쳐라."

문서 뭉치를 다 내주고 또 다음 박이다. 슬근슬근 툭 타놓으니 박 속에서 수

백 명의 왈패들이 밀거니 뛰거니 뛰쳐나왔다. 누구누구냐? 이죽이, 떠죽이, 난죽이, 바금이, 딱정이, 군평이, 태평이, 여숙이, 무숙이, 하거니, 보거니, 난쟁이, 몽둥이, 아귀쇠, 악착이, 조각쇠, 섭섭이, 든든이 등이다. 그들은 차례로 앉더니 놀부를 잡아 빨랫줄로 찬찬 동여 나무에다 동그마니 달아매고 매질 잘하는 왈패 한 놈을 가려 뽑아 분부하는 것이었다.

"저놈을 사정 두지 말고 세게 쳐라!"

여러 놈이 한쪽으로 놀부를 잡아내어 이 뺨 치며 발로 차고, 뒹굴리며 주무르고 잡아 뜯고, 한편으로 주리를 틀며, 매질을 하며, 두 발목을 도지개에 넣고 트니 복숭아뼈가 우직우직하는 것을 용심지에 불을 당겨 발샅에 끼어 당근질을 하며, 온갖 형벌을 쉴 새 없이 갈마들며 하니 쇠공이의 아들인들 어찌 견뎌내리요?

놀부 놈은 입으로 피를 토하며 똥을 싸고, 칠푼 팔푼하며 여러모로 애걸하며 비는 것이었다.

"살려주오! 살려주오! 제발 덕분에 살려주오. 돈 바치라면 돈 바치고 쌀 바치라면 쌀 바치고 계집 바치라면 바칠 것이니 남은 목숨 살려주오!"

여러 왈패들이 돌아가며 한 번씩 생주리를 틀더니, 그제야 한 놈이 분부하였다.

"이놈, 놀부야, 들어라! 우리가 금강산 구경을 가는데 노잣돈이 떨어졌으니, 돈 오천 냥을 바치되 만약에 지체하면 된급살을 내리리라!"

놀부 놈은 어찌나 혼이 났던지 감히 한 말도 대꾸하지 못한 채 돈 5천 냥을 주어 보낸 후에 사지를 제대로 쓰지 못하는 중에도 끝내 허욕을 버리지 못해 당장에 수가 터질 줄로 알고, 엉금엉금 동산으로 기어 올라가서 다시 박 한 통을 따 가지고 내려오는 것이었다. 그리고 주춤거리는 인부를 달래어, "슬근슬근 톱질이야, 당기어라, 톱질이야".

슬근쓱싹 박을 쪼개어놓고 보니 팔도 소경이란 소경은 다 뭉치어 막대기를 닥닥거리며 눈을 희번덕거리고 내달아 꾸짖었다.

"이놈, 놀부야! 날려느냐? 기려느냐? 네놈이 어디로 갈 거냐? 너를 잡으려고 안남산, 밖남산, 구계동, 쌍계동, 면면촌촌을 얼레빗으로 샅샅이, 이 참빗으로 틈틈이, 굴뚝 차례로 두루 널리 찾아다녔는데 오늘에야 이곳에서 만났구나! 네 우리들의 수단을 한번 보렷다!"

그러고는 지팡막대를 들어 휘두르니 놀부 놈 어찌할 바를 몰라 이리저리 피하나 여러 소경들은 점을 치며 눈뜬 사람보다 더 잘 찾아 붙잡는다. 그러니 놀부 놈은 달아나지도 못하고 애걸하는 것이었다.

"여보, 장님네들, 이게 웬일이오? 사람을 살려주오. 무슨 일이든 분부대로 하리라."

소경들이 그제야 놀부를 놓아주고 북을 두드리며 경을 읽더니, 놀부 놈을 지팡이 두드리듯 함부로 치니 놀부 놈은 견디다 못해 돈 5천 냥을 내어주고 생각하는 것이었다.

"집안에 돈이라곤 한 푼도 남은 게 없이 가산을 탕진했으니 이젠 살아갈 길이 막연하구나! 이왕 시작한 일이니 끝까지 해보면 설마하니 끝에 가서야 길한 일이 없으랴?"

그러고는 다시 동산으로 올라가서 박 한 통 따다 놓고, "이번 박은 겉을 보건대 빛이 희고 좋으니 이 속엔 응당 보화가 들었을 것이니 정성 들여 타보자!"

한동안 켜보다가 궁금증이 나서 귀를 기울여 가만히 들어보니 박 속에서 우뢰 같은 소리가 진동하며, "비로라! 비로라!"

무더기로 큰 탈이 또 나는 줄 알고서 톱을 내던지고 달아나려 하자 다시 박

속에서 우뢰 같은 호령이 터져 나왔다.

"너희가 왜 박을 아니 타느냐. 내가 답답하여 한때를 못 견디겠으니 어서 켜라!"

놀부가 겁을 먹고 물었다.

"비라 하시니 무슨 비인지 자세히 말씀하십시오."

"이놈, 비로라!"

놀부가 다시 물었다.

"비라 하시니 양귀비입니까? 누구신 줄이나 먼저 알고 박을 마저 켜겠습니다."

"나는 그런 비가 아니라 연화나라 사람 장비거니와 네가 만일 박을 아니 켜면 무사하지 못하리라."

놀부가 장비라는 말을 듣더니 매우 놀란 듯 목 안의 소리로 말하는 것이었다.

"이를 장차 어찌하면 좋은가? 이번엔 바칠 돈도 없으니 죽는 도리밖엔 없나 보다."

박을 타던 인부가 비웃으며 말을 받는다.

"너는 네 죄로 죽거니와 내야 무슨 죄로 죽는단 말이냐? 그런 말 다시 하다가는 내 손에 먼저 죽을 줄 알아라!"

"허튼소리 말고 어서 타던 박이나 마저 타서 하회下回[5]나 보세."

놀부가 할 수 없이 마저 타고 보니 별안간 대장군 한 사람이 와락 뛰어나오는데 얼굴은 숯 먹을 갈아 끼얹은 듯이 꺼먼 것이 제비 턱에 고리 눈을 부릅뜨고서 장팔 사모 큰 창을 눈 위로 번쩍 들고 인경 같은 소리를 우뢰같이 질렀다.

"이놈, 놀부야, 네가 세상에 태어나 부모께 불효요, 형제에게 불목하고 친척과는 불화하니 죄악이 네 털을 빼어 세어도 당치 못할 것이다. 천도가 어찌 무심할까 보냐. 옥황상제께서 나를 시켜 너를 '모든 방법으로 한없는 죄를 씻게 하라' 하시기에 내가 특별히 왔으니 견뎌보아라."

그러고는 움파 같은 손으로 놀부의 덜미를 달려들어 잡고서 공기 놀리듯 하니, 놀부 놈은 정신을 잃었다가 다시 깨어나 울며 애걸복걸하였다.

장 장군은 그 정상을 불쌍히 여겨 꾸짖고 떠나갔다.

"응당 너를 여러 토막 낼 것이지만 십분 생각하고 용서하는 것이니 이후는 어진 동생을 구박 말고 형제 화목하게 살도록 하라."

놀부는 생짜로 경을 치르고 겨우 정신을 수습하자, 다시 동산으로 올라가보니 박 두 통이 남아 있으므로 한 통을 또 따 가지고 내려왔다.

"슬근슬근 톱질이야, 당겨주소, 톱질이야. 이 박 켜거들랑 금은보화 사태같이 나오너라. 흥부같이 살아보리라."

놀부 계집이 곁에 서 있다가 한마디 던지는 것이었다.

"다른 보화는 많이 나오되 흥부 아주버니같이 첩만은 나오지 마소서."

놀부는 당장에 꾸짖었다.

"가산을 탕진하고 살림이 결딴나서 상거지가 된 것이 샘이 어디서 나오는고. 소란스럽게 굴지 말고 한편 구석에 가 있거라!"

밀거니 당기거니 슬근슬근 타며 귀를 기울여도 이번에는 아무 소리도 들리지 않으므로 놀부 놈 매우 기꺼하며 인부에게 말하는 것이었다.

"이번엔 다 켜도 아무 소리가 없으니 아마 수가 터질 박이렷다!"

그러고는 급히 타며 안을 들여다보니 아무것도 없고 다만 평평할 뿐이므로 놀부가 기꺼할 즈음이다. 인부는 속으로, '여러 박통마다 탈이 났으니 이 박이라고 어찌 무사하랴?'

소피하러 가는 체하며 도망쳤다. 놀부는 인부를 기다리다 못해 박통을 도끼로 쪼개고 보니 아무것도 없고 다만 허연 박속이 먹음직하므로 제 계집 시켜 끓

이게 하였다. 그리하여 온 집안 식구가 한 사발씩 달게 먹고 나니 놀부는 배가 붕긋하여 게트림을 하며 계집에게 말하였다.

"그 국 맛이 매우 좋아, 당동!"

"글쎄요, 그 국맛이 매우 유명하오. 당동!"

놀부의 자식들이 제 어미를 부르면서 말하였다.

"이 국 맛이 좋소. 당동!"

놀부가 다시 말하였다.

"그 국을 먹더니 말끝마다 '당동 당동' 하니 괴이하도다. 당동!"

놀부 계집이 대답하였다.

"글쎄요? 나도 그 국을 먹고 나니 당동 소리가 절로 나오. 당동!"

놀부의 자식이 말하였다.

"어머니, 우리들도 그 국을 먹고 나니 당동 소리가 절로 나오. 당동!"

"오냐, 글쎄 그렇구나. 당동!"

놀부 놈은 은근히 화가 치받쳐서 꾸짖었다.

"너무 요망스럽게 굴지 마라! 당동. 무슨 국을 먹었다고 당동 하노? 당동."

놀부 계집이 맞장구를 쳤다.

"그 말이 옳소! 당동."

놀부의 딸도 당동, 아들도 당동, 머슴 놈도 당동, 놀부 마누라도 당동, 온 집안 식구가 저마다 당동거리니 무슨 가야금이라도 뜯으며 풍류하는 것 같았다.

'부자가 되려고 박을 심었다가 허다한 재산을 다 없애고 전후에 없는 고생을 하고 매를 맞고, 끝판에 와서는 온 집안사람이 당동 소리로 병신이 되었으니 이런 분하고 원통한 일이 어디 있으리요? 당동.'

놀부는 홀로 신세를 생각하니 분한 김에 낫을 들고 단숨에 동산으로 치달아 올라갔다. 그리고 박덩굴을 노려보며 헤치니 덩굴 밑에 한 통이 남아 있었다. 자세히 보니 크기는 인경[6]만 하고 무게가 천 근이나 될 것 같았다. 그것을 본 놀부 놈은 치받치던 분한 생각은 깨끗이 잊어버리고 허욕이 번쩍 나서 혼자 지껄이는 것이었다.

"그러면 그렇지. 이제야 보물이 든 박을 얻었구나! 무게로 쳐도 금이 많이 든 모양이요, 재물도 많이 들어 있으므로 남의 눈에 띄지 않으려고 덩굴 속에 숨어 있는 것을 모르고 공연히 한탄만 했구나! 먼저 박통에서 나온 초라니 말이 '금이 들기는 어느 박통에 들었다' 하더니, 그 양반 말이 과연 옳다. 황금이 든 박이 예 있을 줄 알았더라면 다른 박은 타지 말고 이 박 먼저 켰을 것을."

그러고는 기꺼움을 스스로 이기지 못해 그 박을 따 가지고 내려오며 흥얼거렸다.

"좋을 좋을 좋을씨고, 지화자 좋을씨고!"

슬근슬근 타다가 반쯤 켜고 우선 궁금증이 나서 박 속을 기웃이 들여다보니 그 속이 아주 싯누런 것이 온통 황금 같으므로 놀부 놈 좋아라 한다.

"수 났구나! 그럼 그렇지! 마누라, 자네도 이 박 속을 들여다보게. 저 누런 것이 온통 황금일세."

놀부 아내가 한동안 코를 훌쩍거리더니 되물었다.

"누런 것을 보니 금인가 싶소만 그 속에서 구린내가 물큰물큰 나니 그게 웬일이오?"

놀부가 말하였다.

"자네도 어리석은 소리 작작 하게. 박이 더 익고 덜 익은 것이 있을 거 아닌가. 이 박은 아주 무르익었으므로 구린내가 나는 것을 모른단 말인가? 어서 타고 보세."

슬근슬근 거의 다 타다가 놀부 양주 궁금증이 또 나므로 톱을 멈추고 양편에
마주 앉아 들여다보는데 별안간 박 속으로부터 모진 바람이 쏟아져 나오며 벼락
같은 소리가 나더니 똥 줄기가 무자위에서 나오는 물줄기처럼 쏟아져 나오는 것
이었다. 놀부 양주는 피할 사이도 없이 똥 벼락을 맞으며 나동그라졌다. 똥 줄기
는 천군만마가 달려 나오듯 태산을 밀치고 바다를 메울 듯 터져 나와 삽시간에
놀부집 안팎채가 똥으로 그득하게 되자 놀부 양주는 온몸이 황금 덩이가 되어
달아났다. 멀찍이 물러나서 뒤돌아보니 온 집 안이 똥에 묻혀 있는 것이었다.

놀부는 기가 막혀 발을 동동 구르며 탄식하였다.

“여보 마누라, 이 노릇을 어찌하면 좋단 말이오? 재물을 얻으려다 재물을 탕
진하고 끝장은 똥 더미로 의복 한 가지 없게 되었으니 앞으로 어떻게 살아간단
말이오? 애고, 답답 서러워라.”

이때 앞뒷집에 사는 양반네들 제 집까지 똥이 밀려와서 그득하게 쌓이게 되
자 그 양반들이 고두쇠를 벼락같이 부르더니 분부하는 것이었다.

“빨리 가서 놀부 놈을 잡아오너라!”

고두쇠가 새총알같이 달려가서 놀부 놈의 덜미를 퍽퍽 눌러 짚고 풍우같이
몰아다가 생원님들 앞에 꿇어앉혔다.

“이놈 놀부야, 들어라! 양반댁에 쌓인 똥을 해 지기 전에 다 쳐내지 못하면 죽
을 줄로 알아라!”

놀부 놈은 기왓장 위에 꿇어앉은 채 계집을 시켜 돈 500냥을 갖다 놓고 거름
장사들을 닥치는 대로 불러다가 삯전을 후히 주고 똥을 쳐낸 다음에야 겨우 풀
려났다.

놀부 내외 서로 붙들고 갈 곳이 없어 통곡하는데, 이때 건넌마을 흥부가 형이
패가망신했다는 말을 듣고 급히 노복을 거느리고 와서 놀부 양주와 조카들을

데리고 제 집으로 돌아왔다. 그리고 흥부는 안방을 치우고 형님 내외를 거처케 한 다음 의식을 후히 내어 대접하며 위로하고, 한편으로 좋은 터를 잡아 수만금을 아낌없이 들여 집을 짓되 제 집과 같게 하고 세간이며 의복, 음식을 똑같게 하여 그 형을 살게 하여주었다. 그러자 비록 놀부 같은 몹쓸 놈일망정 흥부의 어진 덕에 감동하여 전날의 잘못을 뉘우치고 형제가 서로 화목하게 지내게 되었다.

흥부 내외는 부귀다남富貴多男하여 나이 팔순에 이르도록 장수하며 자손이 번성했는데 모두가 사람됨이 빼어나서 대대로 풍족하니, 그 후로 사람들이 흥부의 덕을 칭송하여 그 이름이 100년이 지나도록 사라지지 않았다.

| 작가 소개와 작품 해설 |

저자 소개

작자와 연대 미상이다. 조선 후기 판소리 계열의 도덕소설이기도 하다.

이 작품은 〈홍보전〉, 〈놀부전〉, 〈연의 각〉, 〈흥보가〉, 〈흥부가〉, 〈박타령〉 등 여러 이본이 있다. 그중 목판본으로 경판본이 두 가지가 있고 활자본으로 5~6종이 있다.

소재 및 표현의 희극성 때문에 〈춘향전〉, 〈심청전〉과 함께 판소리계 3대 걸작으로 불린다.

주제

인과응보 및 권선징악 또는 형제간의 우애를 권장

작품 해설

이 작품의 근원 설화는 몽고의 박 타는 처녀 설화가 가장 유력하다. 박 타는 처녀는 흥부로, 악한 처녀는 놀부로 변신시킨 것이다. 이 밖에도 선악 형제담, 동물 보은담, 무한 재보담 등이 있다.

특히 이 작품은 조선 후기 서민사회에서 광대와 가객 등 예능인들에 의해 형성된 작품이다. 해학과 풍자적인 표현을 통해 권선징악을 드러내어 독자에게 깊은 감명을 준다.

아우 흥부가 형 놀부의 집에서 나오는 장면, 흥부가 언덕에 움집을 짓고 많은 아이와 가난하게 사는 장면, 흥부가 형의 집에 양식을 얻으러 갔다가 매를 맞고 나오

는 장면, 흥부가 제비의 발을 고쳐주고 박씨를 얻어 부자가 되는 장면, 형 놀부가
아우의 말을 듣고 제비 다리를 부러뜨렸다가 고쳐주고 패가망신하는 장면이 웃음
을 자아낸다.

줄거리

놀부라는 형과 흥부라는 동생이 살았다. 형은 천하에 둘도 없는 악한으로 심술이
사나웠으나, 아우는 형과 반대로 둘도 없는 착한 사람이었다.

어느 날 형 놀부는 부모로부터 물려받은 재산을 혼자 차지하고, 동생 흥부에게는
한 푼도 주지 않고 집에서 내쫓았다. 아내와 많은 자식을 데리고 쫓겨난 흥부는 할
수 없이 언덕에 움집을 짓고 살지만 먹을 것이 없었다. 견디다 못한 흥부는 형 놀부
의 집으로 양식을 구하러 갔으나 매만 맞고 돌아왔다. 품팔이도 여의치 않아 대신
매를 맞아주는 매품팔이를 하고자 하나 그것도 안 되었다.

어느덧 겨울이 가고 봄이 오자 흥부의 집에도 제비가 찾아와 새끼를 쳤다. 어느
날 새끼 한 마리가 땅에 떨어져 다리가 부러졌다. 흥부는 불쌍히 여겨 제비 다리를
치료해주었는데, 그 이듬해 제비가 박씨 하나를 물어다 주었다. 흥부는 그 박씨를
심어 가을에 큰 박을 많이 따게 되었다. 그런데 그 박 속에서 금은보화가 많이 나와
흥부는 큰 부자가 되었다.

이 소식을 들은 놀부가 제비 다리를 일부러 부러뜨려 날려 보냈다. 이듬해 봄에
역시 제비가 가져다준 박씨를 심어 많은 박을 따게 되었다. 그런데 이번에는 그 속
에서 온갖 몹쓸 것들이 나와 망하였다. 뒤늦게 회개한 놀부는 착한 사람이 되어 형
제가 화목하게 잘 살았다.

〈흥부전〉은 동화의 성격을 탈피하지 못한 감이 있으나, 그러한 결함을 해학적이며 풍자적으로 잘 극복하고 있다. 또한 유교 사상의 하나인 형제간의 우애를 강조하고 있다. 선악의 극치를 달리는 형제간의 상반된 인간성을 해학적이면서도 풍자적으로 잘 표현하여 문학적인 가치를 높였다. 형제간의 우애를 강조한 윤리소설로서, 인과응보라는 권선징악을 주제로 인간을 계도하려는 작품으로 평가된다.

비교 작품

권선징악이라는 주제 면에서 〈옹고집전〉, 〈콩쥐팥쥐〉, 〈장화홍련전〉, 〈보심록〉, 〈김인향전〉, 〈사씨남정기〉 등이 있다.

1 무덤을 옮겨 장사를 다시 지내는 것.

2 바깥주인과 안주인. 부부를 이르는 말.

3 남의 혼인을 이간질함.

4 대나무를 쪼개어 결어 만든 테. 나무통이나 오지그릇을 메우는 데 쓴다.

5 다음 차례.

6 조선시대 통행금지를 알리기 위해 치던 종.

천지간의 인생이란 남녀를 막론하고 사람의 씨는 같겠지만 그러나 사람마다 우열이 판이하여 남자에 현인, 군자와 우부, 천맹이 있고, 여자에 정부, 열녀와 음녀, 간희가 아주 없어지는 일이 없이 대를 이어오니, 예나 이제나 헤아려 알 수 없는 것은 형형색색의 사람의 성질이라 할 것이다.

사람의 성질이란 것은 살고 있는 고장의 산천이 지니는 풍치와 경치를 많이 닮게 되는 것이니, 산 좋고 물 맑은 고장의 사람은 성질이 순후하고 공손하고 부지런하며 악한 기질이 별로 없고, 산천이 험준한 지방에서는 그대로 사람의 성질이 어리석고 둔하며 간사하고 교활하게 나는 법이다.

호남 좌도 제주군 한라산은 옛적 탐라국 주산이요, 남녘 땅의 제일 명산이다. 그 험준하고 아름다운 정기가 서려서 기생 애랑이 생겨났는지 모른다.

애랑이 비록 천기로 태어났을망정 그 맵시와 지혜가 누구보다 빼어났고 간교한 꾀는 구미호가 환생을 한 것인지 호색하는 사나이가 걸려들면 상투 끝까지 빠져들어 허덕이게 하는 것이었다.

한양에 김경이라는 양반이 있었다. 문필과 재능이 비범하여 15세에 생원, 진사에, 스물 전에 장원에 급제하여 제주목사를 제수받았다.

김경이 도임길에 오르고자 이, 호, 예, 공, 병, 형 등 육방을 선택할 때 서강

사는 배선달을 장막 안으로 불러 예방의 소임을 맡기니, 그를 높여 비장이라 하였다.

배비장은 팔도강산 좋은 경치 안 본 데가 없으나 제주는 육지에서 멀리 떨어진 섬이라 아직 구경을 못 하고 있던 터라 자연 기쁘지 않을 수 없었다. 그 좋아하는 모양을 보고 아내가 주의하였다.

"제주라는 곳이 비록 육지에서 멀리 떨어진 섬이긴 하나 색향이라 합니다. 그곳에 계시다가 만약 주색에 몸이 빠져 돌아오지 못하신다면 부모님께 불효 되고 첩의 신세를 망칠 것입니다."

그러자 배비장은 펄쩍 뛰었다.

"그건 염려 마오. 명심하고 절대로 계집은 가까이하지 않겠소."

배비장은 전령패를 차고 김경을 따라 떠나게 되었다. 이때는 바로 꽃이 한창인 봄철이라. 오얏꽃, 복사꽃, 살구꽃이 만발하고 풀과 버들은 푸르고 맑은 물은 잔잔하며 사방의 풍광이 아름답기 그지없었다. 배비장이 이런 아름다운 경치에 취하여 사방을 두루 둘러보며 해남 땅에 다다르니 새로 도임되어 오는 목사를 맞이하려고 하인들이 등대해 있었다.

사또가 하인들의 인사를 받은 후에 사공을 불러 분부하였다.

"예서 배를 타면 제주까지 며칠이나 걸리는고?"

사공이 공손히 여쭈었다.

"일기가 청명하고 서풍이 살살 불어 꽁무니바람에 양 돛을 갈라 붙여 아디에서 핑핑 소리나고, 뱃머리에서 물결 갈라지는 소리가 팔구월 열 바가지 삶은 것 같이 절벅절벅 소리나면 하루에 천 리 길도 갈 수 있고 반쯤 가다 왜풍 만나 표류하면 영국이라도 갈 수 있습니다. 만일 일이 틀리면 바닷물도 먹고 숭어와 입도 맞추게 됩니다."

사또가 분부하였다.

"제주에 당일로 닿는다면 상을 많이 줄 테니 착실히 거행하라."

사공이 분부를 받고 순풍을 기다리는데 마침 날씨가 청명하여 서풍이 솔솔 불어왔다. 그러자 사공이 소리를 높여 아뢴다.

"사또, 배에 오르시오."

사또 일행이 배에 오르자, 도사공이 키를 들고 역군은 아디 틀며 돛을 달아 바람에 맞추어 배를 내어 망망대해로 나갔다. 그리고 배 위에서 술을 마시고 사람마다 봄 술에 취하여 상하가 같이 즐기는 것이었다.

그런데 배가 이윽고 추자도에 거의 다다랐을 때였다. 난데없이 태풍이 일어나고 사면이 침침해지더니 물결은 찰랑거리고, 태산 같은 물굽이가 덮치면서 우르렁 콸콸 뒹굴어 펄펄 뱃전을 때리고, 바람에 배 위의 띳집도 조각조각 흩어지고, 키는 꺾이고, 용총줄 마룻대가 동강 나고, 고물이 번쩍 들리면 이물이 수그러지고, 이물이 번쩍 들리면 고물이 수그러져서 덤벙 뒤뚱 조리질치니, 사또는 어리둥절하고 비장과 하인은 분주하게 서둘렀다. 사또가 그런 중에도 노하여 사공을 꾸짖었다.

"이놈, 양반은 물길에 익숙지 못해서 떨지만, 물길에 익은 놈이 그렇게 떠느냐?"

사공이 송구스럽게 말하였다.

"어려서부터 허다한 바다를 다 다녔지만 이런 고생은 처음이오. 사해용왕이 외삼촌이라도 살아나기는 아주 어렵겠소. 살아나려면 이 물을 다 마셔야 하겠으니 뉘 배로 이 물을 다 먹겠소?"

모든 사람이 다 울고 비장들도 울었다. 그러나 사또의 명으로 고사를 지내고 나자 이윽고 달이 오르며 물결이 자니 배는 순조롭게 제주성에 다다르게 되었다.

환풍정에서 배를 내려 사면을 둘러보니 제주에서 제일 경치 좋은 망월루다.

망월루를 살펴보니 어떤 청춘 남녀 한 쌍이 서로 잡고 이별이 안타까워 한숨 쉬고 눈물짓는 것이었다. 이는 구관 사또가 신임하던 정비장과 수청 기생 애랑의 애타는 이별 장면이었다.

정비장이 애랑의 손을 잡고 말하기를, "잘 있거라, 나는 간다. 서울 태생 소년으로 제주 물색 좋단 말에 마음이 쏠려 이곳에 와 아리따운 연분을 너와 맺고 세월을 보낼 적에 맵시 있는 너의 태도, 목청 맑은 네 노래에 고향 생각 잊었건만 애달프구나, 이별이야! 푸른 강 맑은 물에 원앙새가 짝을 잃은 격이로구나. 사람 없는 높은 산 깊은 골에서 둘이 만나 희롱하다 이별하는 것이로구나. 이별이야, 이별이야, 애달프고나, 이별이야! 애랑아, 부디 잘 있거라!"

다음은 애랑의 거동이다. 없는 슬픔을 짜내어 고운 얼굴에 웃는 듯 찡그리는 듯 길게 한숨 지으며 하는 말이, "여보, 들어보시오. 나으리가 이곳에 계시는 동안은 먹고 입고 살기에 걱정 없이 세월을 보냈습니다. 그런데 이제 누구에게 의탁하라고 하루아침에 떠나가십니까?"

"그대는 염려 마라. 내 올라가더라도 한동안 먹고 쓰기에 넉넉할 만큼 볏섬을 풀어주고 갈 테니."

그러고는 정비장은 창고지기에게 분부하여 볏섬을 풀어 애랑에게 주도록 하였다. 그뿐이 아니다. 그 밖에도 애랑에게 준 갖가지 재물들은 헤아릴 수 없을 만큼 많았다.

이에 애랑은 눈물을 이리저리 씻으면서 흐느끼는 소리로 말하는 것이었다.

"주신 기물은 천금이라도 귀하지 않습니다. 백 년을 맺은 기약이 한 판의 부질없는 꿈이 되니 그것만이 애달플 뿐입니다. 나리가 소녀를 버리고 가시면 백발 부모 위로하고 아름답고 귀여운 처자 만나 그리고 그리던 정회를 풀 때 소녀

같은 보잘것없는 첩이야 다시 생각이나 하시겠습니까? 애고애고, 슬퍼라."

정비장은 완전히 마음을 빼앗기고 만다.

"네 말을 들으니 정이 간절하구나. 내 몸이 지닌 노리개를 네 마음대로 다 달라고 해라."

그렇지 않아도 정비장을 물오른 송기 벗기듯 하려는 참인데, 가지고 싶은 대로 주마고 하니 애랑이 년은 불한당 같은 마음에 피나무 껍질 벗기듯 아주 홀랑 벗겨버리려고 하였다.

"여보 나으리, 들으시오. 갓두루마기 소녀에게 벗어주고 가시면 나으리님 가신 후에 그 갓두루마기 한 자락은 펴서 깔고 또 한 자락은 흠썩 덮고 두 소매는 착착 접어 베개 삼아 베고 자면 나으리 품에 누운 듯 그 아니 다정하겠소?"

정비장은 양피 갓두루마기를 훨훨 벗어 애랑에게 주었다.

"이 옷을 깔고 덮고 베고 잘 때 부디 나를 잊지 마라."

애랑이 또 말하기를, "나으리님, 들으시오. 나으리 가신 후 겨울이 와서 추운 바람이 불 때 귀 시려 어떻게 살겠습니까? 나으리 쓰신 돼지껍질 휘양[1]을 소녀에게 벗어주고 가시면 두 귀에 덥석 눌러쓰고 땀을 흘릴 테니 그 아니 다정하겠소?"

말이 떨어지기가 무섭게 정비장은 휘양을 벗어 애랑에게 주었다.

"손으로 겉을 만지며 입으로 털을 불며 쓰게 되면 엄동설한 추위라도 네 귀 시리지 않을 것이다. 이 휘양 쓸 때마다 부디 나를 잊지 마라."

애랑이 또 말한다.

"여보 나으리, 들으시오. 나으리 차신 칼을 소녀에게 풀어주시오."

정비장은 칼을 만지며 이것만은 거절하였다. 그러자 애랑이 말하였다.

"여보 나으리, 들으시오. 내가 임을 위하여 수절할 때 외간 남자가 달려들면 어쩌란 말이오? 소녀는 나으리가 주고 가신 칼을 빼어 키 큰 놈은 배를 찌르고, 키 작은 놈은 멱을 찔러 물리쳐야 하지 않겠습니까? 제발 그 칼을 풀어주시오.”

정비장은 껄껄 웃으며 기분이 좋아 칼을 풀어주었다.

“수절 공방 범하는 놈, 네 수단껏 잘 찌르면 만인은 못 당해도 한 사람은 당할 수 있을 것이다.”

애랑이 칼을 받아놓고 앉아 울면서 또 하는 말이, “여보 나으리, 들으시오. 나으리 입으신 숙주창의 소녀에게 벗어주고 가시오”.

그러자 정비장이 말하였다.

“여복을 달란다면 괴이할 게 없겠지만 남복이야 네게 쓸데가 없지 않느냐?”

“에그, 남의 슬픈 사정 그리도 모르신단 말이오? 나으리의 상하 의복 입고 밖에 나가 이리저리 거닐다 한없이 슬픈 정회 임 생각 절로 날 때 들어와 빈방에 홀로 앉아 이 옷 매만지면 이별 낭군은 가고 없어도 일천 시름 일만 근심 풀어질 것이니 그 아니 다정하겠소?”

정비장이 크게 현혹되어 옷을 모두 활활 벗어주니 애랑은 그 옷을 받아놓고 또 말하였다.

“여보시오, 나으리, 들어보시오. 나으리와의 이별 후에 때로 나으리 생각나면 그 답답하고 슬픈 마음을 어찌하겠습니까? 그 슬픔을 풀 길이 없을 겁니다. 무얼 가지고 슬픔을 풀면 좋겠습니까? 나으리 입고 계신 고의적삼을 소녀에게 벗어주시면 제 손으로 착착 접어두었다가 임 생각에 잠 못 이루고 누웠을 때, 나으리의 고의적삼을 나으리와 둘이 자는 듯이 담쏙 안고 옷가슴을 열어볼 것입니다. 그리하여 향기로운 임의 땀내 폴싹폴싹 코를 건드리면 그 냄새로 슬픔을 풀 것이니 그 아니 다정하겠소?”

그까짓 고의적삼쯤이 문제랴. 통가죽이라도 벗어줄 판이었다. 정비장은 고의적삼마저 벗어 애랑에게 주고 정비장이 아니라 알비장이 되었다. 그러니 밑천을 가릴 길이 없었다. 할 수 없이 그는 방자를 불렀다.

"가는 새끼 두 발만 들여오너라."

그것으로 개짐[2]을 만들어 가지고 제마 입에 쇠재갈 먹이듯이 샅에 차고서 눈을 두리번거리는 것이었다.

"어허, 극한이로구나. 바다의 섬 속이라서 매우 차구나."

그러나 애랑이 또 청하였다.

"나으리, 들으시오. 옷은 그만 벗어주고, 나으리 상투를 좀 베어주신다면 소녀의 머리와 함께 땋겠습니다. 그렇게 한다면 그 어니 다정하겠습니까?"

그 말을 듣고 정비장은 말하였다.

"정리는 비록 그렇다만 너는 나더러 바로 정텃절 몽구리[3] 아들이 되란 말이냐?"

"나으리, 여보시오, 내 말 좀 들어보시오. 나리가 아무리 다정하다 하나 소녀의 뜻만 못하니 애닯고 그 어찌 원통치 않겠습니까? 그건 그렇거니와 창가에 마주 앉아 나를 보고 당싯당싯 웃으시던 앞니 하나 빼주시오."

애랑이 이러고 통곡을 하니 이런 애랑의 모양을 보고 정비장은 어이가 없어 묻는 것이었다.

"이젠 부모의 유체까지 헐라고 하니 그건 어디다 쓰려고 그러느냐?"

애랑이 대답하였다.

"앞니 하나 빼주시면 손수건에 싸고 싸서 백옥함에 넣어두고 눈에 암암한 임의 얼굴 보고 싶고, 귀에 쟁쟁한 임의 목소리 듣고 싶은 생각이 날 때면 종종 꺼내 보고 슬픔을 풀고, 소녀 죽은 후에라도 관 구석에 지니고 가면 한 몸 합장이 되지 않겠습니까? 그 아니 다정하겠소!"

정비장은 크게 현혹되어 공방의 창고지기를 부르는 것이었다.

"장도리와 집게를 대령해라."

"예, 대령했습니다."

"너는 이를 얼마나 빼어보았느냐?"

"예, 많이는 못 빼어보았으나 서너 말은 빼어보았습니다."

"이놈, 제주 이는 죄다 망친 놈이로구나. 다른 이는 상하지 않게 앞니 한 개만 쑥 빼어라."

"소인이 이 빼기에는 이골이 났으니 어련하겠습니까?"

그러더니 작은 집게로 빼면 쑥 빠질 것을 커다란 집게로 잡고서는 좌로 치고 우로 치는 창과 칼격으로, 차, 포 접은 장기 면상 차린 격으로 한없이 어르다가 느닷없이 코를 탁 치는 것이었다. 정비장은 코를 잔뜩 움켜쥐고 소리를 쳤다.

"어허, 봉변이로군. 이놈, 너더러 이를 빼랬지 코 빼라고 하더냐?"

공방 창고지기가 대답하였다.

"울려 쑥 빠지게 하느라고 코를 좀 쳤소."

정비장이 탄식하였다.

"이 빼라고 한 게 내 잘못이다."

이러고 있을 즈음이다. 방자가 바삐 뛰어 들어왔다.

"사또 등선하시니 어서 등선하십시오."

정비장은 할 수 없이 일어섰다.

"노 젓는 소리 한마디에 배 떠난다 재촉을 하니 이제 그만 떠날 수밖에 없구나."

애랑은 정비장의 손을 잡고 발을 구르며 탄식하였다.

"나를 두고 어디로 가시오. 하루 천 리 가는 저 배에 임은 나를 싣고 가시오.

살아서 다시 못 볼 임 죽어서 환생하여 다시 볼까? 낭군은 죽어 학이 되고 첩은 죽어 구름 되어 첩첩한 흰 구름 속 가는 곳마다 정답게 놀아볼까.”

이에 정비장은 말하였다.

“너는 죽어 높은 집에 거울 되고 나는 죽어 동방에 해가 되어 서로 얼굴을 비쳐 보자.”

이렇게 이들이 작별할 때였다. 신관 사또의 앞장을 섰던 예방의 배비장이 이 거동을 잠깐 보고는 방자를 불러 물었다.

“저 건너편 노상에서 청춘 남녀가 서로 잡고 못 떠나고 있으니, 무슨 일이냐?”

방자가 대답하였다.

“기생 애랑이와 구관 사또를 모시고 있던 정비장이 작별하고 있습니다.”

배비장은 그 말을 듣고 비방하였다.

“허랑한 장부로구나. 부모 친척과 떨어져 천리 밖에 와서 아녀자에게 현혹하여 저러니 체면이 꼴이 아니다.”

방자놈은 코웃음을 쳤다.

“남의 말씀 쉽게 하지 마십시오. 나으리도 애랑의 은근한 태도와 아름다운 얼굴을 보시면 오목 요凹 자에 움을 묻어 게다가 살림을 차릴 것입니다.”

배비장은 잔뜩 허세를 부리면서 방자를 꾸짖었다.

“이놈, 양반의 정취를 어찌 알고 경솔히 말을 하느냐?”

그러나 방자는 물러서지 않았다.

“그러면 황송하오나 소인과 내기를 합시다.”

“무슨 내기를 하자느냐?”

“나으리께서 올라가시기 전에 저 기생에게 눈을 팔지 않으시면 소인의 많은 식구가 댁에 가서 드난밥[4]을 먹고, 만일 저 기생에게 반하시면 타시고 다니는 말을 소인에게 주시기 바랍니다."

이에 배비장은 대답하였다.

"그래라. 말값이 천금이 된다 할지라도 내기하고서 너를 속이겠느냐?"

두 사람이 한참 이렇게 수작하고 있을 때, 신관 사또와 구관 사또는 인수인계를 마치고 새 사또가 도임하였다. 그리고 사또의 도임 절차가 끝나고 모두가 정해진 처소로 돌아갔을 때는 이미 지고 동쪽에 달이 뜨면서 맑은 바람이 부니 태평한 기상이 완연하였다.

모든 비장이 기생들을 골라잡고 들어가니 방마다 노랫소리와 비파 소리가 화합하여 월야에 퍼지는 소리는 듣기 좋고 처량한 느낌을 자아내주는 것이었다.

이때 배비장은 심사가 울적하여 남들처럼 놀고 싶었다. 그러나 이미 정한 내기가 있다. 장부의 한마디 말은 천금의 무게가 있다 하였으니 어찌 마음을 바꾸어 먹을 수 있겠는가. 그러니 하릴없이 혼자 앉아 있을 수밖에 없었다.

이때 여러 비장 동료들이 배비장에게 권하여 전갈하였다.

"방자야, 네 예방 나으리께 가서 '미인의 고장인 이곳에 오셔서 수심에 싸이시니 웬일입니까? 고향 생각 너무 마시고 미색을 골라 수청 들게 하시고 정담을 나눔이 장부의 소일인 줄 압니다' 하고 여쭈어라."

방자 놈은 분부를 듣고 예방 나으리께 전갈을 드렸다. 배비장은 방자에게 되돌려 전갈을 보냈다.

"먼저 물어주시니 대단히 감사합니다. 모처럼의 청을 거절함은 자못 당돌한 일이나 저는 성질이 원래 옹졸하여 기악은 즐기지 않으니 이를 용서하시고 여러 동관께서나 재미있게 노시기 바랍니다."

그러더니 갑자기 무슨 급한 일이나 있는 듯이 방자를 불렀다.

"지금 내 기생 차지가 누구냐?"

"행수인 줄 압니다."

배비장이 분부하였다.

"네 만일 이후로 기생년을 내 앞에 비쳤다가는 엄한 매를 맞으리라."

이 소리를 사또가 들으셨다. 그리고 일등 명기를 모두 불렀다.

"너희 가운데 배비장을 흐뭇하게 하는 사람이 있으면 중한 상을 줄 것이니 그렇게 할 기생이 있느냐?"

그 가운데서 애랑이 나섰다.

"소녀가 사또의 분부대로 하겠습니다."

사또가 말하였다.

"네 만약 배비장의 절의를 꺾을 수 있는 재주가 있다면 기생 중에 으뜸이 되리라."

애랑이 말을 받는다.

"시방 좋은 봄철이니 내일 한라산에서 꽃놀이를 하십시오. 그러면 배비장을 흉계를 꾸며 홀리겠습니다."

사또는 각방 비장과 의논하고 새벽녘에 발령하여 한라산으로 꽃놀이를 갔다. 산속으로 들어가니 온갖 꽃들이 다투듯 피어 있고 온갖 새들이 지저귀어 마치 아름다운 풍악을 갖춘 것 같았다.

사또와 여러 비장이 기생들과 어울려 술을 마시며 춘흥에 겨워 놀 때, 배비장은 저 혼자 깨끗하고 고고한 체하며 소나무 아래 외면하고 앉아 남의 노는 것을 비양하며 글을 읊고 있었다.

그러다가 우연히 숲속을 바라보니, 한 미인이 어릴락 비칠락 백만 가지 교태를 다 부리면서 봄빛을 희롱하고 있는 것이었다. 그리고 상하 의복을 훨훨 벗어던지고 물에 풍덩 뛰어드는 게 아닌가. 그러더니 물장구를 치며 온갖 장난을 다

하며 손도 씻고 발도 씻고 배·가슴·젖도 씻고 예도 씻고 게도 씻고 살도 씻고 한창 이렇게 목욕을 하고 있었다. 배비장은 그 거동을 보자 어깨가 들먹거려지고 정신이 흐릿해졌다. 드디어 음남이 되어 눈을 흘끗 뜨고 도둑 나무하다가 쫓기듯이 숨을 헐떡거리며, 그 여자의 근본이 알고 싶어졌다.

'어! 저 여자가 누군지는 모르나 사람 여럿 녹였겠다.'

그러나 누구에게 물어볼 수도 없으니 군침만 꿀꺽 삼키며 자탄할 뿐이었다.

드디어 하루 해가 저무니 사또는 관으로 돌아가려고 길을 재촉하였다. 그리하여 모든 비장들과 기생들, 그리고 하인들도 일제히 길을 떠날 때였다. 배비장은 딴 마음을 먹고 꾀병으로 배를 앓는 체하였다.

"벌써 혹했구나."

비장들은 그의 눈치를 채고 수군거리며 겉으로만 인사를 하였다.

"예방께서는 침이나 한 대 맞으시오."

"아니오. 천만에요. 병이 아니니 조금 진정하면 나을 것이오."

배비장이 대답하였다.

비장들은 웃음을 참고 방자를 불러 일렀다.

"너의 나리 병환은 대단치 않다 하니 진정되거든 잘 모시고 오도록 해라."

그러고는 배비장에게 말하였다.

"이대로 사또께 잘 말씀을 드릴 테니 마음 놓고 진정한 후에 오시오."

"동관들께서 이처럼 염려해주시니 감사합니다. 사또께 잘 여쭈어주시기 바랍니다. 아이고, 배야!"

그러자 동관 한 사람이 쑥 앞으로 나섰다. 이 사람은 짓궂기가 짝이 없는 사람이었다. 배비장을 놀려줄 생각으로 이렇게 말하였다.

"그건 너무 염려 마시오. 사또께서는 동관께서 이런 때 없는 병이 있음을 짐작하시는 것 같습니다. 들으니 배앓이는 계집 손으로 문지르면 효력이 있다고 합니다. 기생 한 년을 두고 갈 테니 잘 문질러달라고 하시오.”

“아니오. 내 배는 다른 이의 배와 달라서 기생은 보기만 해도 배가 더 아프니 그런 말씀을 다시 하지 마십시오.”

“참으로 그 배는 이상도 하구려. 계집 말만 들어도 더 아프다 하니 우리가 한 낙양 사람으로 천 리 밖에 와서 정의가 친형제 같은데 그처럼 괴로워하는 것을 보고서야 혼자 두고 어떻게 갈 수가 있겠소? 진정된 후에 우리 같이 가도록 하는 게 좋겠소이다.”

“동관께서는 내 성미를 잘 모르시는 것 같습니다. 나는 병이 나면 혼자서 진정을 해야 낫지 형제간일지라도 같이 있게 되면 낫기는커녕 더 아프니 사람을 살리려거든 어서 제발 먼저 가주오. 애고, 배야, 나 죽겠소!”

“정 그러시다면 혼자 두고라도 갈 수밖에 없소이다. 우리가 간 후에 무정한 사람들이라고 하지는 마시오.”

동관들이 사또를 모시고 관으로 돌아갈 때 배비장은 그 여인을 보아야겠다는 욕심을 주체할 수가 없었다.

“애, 방자야! 애고, 배야!”

“예?”

“나는 여기에 온 후 눈앞이 몽롱해서 지척을 분간 못 하겠다. 애고 배야, 애고 배야.”

“소인도 나으리께서 애를 쓰시는 것을 보니 정신이 없습니다.”

“우리 사또 가시는 걸 자세히 보아라.”

“저기 내려가십니다.”

“애고, 배야! 또 보아라.”

“산모퉁이를 지났습니다.”

“애고, 배야! 또 보아라.”

“저기 아득히 가십니다.”

“난 배가 아프기를 그만두었다.”

목욕을 하는 여자를 보려고 배비장은 골짜기 화초 사이의 좁은 길로 몸을 숨겨 가만가만 사뿐히 걸어 들어갔다. 그리고 가느다란 소리로 방자를 불렀다. 방자가 그에 대답한다. 그러나 말공대는 점점 없어지고 말았다.

“예, 어째서 부르오?”

방자의 대답이었다.

“너 저 거동을 좀 보아라.”

배비장의 말이었다.

“저기 무엇이 있소?”

“애야, 요란하게 굴지 말아라. 조용히 구경하자구나.”

백만 가지 교태를 다 부리며 놀고 있는 그 거동은 금도 같고 옥도 같았다. 배비장은 드디어 이렇게 말하였다.

“금이냐, 옥이냐?”

방자의 대답이었다.

“저 물이 여수가 아니거늘 금이 어찌 놀고 있겠소?”

“그러면 옥이냐?”

“이곳이 형산이 아니거늘 어찌 옥이 있겠습니까?”

“금도 옥도 아니라면 꽃이냐, 매화란 말이냐?”

“눈 속이 아니거늘 어찌 매화가 피겠소?”

“그럼 해당화가 틀림없구나.”

"명사십리가 아니거늘 어찌 해당화가 되겠소?"

"그러면 국화란 말이냐?"

"국화도 아닙니다."

"꽃이 아니면 귀비란 말이냐?"

"온천물이 아니거늘 어찌 귀비가 목욕을 하겠습니까?"

"귀비가 아니면 불여우냐? 애고애고, 나를 죽인다. 나를 죽여!"

"나으리, 뭘 보고 그렇게 미쳤습니까? 소인의 눈엔 아무것도 안 보입니다."

"이놈아! 저기 저 건너 백포장 속에 목욕하는 저것을 못 본단 말이냐?"

"예! 소인은 나으리께서 무엇을 보고 그러시나 했지요. 저 건너 목욕을 하는 여인을 말씀하시나 보군요. 그렇지요?"

"옳다. 너도 이젠 보았단 말이구나. 상놈의 눈이라 양반의 눈보다는 많이 무디구나."

"예. 눈은 반상이 다르니까 소인의 눈이 나리의 눈보다는 무디어 저런 예에 어긋나는 것이 안 보입니다. 그러나 마음도 반상이 달라 나으리 마음은 소인보다 컴컴하고 음탕하여 남녀유별의 체면도 모르고 규중처녀가 목욕하는 것을 보고 욕심내어 눈을 쏘아 구경을 한단 말씀이시구려. 요새 서울 양반들 양반 자세를 하고 계집이라면 체면도 없이 욕심을 낼 데 안 낼 데 분간을 하지 못하고 함부로 덤비다가 봉변도 많이 당합니다."

"뭐라구? 이놈이?"

"유부녀가 약수에 목욕하는 것을 엿보는 타인 남자의 버릇없는 눈치를 채고, 친척들이 일시에 냅다 치면 꼼짝없이 혼만 날 것이니 저 여자 볼 생각은 꿈에도 마시오."

무안을 당한 배비장이 하는 말이었다.

"다시는 안 본다. 그러나 그것을 보면 정신이 헛갈려 아무리 안 보려고 해도 지남철에 날바늘[5] 달라붙듯 눈이 자꾸 그리로만 가니 어쩐단 말이냐?"

방자가 배비장을 보고 있다가 소리쳤다.

"저 눈!"

"안 본다."

배비장은 이렇게 말하면서도 그 눈은 여인에게로만 가는 것이었다.

배비장은 이윽고 꾀를 내어 방자를 불렀다.

"저 경치가 참으로 좋구나. 서쪽을 살펴보아라. 저 불같은 일모[6]의 경치가 아름답지 않으냐. 그리고 동쪽을 보아라. 약수 삼천 리에 봄빛이 아득한데 한 쌍의 파랑새가 날아든다. 남쪽을 또 보아라. 망망대해의 천 리 파도에 대붕이 날다가 지쳐서 앉아 있다."

방자는 짐짓 속는 체하고 배비장이 가리키는 대로 살펴본다. 배비장은 그동안 여인을 보기에 바쁜 것이었다.

배비장이 그 여인을 한참 바라볼 때 방자가 하는 말이었다.

"저 눈은 일을 낼 눈이로군."

배비장은 깜짝 놀라서 두 손으로 눈을 가리면서 어쩔 줄을 모르는 것이었다.

"나 안 본다. 염려 마라."

이때 방자는 갑자기 기침을 한 번 하였다. 그러자 그 여인은 깜짝 놀라는 체하고 몸을 웅크리며 후다닥 물 밖으로 뛰어나와서 속곳을 안고 백포장 푸른 숲 속으로 얼른 뛰어 들어가는 것이었다.

그 모습은 구름 속으로 들어가는 보름밤 밝은 달 같았다.

배비장은 그것을 보고 멍하니 정신을 잃고 앉았다가 스스로 탄식하며 꾸짖는 것이었다.

“이놈, 네 기침 한 번이 낭패로다. 고얀 놈 같으니라구!”

그러고 앉았다가 또 이윽고 배비장은 다시금 입을 여는 것이었다.

“얘, 방자야!”

“예!”

“네 저 백포장 밖에 가서 문안을 한번 드리고 그 여인께 전갈을 해라.”

방자는 말없이 배비장을 바라보았다.

“문안을 드리되, ‘이 산에 온 나그네가 꽃 보고 놀다가 여행의 피로로 몸이 노곤하고 기갈이 몹시 심하니 혹시나 음식이 있거든 기한을 면하게 해주시면 천만 감사하겠습니다’ 하고 여쭈어라.”

방자놈이 대답하는 것이었다.

“나는 죽으면 죽었지, 그런 전갈은 하지 못하겠습니다. 부지초면에 어떻게 남의 여자에게 음식을 달라고 하겠습니까? 그러다가는 매 맞아 죽기에 꼭 맞겠습니다.”

이에 배비장이 말하였다.

“방자야! 만일 매를 맞게 된다면 매는 내가 맞을 것이니 너는 달아나버리면 그만이 아니겠느냐?”

방자가 대답하였다.

“나으리의 정경을 보니 죽을 때 죽더라도 그렇게 할 도리밖에 더 없겠습니다.”

그러고는 슬슬 그곳으로 걸어가서 헛절을 한 번 꾸벅 하고 나서 잠시 후에 이렇게 말하였다.

“쉬! 애랑아, 배비장이 벌써 너에게 반했으니 무슨 음식이 있거든 좀 차려주려무나.”

애랑은 방긋이 웃고서 온 정성을 다하여 산중 귀물로 음식상을 정갈하게 차렸다. 그리고 맑은 술까지 자라병에 가득 채워 내주었다.

"너의 나으리가 무례하지만 기갈이 몹시 심하다기에 이 음식을 보내니 그도 먹고 너도 먹고 빨리빨리 가거라."

방자가 애랑의 말을 전하고 음식을 올리니 배비장은 얼씨구나 하고 음식을 받아 앞에 놓고 칭찬하고 나서 물었다.

"내 진작 이럴 줄 알았거니와, 저 감에 이빨 자국이 나 있으니 이게 어찌 된 일이냐?"

방자 놈이 대답하였다.

"그 여인이 감꼭지를 이로 물어 뗐습니다."

배비장은 껄껄 웃었다.

"이 음식 너 다 먹어라. 나는 감이나 한 개 먹고 말겠다."

방자 놈은 짓궂게 감을 집어 들었다.

"이빨 자국이 난 것이라 그 여인의 침이 묻어 더럽습니다. 소인이 먹겠습니다."

"이놈! 어이없는 소리 하지 말고 어서 이리 내놓아라."

배비장은 감을 빼앗아 껍질째 달게 먹은 다음, 그 여인에게 방자를 시켜 전갈을 보냈다.

"'이같이 좋은 음식을 보내주셔서 잘 먹었습니다' 하고, 또 '무례한 말씀이나 하늘엔 양이 있고 땅엔 음이 있는데 이 음과 양이 서로 만나 합함은 인생의 누구에게나 있는 일인 바 방탕한 화류객이 홀연히 산에 올라왔다가 꽃을 찾는 벌나비의 마음을 주체할 수 없어 하니 이 마음을 헤아려주소서' 하고 여쭈어라."

방자는 배비장의 분부대로 그 여인에게로 가서 전갈을 하였다. 그리고 돌아와서 배비장에게 말하였다.

"그 여인이 답례는 듣지도 않고, 큰 탈 날 것이니 빨리빨리 돌아가라고 합디다."

배비장은 쓸쓸하게 긴 탄식을 하면서 일어섰다.

"할 수 없다. 이젠 내려가자."

침소로 돌아온 배비장은 그 여인을 잊지 못해 상사로 신음하는 것이었다.

"한라산 맑은 정기를 제가 모두 타고 나서 그리도 곱게 생겼는가? 잊을 수가 없으니 한이로다. 애고애고, 이 일을 어찌할꼬?"

그러나 배비장은 이윽고 굳은 결심을 하고야 말았다.

"에라! 죽더라도 말이나 한번 건네보고 죽으리라."

그리고 일어섰다.

"얘야, 방자야!"

"예, 부르셨습니까?"

"어서 이리로 좀 오너라. 나는 죽을병이 들었구나!"

"무슨 병이 드셨기에 그처럼 신음하십니까? 패독산[7]이나 두어 첩 드셔보십시오."

"아니다. 패독산이나 먹고 나을 병이 아니다."

"그러면 망령병이 드셨나 보구려. 망령병에는 무슨 약보다 당약이 제일이랍니다."

"무슨 약이란 말이냐?"

"홍두깨를 삶은 것을 당약이라고 합니다. 젊은 양반 망령엔 당약이 제일입니다."

"아니다. 내 병엔 따로 약이 있다. 하지만 그럴 얻기가 어렵구나."

"그 무슨 약이기에 그렇게 어렵다는 말씀이십니까? 하늘에 있는 별도 따려면 딸 수 있지 않겠습니까?"

"방자야! 그 말만 들어도 속이 시원해지는구나. 그렇다면 내가 살고 죽고는 방자 네 손에 달렸다. 네 날 좀 살려다오."

"아따, 나으리도, 죽긴 누가 죽습니까? 말씀이나 하시구려."

"오냐, 오냐. 방자야 어제 한라산 수포동 푸른 숲속에서 목욕하던 여인을 보지 않았느냐? 그 여인으로 하여 병을 얻었다. 이거 죽을 지경이로구나. 네가 그 여자를 좀 볼 수 있게 해주려무나."

"그렇습니까? 그러나 그 여자는 규중에 있으니 만나볼 길이 없습니다."

배비장은 더 할 말을 잊어버렸다. 그러다가 길게 한숨을 내쉬며 다시 입을 여는 것이었다.

"애야, 방자야! 그 여자가 음식 차려 보낸 것을 보면 그도 내게 전혀 마음이 없진 않았던가 보더라. 한번 말이나 해보라."

"어디다 말을 한단 말씀입니까?"

"그 여인에게다."

"나으리! 그건 어림없는 일입니다. 그 여인의 성깔이 악하고, 절개가 굳으니 그런 생각은 절대로 하지 마십시오."

배비장은 방자를 잡고서 애걸하다시피 하였다.

"애야! 될지 안 될지 편지를 써줄 테니 전해보아라. 일만 잘되면 구전으로 삼백 냥을 주마! 방자야, 어떠냐?"

방자 놈은 구전을 많이 준다는 소리에 군침을 흘렸다. 그러나 관문 속에서 구렁이가 된 놈이므로 돈냥이나 얻어볼 생각으로 은근히 잡아떼는 것이었다.

"소인은 그 편지 가지고 가지 못하겠습니다."

"방자야! 그게 무슨 말이야? 내가 천 리 밖 이곳에 와서 통정하고 지내는 하인이 너밖에 더 있느냐? 네가 내 마음을 몰라주고 가지 않는다면 누가 간단 말

이냐! 그러니 방자야, 잘 생각을 하고 내 이 안타까운 마음을 풀어다오! 애, 방
자야!”

“나으리! 소인이 나리와의 정의를 생각하면 물불을 사양치 않고 뛰어들겠습
니다. 그러나 그러지 못할 사정이 있습니다.”

“무슨 사정이냐? 어서 말해보아라.”

“소인은 세 살 때 아비가 죽어 늙은 어미 손에서 자라 열 살 때부터 방자 노
릇을 해왔는데 한 달에 관가에서 주는 것이라곤 돈 두 냥뿐입니다. 그러니 온갖
심부름을 하노라면 신발값이나 되겠습니까? 먹고사는 것은 어떠냐 하면, 각방
나으리님네가 잡수시다 버리는 밥이나 얻어서 어미와 그날그날 연명해가는 형
편입니다.”

방자는 말을 계속하였다.

“소인의 사정이 이러니 일이 뜻 같지 않아 소인이 병신 되어 나리도 모실 수
없고 늙은 어미는 먹일 수 없게 되면 소인의 신세는 어떻게 되겠습니까? 그러
므로 그렇게 위태로운 곳엔 갈 수 없습니다. 나리께서 살펴주십시오.”

“그런 일이라면 아무 염려 말아라. 만일 매를 맞을 경우라면 네 상처가 낫도
록 해줄 것이며, 네 어미는 내가 먹여 살리겠다. 그러니 아무 염려 말고 어서 이
거나 갖다주어라.”

배비장은 얼굴에 미소를 띠고 궤 문을 덜컥 열더니 돈 100냥을 내주는 것이
었다.

“이게 약소하지만 우선 네 어미에게 갖다주어 양식이나 팔아먹도록 해라.”

방자는 그제야 못 이기는 체 응낙을 하였다.

“나으리께서 정 그러시다면 편지를 써주십시오.”

“일이 잘되고 못되는 것은 네 수단에 달렸으니 부디 눈치 있게 잘해라.”

방자는 애랑에게 그 편지를 전하였다.

편지 내용은 한마디로 줄인다면 다음과 같다.

'낭자를 한 번 본 후 상사의 괴로움으로 깊은 병이 들었는바, 내가 죽고 사는 것은 낭자의 손에 매었으니 모쪼록 이 마음을 알아주십시오.'

애랑이 편지를 다 읽고 나자 방자는 애랑에게 말하였다.

"답장을 하되 허투로 하지 말고 애가 타게 해라."

방자가 애랑의 답장을 받아주니, 배비장은 애랑의 편지를 두 손으로 받아 대학지도나 읽는 듯이 읽어 내려가다가, '미친 소리 말고 마음을 바로잡고 물러가라' 한 대목에 이르자 깜짝 놀라고 말았다.

"애고, 이 일을 어찌할꼬? 섬 속에 원통한 귀신 되었구나."

곁에서 방자가 채근하였다.

"여보 나으리, 실심 마시고 그 아래를 더 읽어보십시오. 연자가 있소그려."

배비장은 다시 보아가다가, "옳지, 연자의 뜻을 알았다" 하고 무릎을 치면서 읽어 내려가는 것이었다.

'연이나 그렇긴 하나 장부의 중한 몸으로 나로 인하여 병을 얻었다 하시니 어찌 가없지 않겠습니까? 나는 규중 여자의 몸으로 출입을 마음대로 할 수 없어 만나기 어려우니 달이 진 깊은 밤에 벽헌당을 찾아와서 몰래 안으로 들어오신다면 한 베개를 베고 자려니와, 만약 실수한다면 그 몸이 위태합니다. 만약 오시려거든 집안이 번거롭고 닭과 개가 많으니 북창 쪽으로 살살 가볍게 걸어 오십시오.'

배비장의 눈은 휘둥그레졌다. 그렇게도 못 견디게 정신이 몽롱하고 온몸이 쑤시던 병도 감쪽같이 나았다.

기다리던 밤이 되자 배비장은 정장을 하고 서둘러 길을 나섰다. 그런데 방자가 이를 보고 참견하고 나서는 것이었다.

“나으리, 소견 없소. 밤중에 유부녀 통간하시면서 비단옷을 입고 가다가는 될 일도 안 될 것입니다. 그 의관을 모두 벗으시오.”

“벗다니? 초라하지 않겠느냐?”

“초라하게 생각이 드시면 가지 마십시오.”

“얘야! 요란스럽게 굴지 마라. 내 벗으마.”

배비장은 방자의 말을 따라 의관을 훨훨 벗어버리고 덜덜 떠는 것이었다.

“얘야, 알몸으로 어찌하란 말이냐?”

“그게 좋습니다. 그리고 누가 보면 한라산 매사냥꾼으로 알겠습니다. 제주 복색으로 차림을 차리시오.”

“제주 복색은 어떤 것이냐?”

“개가죽 두루마기에 노벙거지로 차리십시오.”

“얘야! 그건 너무 초라하지 않느냐?”

“초라하게 생각이 들거들랑 가지 마십시오.”

“아니다, 방자야. 네가 하라면 개가죽이 아니라 돼지가죽이라도 뒤집어쓰마.”

배비장은 개가죽 두루마기에 노벙거지로 차렸다.

“얘야, 범이 보면 개로 알겠다. 총 한 자루만 꺼내어 들고 가자! 그러는 게 안전하지 않겠느냐?”

“그렇게도 겁이 나고 무섭거든 차라리 가지 마오.”

“얘야! 네 정성이 그런 줄 몰랐구나. 네가 못 갈 것 같으면 내가 업고라도 가마! 어서 가자, 방자야!”

높은 담 구멍 찾아가서 방자가 먼저 기어 들어갔다.

“쉬! 나리, 잘못하다가는 큰일날 것이니 두 발을 한데 모아 묘리 있게 들이미시오.”

배비장이 두 발을 모아 들이밀자, 방자 놈이 안에서 배비장의 두 발목을 모아 쥐고 힘껏 당기니 부른 배가 걸려서 들어가지도 뒤로 빠지지도 못하였다. 배비장은 두 눈을 홉뜨고 바드득 이를 갈았다.

"얘야, 조금만 놓아다오."

방자가 갑자기 다리를 탁 놓자 배비장은 곤두박질하고는 다시 일어나 앉으면서 말하는 것이었다.

"매사가 순리로 되지 않으니 낭패로구나. 산모의 해산법을 말하더라도 아이를 머리부터 낳아야 순산이라 한다. 그러니 상투를 먼저 들이밀마. 너는 이 상투를 잘 잡고 안으로 끌어들여라."

방자 놈은 배비장의 상투를 노벙거지째 와락 잡아당겼다. 한동안의 실랑이 끝에 드디어 펑 하고 들어가자, "불을 켠 방으로 들어가서 욕심대로 얼른 놀다가 날이 새기 전에 나오십시오" 하고 방자는 몸을 숨기고는 배비장의 거동을 엿보는 것이었다.

가만가만 자취 없이 들어가서 문 앞에 서서 손가락에 침을 발라 문구멍을 뚫고 한 눈으로 안을 들여다본 배비장은 정신이 아찔하였다. 등불 밑에 앉은 여인의 태도, 천상의 선녀를 보는 듯하였기 때문이다. 그런데 그 선녀가 피우는 담배 연기가 문구멍으로 풍겨 왔다. 배비장은 담뱃내를 맡고 저도 모르게 재채기를 하였다. 그러자 여인은 놀랐는지 문을 활짝 열어젖히면서 소리쳤다.

"도둑이야!"

배비장은 겁에 질려 몸을 부들부들 떨면서 겨우 말하였다.

"문안 드리오."

"범을 그리려다 강아지를 그린 그림이로군. 아마도 뉘 집 미친개가 길을 잘못 들어왔나 보다."

여인은 배비장의 꼴을 보다가 이렇게 말하고는 나뭇조각으로 배비장을 한 번 쳤다. 그러자 배비장이 말하였다.

"나 개 아니오."

"그러면 뭐냐?"

"배가요."

계집은 배비장의 꼴을 보고 웃고 내려와 손목을 잡고 방으로 들어가서, "이 밤에 웬일이오?"

들어가 정담을 나눈 뒤에 불을 막 끄고 나니, 방자 놈이 고함을 친다.

"불 켜놓고 문 열어라."

여인이 깜짝 놀라는 체하고 몸을 떨며 당황해할 때 방자 놈의 지어낸 언성이 다시 떨어졌다.

"요기롭고 고얀 년, 내 몸 하나 옴짝하면 문 앞의 신 네 짝이 떠날 날이 없으니 어느 놈과 미쳐서 또 두런거리고 있느냐? 이 연놈을 한주먹에 뼈를 부수어 박살내리라."

배비장은 혼비백산하여 허둥거렸으나 외문 집이 되어 도망할 수도 없었다. 할 수 없이 알몸으로 이불을 쓰고 여자에게 물었다.

"그게 본 남편이오? 성품이 어떻소?"

"성품이 매우 표독합니다. 미련하기로는 도척이요, 기운은 항우요, 술을 좋아하고 화가 나면 백주에도 칼을 뽑아 피 보기를 예사로 합니다."

계집의 말을 들은 배비장은 애걸복걸하면서 여인에게 매달렸다.

"낭자, 나를 제발 살려주게."

계집은 언제 장만해두었던지 커다란 자루를 꺼내 가지고 와서는 아구리를 벌리면서 말하였다.

"이리 들어가시오."

배비장은 이상하게 여기고 겁에 질려서 덜덜 떨리는 음성으로 물었다.

"거기엔 왜 들어가라는 거야?"

"들어가면 살 도리가 있으니 어서 들어가시오."

계집은 배비장을 자루에 담은 후에 자루끈을 모아 상투에 감아 매고 등잔 뒤 방구석에 세워놓고 불을 켰다.

이때 방자놈이 문을 왈칵 열고 성큼 들어서며 사면을 둘러보았다.

"저 방구석에 세워놓은 것은 무엇이냐?"

"그건 알아서 뭣 하시겠어요?"

계집의 대답이 간드러진다.

"이년아, 내가 묻는데 대답을 할 것이지 무슨 반문이냐? 이년, 주리 방망이 맛을 보고 싶으냐! 맛을 보고 싶다면 보여주마."

계집의 음성이 더욱 간사해진다.

"거문고에 새 줄을 달아 세워놓은 것입니다."

그러자 방자 놈은 수그러지는 체하고 수그러진 음성으로, "음! 거문고라면 좀 타보자" 하고는 대꼬챙이로 배부른 등을 탁탁 쳤다.

그러니 배비장은 참을 길이 없었다. 그러나 꿈틀거릴 수는 없는 일이다. 배비 장은 아픔을 꾹 참고 대꼬챙이로 때릴 때마다 자루 속에서, "둥덩둥덩" 하고 소리를 냈다.

"음! 그놈의 거문고 소리가 매우 웅장하구나. 대현을 쳤으니 이제 소현을 쳐 봐야겠군."

이번은 코를 탁 쳤다.

"둥덩둥덩."

"음! 그놈의 거문고가 이상하다. 아래를 쳐도 위에서 소리가 나고 위를 쳐도 위에서 소리가 나니 말이다. 이 어떻게 된 놈의 거문고냐?"

계집의 대답이었다.

"이건 특수한 거문고라서 그렇답니다."

"그러냐? 술 한 잔 날 권하고 줄을 골라라. 오늘 밤 놀아보자. 내 소피 보고 들어오마."

방자는 문밖으로 나와서 가만히 귀를 기울이고 엿들었다.

자루 속에서 배비장의 말소리가 들려왔다.

"여보, 그자가 거문고를 내볼 것 같으니 다른 데로 나를 옮겨주오."

"이곳으로 어서 들어가시오."

계집은 윗목에 놓인 피나무 궤를 열고 말하였다.

궤 속으로 들어간 배비장은 몸을 옹송그리고 앉아서 생각하니 한심스러웠다. 그러나 그것이 모두 자기가 믿고 데리고 있는 방자의 계교라는 것을 어찌 알 것인가.

계집이 궤 문을 닫고 쇠를 덜커덕 채우니 이제는 함정에 든 범이요, 독 안에 든 쥐였다. 배비장은 숨이 가빠져왔다.

이때 나갔던 사내가 다시 들어오면서 말하는 소리가 들려왔다.

"아까 눈이 저절로 감겨 잠깐 꿈을 구니 백발노인이 나를 불러, 네 집에 거문고와 피나무 궤가 있느냐고 묻기에 그렇다고 대답했다. 그랬더니 액신이 붙어서 장난을 하므로 패가망신할 징조라 했다. 저 궤를 불태워버려라. 어서 짚 한 단을 가지고 가서 불을 놓아라!"

배비장은 탄식하였다.

"이젠 화장인가. 이 일을 어찌한단 말이냐. 뛰쳐나가지도 못하고.""

이때 계집이 악을 썼다.

"조상 적부터 전해 내려온 기물로 업귀신이 들어 있는 업궤인데 그것을 불사르라니 안 될 말이오."

"이년아, 나는 너하고 못 살겠다. 나는 업궤를 가지고 나가겠다."

사내가 궤를 덜컥 어깨에 걸머지고 밖으로 나가려 하자 계집이 붙들고 늘어졌다.

"임자가 업궤를 가져가고 나는 망하란 말이오? 이 궤는 못 놓겠소."

"그렇다면 한 토막씩 나누어 갖자."

사내는 커다란 톱을 가지고 와서 궤짝 위에 올려놓고 말하였다.

"자, 어서 톱을 마주 잡고 당기자."

배비장은 더 참지 못하고 겁결에 소리를 질렀다.

"여보소. 미련도 하오. 하룻밤을 자도 만리성을 쌓는다 하지 않소? 그 계집에게 궤를 다 주구려. 토막을 내면 못 쓰게 되고 말지 않소?"

그러자 사내는 톱을 내던지며 말하였다.

"아뿔싸! 이놈의 업귀신이 도생하여 인사가 되었으니 불침으로 찌르자."

불에 단 송곳이 배비장의 왼편 눈으로 내려왔다. 일이 이 지경에 이르고 보니 궤 속의 배비장은 비장한 결심을 하고서 악이라도 한 번 써보지 않을 수 없었다.

"여보, 아무리 무식하기로서니 눈의 소중함을 모른단 말이오?"

"에그! 궤신이 저 상할 줄 미리 알고 애걸하니 정상이 가엾구나. 그 몸 상하지 않도록 궤를 져다가 물에다 던져버려라."

사내는 질방을 걸어 궤짝을 지고 밖으로 나가는 것이었다. 그리고 얼마쯤 가는데 어디서 한 사람이 앞으로 나서며 물었다.

"그게 뭐냐?"

“업궤요.”

“그 궤를 내게 팔아라.”

“그러시오.”

사내는 궤짝을 져다가 사또가 있는 동헌 마당에 놓고 물에 던지는 듯이 말하며 궤 틈으로 물을 붓고 흔들었다.

“궤 속 귀신, 너는 들어라! 이 파도에 띄울 테니 천 리 길을 떠나거라.”

배비장은 생각하였다.

‘어허, 궤가 벌써 물에 떴나 보구나. 이젠 죽었구나.’

그런데 얼마 후에 들으니 “어기어차! 어기어차!” 하는 소리가 들려왔다. 물론 사령들이 지어서 하는 배 젓는 소리였다.

배비장은 소리를 질렀다.

“거기 가는 배는 어디로 가는 배란 말이오?”

“제주 배요.”

“어렵지만 이 궤를 실어다가 죽을 사람 살려주오.”

“궤 속에서 나는 그 소리가 이상하다. 우리 배에 부정 탈라! 상앗대로 떠밀자.”

“난 사람이니 부디 살려주오.”

“어디 사는 사람이냐?”

“제주 사오.”

“제주라는 곳이 미색의 땅이라, 분명 유부녀 통간 갔다가 그 지경이 되었구나.”

“예, 옳소이다.”

“우리 배엔 부정이 탈까 못 올리겠고 궤 문이나 열어줄 테니 헤엄을 쳐서 가거라. 그런데 이 물은 짠물이니 눈에 들어가면 눈이 멀 테니 눈을 감고 가라.”

사공이 쇠를 덜커덕 열어놓자, 배비장은 알몸으로 쑥 나와서 두 눈을 잔뜩 감고 이를 악물고 와락 두 손을 짚으면서 허우적거렸다.

한참을 이 모양으로 헤엄쳐 가다가 동헌 댓돌에다가 대가리를 부딪치니 배비장은 두 눈에서 불이 번쩍 나서 두 눈을 번쩍 떴다. 자세히 살펴보니 동헌에 사또가 앉고 전후좌우에 관속들과 기생, 노비들이 늘어서서 웃음을 참느라고 두 손으로 입을 막고 있는 것이었다.

사또가 웃으면서 물었다.

"자네, 그 꼴이 웬일인고?"

배비장은 어이가 없어 고개를 푹 수그렸다.

| 작가 소개와 작품 해설 |

저자 소개

조선조 영조에서 정조 시대의 판소리 〈배비장타령〉을 소설로 기록한 것으로, 작가와 연대는 미상이다.

주제

조선시대 지배계층의 위선적이며 호색적인 생활을 풍자함.

작품 해설

작품은 판소리 〈배비장타령〉을 소설화한 작품으로 우리나라의 풍자 해학소설 가운데 대표적인 작품이다.

애랑이라는 미모의 기생과 하인 방자가 속마음과 행동이 다른 위선적인 배비장에게 봉변을 주는 내용으로, 웃음을 자아내게 하는 인간의 이중성을 드러낸다.

이 작품이 조선조 후기에 출현한 이유는 신분제도의 모순과 사회병리 현상이 심각했기 때문이다.

제주목사로 부임한 김경을 배비장이 따라간다. 떠나기 전, 그는 다른 여자를 가까이하지 않기로 아내와 약속하고 떠났다. 목사 일행이 연일 주색에 빠져 있으나, 그는 아내와의 약속 때문에 도덕군자인 체하면서 점잔을 뺀다. 오히려 기생에게 반하면 말을 주기로 방자와 내기를 하기도 한다.

이에 사또는 배비장을 놀려주려고 기생 애랑을 시켜 그의 뜻을 꺾기로 한다. 애랑은 방자와 함께 계략을 꾸민 뒤 배비장을 유혹하기 시작한다. 어느 날 밤 배비장이 애랑과 함께 있는데, 애랑의 남편이라는 사람이 들어온다. 배비장은 애랑이가 시키는 대로 궤짝에 몸을 숨겼다가 바다에 버려진다. 이리저리 흔들리다가 한 어부의 도움을 받는다. 어부가 바닷물은 짜서 눈이 멀게 될지도 모르니까 눈을 꼭 감고 나오라고 한다. 그렇게 알몸뚱이로 나온 배비장은 관청의 마당에서 여러 사람의 웃음거리가 되었다.

〈배비장전〉은 소설로만 인기가 있었던 것이 아니라, 판소리나 연극으로 공연되면서 많은 사람의 사랑을 받아왔다. 풍자와 해학을 담은 좋은 작품으로 평가받아 마당극이나 연극, 뮤지컬로 공연되고 있다. 서민 의식과 인간의 이중성이 잘 반영된 동시에, 인간적인 약점과 모순을 해학적으로 드러낸다. 소설의 특성인 정서의 해소가 더해진 뛰어난 작품이다.

주제 면에서는 연암 박지원의 한문소설인 〈양반전〉, 〈허생전〉, 〈호질〉, 구성 면에서는 조선조 후기 창극을 소설화한 〈옹고집전〉 등의 풍자소설이 있다.

1   울 때 머리에 쓰던 모자의 하나. 남바위와 비슷하나 뒤가 훨씬 길고 볼끼를 달아 목덜미와
    뺨까지 싸게 만들었는데 볼끼는 뒤로 잦혀 매기도 하였다.

2   여성이 월경할 때 샅에 차는 물건.

3   정토사 중. 머리를 깎은 것을 중의 아들에 비유함.

4   남의 집 행랑에서 지내며 일을 도와주는 드난살이 하면서 얻어먹는 밥.

5   실을 꿰지 않은 바늘.

6   하루의 해 질 무렵.

7   강활, 독활, 시호 따위를 넣어서 달여 만드는 탕약. 감기와 몸살에 쓴다.

배
비
장
전